CARLOS ROBERTO DE **OLIVEIRA**
MARIA LUIZA MACHADO **GRANZIERA**
ORGANIZADORES

NOVO MARCO DO SANEAMENTO BÁSICO NO BRASIL

AUTORES

CARLOS ROBERTO DE OLIVEIRA · DANIELA MALHEIROS JEREZ · EDUARDO ISAÍAS GUREVICH · GUSTAVO JUSTINO DE OLIVEIRA · JOSÉ CARLOS DE OLIVEIRA · KALINE FERREIRA · MARIA LUIZA MACHADO GRANZIERA · MARIANA CAMPOS DE SOUZA · PATRÍCIA REGINA PINHEIRO SAMPAIO · RAUL MIGUEL FREITAS DE OLIVEIRA · RODRIGO PAGANI DE SOUZA · RUI CUNHA MARQUES · THIAGO MARRARA · VANESSA ROSA · WLADIMIR ANTÔNIO RIBEIRO

2021 © Editora Foco
Organizadores: Maria Luiza Machado Granziera e Carlos Roberto de Oliveira
Autores: Carlos Roberto de Oliveira, Daniela Malheiros Jerez, Eduardo Isaías Gurevich, Gustavo Justino de Oliveira, José Carlos de Oliveira, Kaline Ferreira, Maria Luiza Machado Granziera, Mariana Campos de Souza, Patrícia Regina Pinheiro Sampaio, Raul Miguel Freitas de Oliveira, Rodrigo Pagani de Souza, Rui Cunha Marques, Thiago Marrara, Vanessa Rosa, Wladimir Antônio Ribeiro
Diretor Acadêmico: Leonardo Pereira
Editor: Roberta Densa
Assistente Editorial: Paula Morishita
Revisora Sênior: Georgia Renata Dias
Capa Criação: Leonardo Hermano
Imagem de capa: Paulo Oliveira Matos Júnior
Diagramação: Ladislau Lima e Aparecida Lima
Impressão miolo e capa: FORMA CERTA

Dados Internacionais de Catalogação na Publicação (CIP) (Câmara Brasileira do Livro, SP, Brasil)

N945 Novo marco do saneamento básico no Brasil / Carlos Roberto de Oliveira ... [et al.] ; organizado por Maria Luiza Machado Granziera, Carlos Roberto de Oliveira. - Indaiatuba, SP : Editora Foco, 2021.
216 p. ; 17cm x 24cm.

Inclui bibliografia, índice e apêndice.

ISBN: 978-65-5515-163-3

1. Direito Ambiental. 2. Saneamento básico. 3. Brasil. I. Oliveira, Carlos Roberto de. II. Jerez, Daniela Malheiros. III. Gurevich, Eduardo Isaías. IV. Oliveira, Gustavo Justino de. V. Oliveira, José Carlos de. VI. Ferreira, Kaline. VII. Granziera, Maria Luiza Machado. VIII. Souza, Mariana Campos de. IX. Sampaio, Patrícia Regina Pinheiro. X. Oliveira, Raul Miguel Freitas de. XI. Souza, Rodrigo Pagani de. XII. Marques, Rui Cunha. XIII. Marrara, Thiago. XIV. Rosa, Vanessa. XV. Ribeiro, Wladimir Antônio. XVI. Título.

2020-2585   CDD 341.347   CDU 34:502.7

Elaborado por Vagner Rodolfo da Silva - CRB-8/9410
Índices para Catálogo Sistemático:

1. Direito Ambiental 341.347   2. Direito Ambiental 34:502.7

DIREITOS AUTORAIS: É proibida a reprodução parcial ou total desta publicação, por qualquer forma ou meio, sem a prévia autorização da Editora FOCO, com exceção do teor das questões de concursos públicos que, por serem atos oficiais, não são protegidas como Direitos Autorais, na forma do Artigo 8º, IV, da Lei 9.610/1998. Referida vedação se estende às características gráficas da obra e sua editoração. A punição para a violação dos Direitos Autorais é crime previsto no Artigo 184 do Código Penal e as sanções civis às violações dos Direitos Autorais estão previstas nos Artigos 101 a 110 da Lei 9.610/1998. Os comentários das questões são de responsabilidade dos autores.

NOTAS DA EDITORA:

Atualizações e erratas: A presente obra é vendida como está, atualizada até a data do seu fechamento, informação que consta na página II do livro. Havendo a publicação de legislação de suma relevância, a editora, de forma discricionária, se empenhará em disponibilizar atualização futura.

Erratas: A Editora se compromete a disponibilizar no site www.editorafoco.com.br, na seção Atualizações, eventuais erratas por razões de erros técnicos ou de conteúdo. Solicitamos, outrossim, que o leitor faça a gentileza de colaborar com a perfeição da obra, comunicando eventual erro encontrado por meio de mensagem para contato@editorafoco.com.br. O acesso será disponibilizado durante a vigência da edição da obra.

Impresso no Brasil (11.2020) – Data de Fechamento (10.2020)
2021
Todos os direitos reservados à
Editora Foco Jurídico Ltda.
Rua Nove de Julho, 1779 – Vila Areal
CEP 13333-070 – Indaiatuba – SP

E-mail: contato@editorafoco.com.br
www.editorafoco.com.br

APRESENTAÇÃO

A Lei 14.026, de 15.07.2020, atualizou o Marco Regulatório do Saneamento Básico no país, instituído pela Lei 11.445/2007, que dispõe sobre as Diretrizes Nacionais para o Saneamento Básico. Para ajustar essa alteração ao ordenamento jurídico, introduziu modificações na Lei 9.884/2000, de 17.07.2000, para atribuir à Agência Nacional de Águas e Saneamento Básico (ANA) competência para instituir normas de referência para a regulação dos serviços públicos de saneamento básico; na Lei 10.768, de 19.11.2003, para alterar o nome e as atribuições do cargo de Especialista em Recursos Hídricos; na Lei 11.107, de 06.04.2005, para vedar a prestação por contrato de programa dos serviços públicos de que trata o art. 175 da Constituição Federal; na Lei 12.305, de 02.08.2010, para tratar de prazos para a disposição final ambientalmente adequada dos rejeitos; na Lei 13.089, de 12.01.2015 (Estatuto da Metrópole), para estender seu âmbito de aplicação a unidades regionais e a Lei 13.529, de 04.12.2017, para autorizar a União a participar de fundo com a finalidade exclusiva de financiar serviços técnicos especializados.

A estrutura normativa brasileira, dessa forma, foi aprimorada, com vistas a equacionar gargalos existentes na legislação sobre saneamento básico, e que se referem, precipuamente, aos seguintes fatos:

1. No Brasil, até a edição da Lei 14.026/2020, 5.570 municípios, nas mais variadas situações econômicas, financeiras, sociais, geográficas, hidrológicas e ambientais, vêm exercendo a titularidade dos serviços de saneamento básico: abastecimento de água potável, esgotamento sanitário, manejo de resíduos sólidos urbanos e drenagem urbana. O sucesso do exercício dessa titularidade, todavia, condiciona-se à existência de uma estrutura técnica e financeira para fazer frente aos desafios impostos pelo saneamento básico.

2. Essa diversidade e dificuldades ensejam um olhar não tão pulverizado, mas a partir de uma instância de caráter nacional, capaz de trazer para um determinado núcleo os grandes temas relacionados com esses serviços. Na legislação vigente essa atribuição coube à Agência Nacional de Águas e Saneamento Básico, para estabelecer normas de referência.

3. Dados recentes compilados pela Agência Nacional de Águas e Saneamento Básico apontam a existência de 72 (setenta e duas) agências reguladoras de saneamento básico no Brasil, sendo: 24 (vinte e quatro) agências estaduais, 1 agência distrital, 34 (trinta e quatro) agências municipais e 13 (treze) agências intermunicipais (consórcios públicos). O número continua em franca expansão e critérios de governança e padrões de sustentabilidade econômica dessas entidades não têm sido discutidos.

4. Outro ponto atacado pela nova Lei diz respeito à universalização da regulação, obrigando todos os municípios, em todos os componentes de saneamento básico, a indicarem uma agência reguladora para fiscalização dos serviços. Com mais de uma dé-

cada da Política Nacional de Saneamento Básico, ainda temos mais de 1.800 municípios sem regulação, o que pressupõe a continuidade do modelo anterior à lei e tão atacado, tarifas sem critérios técnicos, falta de metas para investimentos e fiscalização precária dos serviços.

5. Embora o Brasil represente a nona economia do mundo, é necessário investir em saneamento básico. Com as seguidas crises econ6omicas que o país vem enfrentando, as perspectivas de avanço nesse setor não se mostram promissoras. Por essa razão, entre outras, a tendência da norma é abrir caminho para as concessões privadas, viabilizando maiores investimentos.

Nesse cenário, vislumbramos a oportunidade de tratar das alterações havidas no Marco do Saneamento Básico, apresentando um conjunto de textos que tratam dos temas mais nevrálgicos, apontando os aspectos legais e de efetividade da nova norma.

O Capítulo I – Recursos Hídricos, Agência Nacional de Águas e Saneamento Básico (ANA) e as novas atribuições do marco regulatório –, é composto por três textos. O primeiro deles, da autoria de Maria Luiza Machado Granziera e Daniela Jerez, trata do papel do saneamento básico na proteção dos recursos hídricos, explicitando a inter-relação existente entre esses dois temas embora componham políticas públicas diversas.

O segundo texto, de Gustavo Justino de Oliveira e Kaline Ferreira – "A mediação e a arbitragem dos conflitos no setor de saneamento básico à luz da lei federal 14.026/20", trata dessa inovação trazida para as funções da Agência, relativa à possibilidade, em caráter voluntário e com sujeição à concordância entre as partes, de exercer ação mediadora ou arbitral nos conflitos que envolvam titulares, agências reguladoras ou prestadores de serviços públicos de saneamento básico.

O terceiro texto do Capítulo, de Rui Cunha Marques, refere-se à "Reforma do setor de saneamento no Brasil: o reforço da regulação e do papel da ANA" – e discute o novo quadro legal e regulatório do setor de saneamento no Brasil e, em particular, o papel da ANA e das Normas de Referência.

O tema do Capítulo II consiste na Regulação do saneamento básico e o novo marco regulatório, tendo cabido a Thiago Marrara de Matos discorrer sobre o "Mosaico regulatório: as normas de referência da ANA para a regulação dos serviços públicos de saneamento básico à luz da Lei n. 14.026/2020". Nesse texto, o autor trata do conteúdo das normas de referência para a regulação do saneamento básico, apresentando um panorama das inovações promovidas pela nova lei, com destaque às principais alterações realizadas em seis leis federais além de esclarecimentos sobre a regulação dos serviços de saneamento, que constitui um dos pilares da política pública, ao lado do planejamento, da organização, da fiscalização e da prestação e de um exame do instituto jurídico da "norma de referência" que a ANA, agora como Agência Nacional de Águas e Saneamento Básico, empregará no intuito de construir um "mosaico regulatório".

Seguindo a linha da regulação, Carlos Roberto de Oliveira tratou da matéria abordando "A regulação infranacional e o novo marco regulatório" tecendo comentários às novas disposições da lei e da nova atribuição da ANA, sobretudo no tocante à função regulatória e ao relacionamento com as agências reguladoras infranacionais de saneamento básico. Vários são os impactos, notadamente diante da edição de normas de referência que, em sua essência, passam a mitigar o amplo poder normativo que era conferido às agências reguladoras pelo art. 23 da Lei federal 11.445/2007. O artigo aprofunda o debate nesse polêmico ponto e que ainda gera incertezas e dúvidas.

Rodrigo Pagani de Souza relacionou a "Diretrizes para o saneamento básico e o papel da ANA no novo marco legal", apontado as fragilidades da norma à luz da Constituição Federal.

O Capítulo III versa sobre "O novo marco regulatório e a modelagem de contratualização no saneamento básico". Nele, José Carlos de Oliveira aborda "O processo de contratação das empresas: licitação e contratos", instrumentos do direito administrativo ínsitos à privatização dos serviços, pois constituem o meio de delegação dos serviços públicos ao empreendedor de direito privado.

Considerando as alterações havidas na lei em relação aos contratos, Wladimir Antonio Ribeiro aborda "O contrato de programa", realizando uma análise estrutural do instituto, de forma a caracterizá-lo como instituto jurídico específico. Além disso, apresenta as características que o contrato de programa possui no âmbito da prestação de serviços públicos, analisando os impactos trazidos pela Lei 14.026/2020 nesses contratos.

Sobre a "Remuneração dos serviços", Eduardo Gurevich e Vanessa Rosa apontam as formas de remuneração dos serviços de saneamento básico, dando ênfase para o esforço do legislador no sentido de corrigir as fragilidades existentes. Segundo os autores, muitas das novas regras dizem respeito à promoção eficaz da sustentabilidade econômico-financeira dos serviços, abordando direta ou indiretamente o relevante tema da remuneração dos prestadores. Sem remuneração adequada, não há eficiência operacional nem recursos suficientes e bem utilizados visando o propósito maior – que é o atingimento das metas, com a diminuição, o quanto possível, do enorme déficit no saneamento básico do país.

Por fim, o Capítulo IV traz as "Questões de fundo introduzidas pelo marco regulatório". A titularidade dos serviços, explicitada na lei como dos Municípios para os casos de interesse local e do Estado e municípios, para as hipóteses de interesse comum, é o tema da lavra de Raul Miguel Freitas de Oliveira: "A titularidade dos serviços de saneamento básico na lei de atualização do marco legal do saneamento básico".

No que se refere à regionalização dos serviços, Patrícia Regina Pinheiro Sampaio aborda "A reforma do marco legal do saneamento básico e o incentivo à prestação regionalizada dos serviços". Para tanto, apresenta um breve panorama histórico da disputa entre Estados e municípios pela titularidade dos serviços de saneamento básico e um pano de fundo sobre o atual déficit de saneamento observado no país. Além disso, comenta as falhas de mercado encontradas no setor, com a apresentação de dados que suportam a opção por soluções regionais, apresentando as principais normas da reforma do Marco Legal do Saneamento Básico que trataram da prestação regionalizada do serviço.

Mariana Campos de Souza, ao escrever sobre o "Controle social nas normas de referência", apresenta os mecanismos e instrumentos de controle social dos serviços públicos de saneamento básico previstos na Lei 11.445/2007, que permanecem sob a égide do novo marco regulatório (Lei 14.026, de 2020), e no seu regulamento – Decreto 7.217/ 2010, além da Lei 12.305/2010. A serem adotados pelo Poder Público e pelas entidades reguladoras e fiscalizadoras bem como analisa em que medida esses mecanismos e instrumentos deverão ser empregados pela ANA na elaboração das suas normas de referência e se a ANA poderá contribuir com as demais entidades na concepção e implementação de medidas de controle.

Finalmente, Maria Luiza Machado Granziera e Daniela Jerez abordam "A integração do planejamento nas políticas de saneamento e de recursos hídricos", tratando da implementação dos Planos de Recursos Hídricos de Bacias Hidrográficas e os Planos Municipais de Saneamento, apontando os desafios para estabelecer um sistema de governança com vistas ao avanço da gestão tanto da água como do saneamento básico.

Todos os autores possuem experiência nos temas tratados, o que confere a esta obra profundidade e ao mesmo tempo clareza sobre os temas tratados, de modo a suscitar novas discussões sobre pauta tão relevante para o país, sobretudo em questões de saúde, meio ambiente e inclusão social.

Boa leitura!

Carlos Roberto de Oliveira
Maria Luiza Machado Granziera

SUMÁRIO

APRESENTAÇÃO
    Carlos Roberto de Oliveira e Maria Luiza Machado Granziera III

CAPÍTULO I
RECURSOS HÍDRICOS, AGÊNCIA NACIONAL DE ÁGUAS – ANA E AS NOVAS ATRIBUIÇÕES DO MARCO REGULATÓRIO

1. O PAPEL DO SANEAMENTO BÁSICO NA PROTEÇÃO DOS RECURSOS HÍDRICOS
    Maria Luiza Machado Granziera e Daniela Malheiros Jerez 3

2. A MEDIAÇÃO E A ARBITRAGEM DOS CONFLITOS NO SETOR DE SANEAMENTO BÁSICO À LUZ DA LEI FEDERAL 14.026/2020
    Gustavo Justino de Oliveira e Kaline Ferreira 13

3. A REFORMA DO SETOR DE SANEAMENTO NO BRASIL: O REFORÇO DA REGULAÇÃO E DO PAPEL DA ANA
    Rui Cunha Marques.. 37

CAPÍTULO II
REGULAÇÃO DO SANEAMENTO BÁSICO E O NOVO MARCO REGULATÓRIO

1. "MOSAICO REGULATÓRIO": AS NORMAS DE REFERÊNCIA DA ANA PARA A REGULAÇÃO DOS SERVIÇOS PÚBLICOS DE SANEAMENTO BÁSICO À LUZ DA LEI 14.026/2020
    Thiago Marrara 57

2. A REGULAÇÃO INFRANACIONAL E O NOVO MARCO REGULATÓRIO
    Carlos Roberto de Oliveira 73

3. DIRETRIZES PARA O SANEAMENTO BÁSICO E O PAPEL DA ANA NO NOVO MARCO LEGAL
    Rodrigo Pagani de Souza 89

CAPÍTULO III
O NOVO MARCO REGULATÓRIO E A MODELAGEM
DE CONTRATUALIZAÇÃO NO SANEAMENTO BÁSICO

1. O PROCESSO DE CONTRATAÇÃO DAS EMPRESAS: LICITAÇÃO E CONTRATOS
   José Carlos de Oliveira 105

2. O CONTRATO DE PROGRAMA
   Wladimir António Ribeiro 115

3. REMUNERAÇÃO DOS SERVIÇOS
   Eduardo Isaías Gurevich e Vanessa Rosa 141

CAPÍTULO IV
QUESTÕES DE FUNDO INTRODUZIDAS
PELO MARCO REGULATÓRIO

1. A TITULARIDADE DOS SERVIÇOS DE SANEAMENTO BÁSICO NA LEI DE ATUALIZAÇÃO DO MARCO LEGAL DO SANEAMENTO BÁSICO
   Raul Miguel Freitas de Oliveira 155

2. A REFORMA DO MARCO LEGAL DO SANEAMENTO BÁSICO E O INCENTIVO À PRESTAÇÃO REGIONALIZADA DOS SERVIÇOS
   Patrícia Regina Pinheiro Sampaio 171

3. CONTROLE SOCIAL NAS NORMAS DE REFERÊNCIA DA ANA
   Mariana Campos de Souza 185

4. A INTEGRAÇÃO DO PLANEJAMENTO NAS POLÍTICAS DE SANEAMENTO E DE RECURSOS HÍDRICOS
   Maria Luiza Machado Granziera e Daniela Malheiros Jerez 197

Capítulo I
RECURSOS HÍDRICOS, AGÊNCIA NACIONAL DE ÁGUAS – ANA E AS NOVAS ATRIBUIÇÕES DO MARCO REGULATÓRIO

1
O PAPEL DO SANEAMENTO BÁSICO NA PROTEÇÃO DOS RECURSOS HÍDRICOS

Maria Luiza Machado Granziera

Doutora (2000) e Mestre em Direito Internacional (1988) pela Universidade de São Paulo. Professora-Associada ao Programa de Pós-Graduação *Stricto Sensu* – Mestrado e Doutorado em Direito Ambiental Internacional e professora da Graduação (Direito Ambiental) da Universidade Católica de Santos. Advogada.

Daniela Malheiros Jerez

Graduanda em Ciências Biológicas pela Universidade de São Paulo (USP). Consultora em Direito Ambiental na M. Granziera Consultoria Ltda. e pesquisadora do Centro de Direitos Humanos e Empresas da Fundação Getúlio Vargas (FGV-CeDHE). Advogada.

Sumário: 1. Introdução. 2. O Marco Legal do Saneamento Básico e os recursos hídricos. 3. A proteção de mananciais pelo prestador de serviços de saneamento básico como garantia de matéria-prima para o abastecimento de água potável. 3.1 O papel das agências reguladoras. 4. Governança necessária entre gestores de saneamento básico e de recursos hídricos. 4.1 As novas atribuições da Agência Nacional de Águas e Saneamento Básico. 5. Conclusão. 6. Referências.

1. INTRODUÇÃO

O meio ambiente ecologicamente equilibrado é um direito fundamental previsto na Constituição Federal de 1988, sendo dever do Poder Público e da coletividade defendê-lo e preservá-lo para as presentes e futuras gerações (art. 225). A Política Nacional do Meio Ambiente, Lei 6.938/81, cujo objetivo é, entre outros, a compatibilização do desenvolvimento econômico-social com a preservação da qualidade do meio ambiente e do equilíbrio ecológico (art. 4º, I), reconhece as águas, superficiais e subterrâneas, como recursos ambientais (art. 3º, V) que necessitam ser preservados com vistas à disponibilidade permanente e à manutenção da qualidade ambiental propícia à vida.

O setor de saneamento básico, como um dos principais usuários de recursos hídricos, desempenha papel fundamental na proteção do meio ambiente, especialmente no que diz respeito à quantidade e qualidade da água, uma vez que a captação de água para abastecimento público e a disposição final dos esgotos sanitários em corpos hídricos impactam diretamente esse recurso ambiental.

Dessa forma, ainda que existam instrumentos normativos distintos para tratar do meio ambiente, dos recursos hídricos e do saneamento básico, a garantia do direito ao meio ambiente ecologicamente equilibrado depende de uma aplicação integrada dessas leis e de uma governança bem estabelecida entre seus atores. Segundo Edis Milaré

(2018, p. 1229), é impossível a aplicação estanque da lei de recursos hídricos e da lei de saneamento básico, uma vez que os recursos hídricos são os "principais insumos" da "produção" dos serviços de saneamento básico e só serão garantidos no futuro com a conservação ambiental.

Diante disso, o presente artigo tem como objetivo discutir: 1. as principais alterações promovidas pelo Marco Legal do Saneamento Básico que integram os serviços de saneamento básico e a proteção dos recursos ambientais, especialmente recursos hídricos; 2. a importância da conservação de mananciais pelos prestadores dos serviços e saneamento básico; 3. a necessária governança entre gestores de recursos hídricos e de saneamento básico a luz das novas atribuições da Agência Nacional de Águas e Saneamento Básico (ANA).

2. O MARCO LEGAL DO SANEAMENTO BÁSICO E OS RECURSOS HÍDRICOS

O denominado Marco Legal do Saneamento Básico, aprovado pela Lei 14.026/2020, trouxe mudanças significativas na Lei 11.445/2007 no que diz respeito ao planejamento e às formas de prestação dos serviços de saneamento básico. Do ponto de vista da relação entre meio ambiente e saneamento, há diretrizes introduzidas pela nova lei que também aproximam esses temas tão interdependentes.

Quanto aos princípios fundamentais, previstos no art. 2º da Lei 11.445/2007, a Lei 14.026/2020 alterou a redação do inciso III e incorporou a "conservação dos recursos naturais", além da proteção do meio ambiente já existente na redação anterior, como requisito de adequação da prestação dos serviços de saneamento. Além disso, também ampliou o rol de políticas públicas com as quais o saneamento básico deve estar articulado, incluindo expressamente a política de recursos hídricos (art. 2º, VI).

Tais alterações caminham na direção do que já estava previsto na Política Nacional do Meio Ambiente, Lei 6.938/81, que reconhece as águas, superficiais e subterrâneas, como recursos ambientais (art. 3º, V) e que necessitam de proteção para garantir a disponibilidade permanente e a manutenção da qualidade ambiental propícia à vida.

Também têm sinergia com a Política Nacional de Recursos Hídricos, Lei 9.433/1997 que traçou como objetivo o uso racional e integrado dos recursos hídricos com vistas ao desenvolvimento sustentável (art. 2º, II), assegurando à atual e às futuras gerações a necessária disponibilidade de água, em padrões de qualidade adequados aos respectivos usos (art. 2º, I).

Ainda que do ponto de vista dos princípios o Marco Legal do Saneamento Básico tenha se aproximado da lei de águas, manteve o disposto no art. 4º que estabelece que os recursos hídricos não integram os serviços públicos de saneamento básico. De fato, não integram. O saneamento é usuário da água. Contudo, isso não pode significar que não deva haver integração nas ações, uma vez que o setor do saneamento utiliza a água para o abastecimento público e diluição de efluentes. O abastecimento de água potável depende necessariamente de mananciais em boa qualidade e quantidade, que sejam capazes de fornecer água segura às populações.

Sobre esse artigo, afirma Milaré (2018, p. 1229-1230):

Em uma visão holística, o saneamento básico insere-se no ciclo hidrológico. É conceito "do berço ao túmulo" ou *cradle to grave* [...]. Assim, seria insólito conceber o saneamento básico, sem que os recursos hídricos fizessem parte da prestação. Parece, portanto, que o dispositivo em comento deve ser interpretado de forma sistêmica, com adaptação de sua "pureza gramatical". Como saída, dentro de um critério de unidade e concordância, pode-se afirmar que o legislador se referiu, no art. 4º da Lei 11.445/2007, a apenas um aspecto do saneamento, qual seja, a execução pura e simples da atividade empresarial. Por outras palavras, o legislador desejou apenas informar a sociedade que a prestação dos serviços de saneamento pode ter titulares, ser privada, sujeitar-se ao direito de propriedade e ter escopo econômico, deixando "de fora" o recurso ambiental água. Nesse sentido, de um lado, temos a estrutura "empresarial" do saneamento (máquinas, equipamentos e instalações), suscetíveis de apropriação; e de outro, os insumos (recursos hídricos), insuscetíveis de apropriação.

Destaca-se, porém, que apesar de ter mantido essa distinção, ainda que sob a ótica da atividade empresarial, a Lei 14.026/2020 inovou ao incorporar nas atividades que compõem o serviço de abastecimento de água potável a "reservação de água bruta" (art. 3º-A, I, Lei 11.445/2007). Esse dispositivo já constava do regulamento – Decreto 7.217/2010 –, mas agora compõe o texto da norma em vigor.

Entende-se por "água bruta" a "água encontrada naturalmente nos rios, riachos, lagos, lagoas, açudes e aquíferos, que não passou por nenhum processo de tratamento" (ANA, 2014). Assim, a reservação de água bruta consiste na conservação e armazenamento dessa água bruta, encontrada nos corpos d'água tutelados pela política de recursos hídricos.

Dessa forma, o Marco Legal do Saneamento Básico deu um passo importante no reconhecimento da responsabilidade do setor de saneamento básico de garantir que os reservatórios de água bruta estejam em condições adequadas para que essa água seja captada e utilizada em seu negócio, demonstrando a intrínseca relação do serviço com a conservação do meio ambiente, especialmente os recursos hídricos.

A integração entre saneamento básico e recursos hídricos, no entanto, não se inicia na prestação dos serviços de abastecimento de água potável. Essa integração deve ocorrer desde as primeiras etapas de planejamento das duas políticas. A Política Federal de Saneamento Básico, por exemplo, deve adotar a bacia hidrográfica como unidade de referência para o planejamento de suas ações (art. 48, Lei 11.445/2007), nos mesmos termos que a Lei de Águas também já prevê (art. 1º, V, Lei 9.433/1997).

Os titulares de serviços de saneamento básico – Municípios e Distrito Federal, no caso de interesse local; e Estado, em conjunto com os Municípios, no caso de interesse comum (art. 8º, Lei 11.445/2007, redação dada pela Lei 14.026/2020) –, quando da elaboração dos seus planos de saneamento básico, devem compatibilizá-los com os planos das bacias hidrográficas e com planos diretores dos Municípios em que estiverem inseridos, ou com os planos de desenvolvimento urbano integrado das unidades regionais por eles abrangidas (art. 19, § 3º, Lei 11.445/2007, redação dada pela Lei 14.026/2020) (GRANZIERA; JEREZ, 2019).

Isto é, ainda que a prestação dos serviços de saneamento básico ocorra dentro do limite territorial de um município, região metropolitana etc., o planejamento do saneamento básico deve considerar informações que ultrapassam esses limites, uma vez que a quantidade e qualidade da água disponível para a prestação dos serviços dependerá diretamente do estado de conservação do local de captação, mas também da bacia hidrográfica como um todo.

Se, por um lado, a quantidade e qualidade dos recursos hídricos são condicionantes dos serviços de saneamento básico, por outro sua prestação de forma universal e efetiva é essencial para a melhoria da qualidade de vida e das condições ambientais. Diversos estudos apontam que a deficiência desses serviços gera a contaminação de mananciais superficiais e subterrâneos, e consequentes implicações na saúde da população, pelo surgimento de doenças de veiculação hídrica (RIBEIRO AYACH et al, 2012, p. 44).

Por esses motivos, o Marco Legal do Saneamento Básico prevê que, desde o âmbito federal deve-se ter como objetivo do saneamento básico minimizar os impactos ambientais relacionados à implantação e desenvolvimento das suas ações, obras e serviços e assegurar que sejam executadas de acordo com as normas relativas à proteção do meio ambiente, ao uso e ocupação do solo e à saúde (art. 49, X), tendo em vista a sua relevância para a melhoria da qualidade de vida e das condições ambientais e de saúde pública (art. 48, V).

3. A PROTEÇÃO DE MANANCIAIS PELO PRESTADOR DE SERVIÇOS DE SANEAMENTO BÁSICO COMO GARANTIA DE MATÉRIA-PRIMA PARA O ABASTECIMENTO DE ÁGUA POTÁVEL

Os mananciais, como corpos hídricos, enquadram-se no critério de domínio dos recursos hídricos fixado na Constituição Federal. À União pertencem "os lagos, rios e quaisquer correntes de água em terrenos de seu domínio, ou que banhem mais de um Estado, sirvam de limites com outros países, ou se estendam a território estrangeiro ou dele provenham" (CF/1988, art. 20, III). Aos Estados foram destinadas "as águas superficiais ou subterrâneas, fluentes, emergentes e em depósito, ressalvadas, neste caso, na forma da lei, as decorrentes de obras da União" (CF/1988, art. 26, I.).

Entende-se por domínio dos recursos hídricos a responsabilidade da União ou dos Estados e DF pela guarda, administração e edição das regras aplicáveis a esses recursos, e não a propriedade de um bem imóvel, objeto de registro próprio (GRANZIERA, 2014, p. 67). Dessa forma, a natureza de bem público das águas, inclusive dos mananciais, tem como característica essencial a obtenção da tutela do Estado (GRANZIERA, 2014, p.81-82).

Ainda que a Constituição não tenha determinado aos municípios o domínio dos recursos hídricos, há um interesse específico dos municípios e prestadores de serviços de abastecimento de água potável na sua proteção. Tal interesse não é apenas no direito de uso, mas também e principalmente na sua proteção, para garantir as vazões necessárias em qualidade adequada e também a própria viabilidade técnica e financeira dos serviços de abastecimento de água potável.

Segundo Galvão Júnior et al (2006, p. 27),

> a gestão dos recursos hídricos se faz essencial aos serviços de água e esgoto, pois é através da garantia da existência da matéria-prima água, melhor denominada como água bruta, em quantidade e qualidade satisfatórias, que se viabilizam todas as etapas de um sistema de água e de esgoto. Sem uma adequada gestão dos mananciais hídricos, tal sistema sempre estará sujeito à ocorrência de falhas no abasteci-

mento, seja devido a problemas de manutenção da produção de água na quantidade necessária, seja devido à qualidade da água bruta, atingindo diretamente as unidades de captação e tratamento, e, em última instância, o Usuário.

Assim, cabe discutir as formas pelas quais os prestadores de serviços de saneamento podem contribuir ativamente para a gestão de recursos hídricos, tendo em vista que a manutenção e melhoria das características naturais dos mananciais de captação têm grande importância para evitar o aumento do custo do tratamento da água para o abastecimento público, bem como situações de crise hídrica, além de trazer outros benefícios, como a proteção do ecossistema aquático e sua biodiversidade (MARTINS, 2018, p. 44).

Os serviços de saneamento básico podem ser prestados diretamente pelo titular ou por entidade que não integra a administração do titular, mediante celebração de contrato de concessão (art. 10, Lei 11.445/2007, redação dada pela Lei 14.026/2020). Em ambos os casos, deve ser observado o plano de saneamento básico, cabendo à entidade reguladora estabelecer normas e fiscalizar a prestação dos serviços (art. 9º, II, Lei 11.445/2007, redação dada pela Lei 14.026/2020).

Como usuário de recursos hídricos, os serviços públicos de saneamento básico, inclusive para disposição ou diluição de esgotos e outros resíduos líquidos, é sujeita à outorga de direito de uso (art. 4º, parágrafo único, Lei 11.445/2007) e à cobrança pelo uso, quando implementada, nos termos da Lei 9.433/1997. O produto da cobrança pelo uso da água constitui, sob o aspecto jurídico-financeiro, uma receita pública – preço público –, em que o particular paga ao poder público pelo uso ou exploração de um bem público e sua aplicação está vinculada ao Plano de Ações aprovado pelo comitê de bacia hidrográfica, com base no plano de recursos hídricos de toda a bacia.

A cobrança não se confunde, sob o aspecto conceitual, com os percentuais da tarifa dos serviços de abastecimento de água aplicados especificamente nos mananciais relacionados com os serviços. A cobrança está vinculada ao Plano de Ações aprovado pelo comitê de bacia hidrográfica, com base no plano de recursos hídricos de toda a bacia.

A única forma de os valores da cobrança serem aplicados na proteção de mananciais é o plano de bacia hidrográfica elencar como prioritárias as propostas de ações específicas para mananciais e haver recursos suficientes para as ações não apenas de recuperação, mas também de prevenção.

Já a aplicação de percentuais da tarifa na proteção do manancial tem um foco muito mais localizado e possui outra dimensão: a melhoria da qualidade da água no(s) ponto(s) de captação, que causará impacto na sustentabilidade do setor de saneamento e na segurança hídrica para a população.

Por sua vez, os usuários dos serviços de abastecimento de água e esgotamento sanitário pagam ao prestador de serviços uma tarifa, que não se confunde com a cobrança, pois consiste em uma forma de remuneração pela prestação dos serviços individuais (ou *uti singuli*), prestados a usuários determinados como, por exemplo, água, telefone, gás canalizado (MEDAUAR, 2018, p. 318).

O valor arrecadado pelo prestador de serviços de saneamento básico com a tarifa está relacionado com a sustentabilidade econômico-financeira da atividade, sendo destinada a investimentos e custos internos dos serviços – captação, tratamento e distribuição de água.

Observa-se, sob o aspecto da sustentabilidade econômico-financeira, que a qualidade dos reservatórios de água bruta – mananciais – impacta diretamente o custo do serviço de saneamento básico, como, por exemplo, custos mais elevados para o tratamento da água bruta captada do manancial, para que atinja os padrões de potabilidade nos termos da Portaria de Consolidação 5/2017, Anexo XX, do Sistema Único de Saúde.

Ainda considerando o aspecto econômico, estudos demonstram, por exemplo, que em um terço das grandes cidades o custo por unidade de água tratada aumentou, em média, 50% no último século devido à conversão de ambientes naturais em outros usos do solo e ao desenvolvimento urbano nas bacias hidrográficas (THE NATURE CONSERVANCY, p. 2). Porém, é possível que os investimentos na conservação desses mananciais, por parte das prestadoras de serviços de saneamento básico, diminuam esse custo. O estudo acima citado, realizado para a Empresa Municipal de Água e Saneamento de Balneário Camboriú (EMASA), Santa Catarina, demonstrou que, se a empresa realizar o programa de proteção de mananciais proposto, num horizonte temporal de 30 anos, a redução no custo de tratamento compensa 80% por cento do investimento da EMASA e 60% dos custos totais do programa (THE NATURE CONSERVANCY, p. 4).

Esses resultados vão ao encontro das previsões legais já apresentadas do Marco Legal do Saneamento Básico, demonstrando a via de mão dupla entre a gestão de recursos hídricos e os serviços de saneamento básico. Diante disso, não apenas considerando o retorno econômico-financeiros desse investimento na proteção dos mananciais, mas também a responsabilidade ambiental para com as presentes e futuras gerações, as prestadoras de serviços de saneamento básico podem e devem destinar parte de da receita tarifária para a proteção dos corpos d'água em possuem captação.

Não existe um modelo único para que esse investimento na proteção de mananciais ocorra, tampouco para as ações que devem ser implementadas para este fim, uma vez que deve ser construído caso a caso, a partir de diagnósticos e estudos do manancial local. Porém, a incorporação desse entendimento de que as prestadoras de serviços de saneamento básico devem proteger seus locais de captação de água e a construção das melhores soluções para isso, devem envolver o poder público local, agência reguladora, gestores de recursos hídricos e outras partes interessadas como sociedade civil, Organizações Não Governamentais e academia, entre outros.

3.1 O papel das agências reguladoras

Conforme previu o Marco Legal do Saneamento Básico, o titular dos serviços de saneamento básico – Municípios e Estado, em conjunto com Municípios – deve definir o ente responsável por sua regulação e fiscalização e os respectivos procedimentos, nos termos da Lei 11.445/2007, art. 9º, II. A Lei previu a definição de uma entidade de natureza autárquica dotada de independência decisória e autonomia administrativa, orçamentária e financeira, que deve atender aos princípios de transparência, tecnicidade, celeridade e objetividade das decisões (art. 21).

O exercício da função de regulação implica o estabelecimento de padrões e normas específicas, com o objetivo de garantir que a prestação dos serviços seja adequada às necessidades locais, a partir das normas de referência editadas pela ANA (art. 22, I), tendo como ponto de partida o diagnóstico realizado para os planos municipais de saneamento básico e respectivas propostas.

Nesse cenário, por meio da edição desses padrões e normas e da sua fiscalização, o ente regulador exerce a função essencial de garantir a efetividade da política pública de saneamento básico, mas também das demais com que ela se relaciona. Isso porque, embora o regulador regule um mercado, ele também deve zelar pela adequada aplicação das políticas públicas inerentes ao respectivo mercado em que se inclui, como a política ambiental e de recursos hídricos.

Desse modo, na atribuição do ente regulador, de definir tarifas que assegurem tanto o equilíbrio econômico-financeiro dos contratos quanto a modicidade tarifária, por mecanismos que gerem eficiência e eficácia dos serviços e que permitam o compartilhamento dos ganhos de produtividade com os usuários (art. 22, IV, Lei 11.445/2007, redação dada pela Lei 14.026/2020), o meio ambiente deve ser considerado.

Tendo em vista a política de saneamento, mas também a gestão de recursos hídricos e sua importância para os usuários, pode o ente regulador incorporar nas tarifas dos serviços de abastecimento de água potável um percentual que deve ser por ele aplicado na proteção do manancial de interesse. Isso se dá por meio da incorporação de um mecanismo tarifário que inclua os custos de proteção e conservação de mananciais na base de cálculo dos processos de revisão tarifária periódica da prestadora de serviços, conforme já ocorre, por exemplo, nos municípios de Juiz de Fora (MG), Nova Odessa (SP) e Balneário Camboriú (SC).

Conforme já abordado, ao incorporar a "reservação de água bruta" nos serviços de abastecimento de água potável, o Marco Legal do Saneamento Básico atribuiu aos prestadores de serviços a responsabilidade de proteger os mananciais dos quais captam sua matéria prima. Porém, a agência reguladora, ao editar padrões e normas para esses serviços, desempenha papel fundamental no cumprimento dessa obrigação, podendo atuar também como importante indutora de uma política de saneamento básico mais integrada com a conservação dos recursos hídricos, garantindo que a prestação de serviços de saneamento seja baseada no uso sustentável desse recurso ambiental, como determina o art. 18, parágrafo único, do Decreto 7.217/2010 (MARTINS, 2018, p. 37).

Ao induzir e criar mecanismos financeiros que autorizem e obriguem que os prestadores de serviços destinem um percentual do valor que arrecadam com a tarifa de abastecimento de água potável em ações de proteção de recursos hídricos que constituem sua matéria prima, as agências reguladoras desempenham uma função-chave para que os serviços de saneamento básico reduzam suas externalidades ambientais, cumprindo os objetivos das políticas de meio ambiente, recursos hídricos e saneamento básico.

4. GOVERNANÇA NECESSÁRIA ENTRE GESTORES DE SANEAMENTO BÁSICO E DE RECURSOS HÍDRICOS

Conforme discutido, ainda que existam marcos normativos distintos para tratar de meio ambiente, recursos hídricos e saneamento básico, a efetividade de cada uma dessas políticas públicas depende da atuação interdependente. Assim, gestores que atuam nesses setores, necessitam estabelecer mecanismos de governança que permitam a constante troca de informações e a tomada de decisão de forma integrada.

De acordo com o Tribunal de Contas da União (2014, p. 42) entende-se por governança no setor público "os mecanismos de liderança, estratégia e controle postos em prática para avaliar, direcionar e monitorar a atuação da gestão, com vistas à condução de políticas públicas e à prestação de serviços de interesse da sociedade". A governança está relacionada a três funções básicas (TCU, 2014, p. 46):

> 1. Avaliar o ambiente, os cenários, o desempenho e os resultados atuais e futuros;
>
> 2. Direcionar e orientar a preparação, a articulação e a coordenação de políticas e planos, alinhando as funções organizacionais às necessidades das partes interessadas (usuários dos serviços, cidadãos e sociedade em geral) e assegurando o alcance dos objetivos estabelecidos; e
>
> 3. Monitorar os resultados, o desempenho e o cumprimento de políticas e planos, confrontando-os com as metas estabelecidas e as expectativas das partes interessadas.

Observa-se que essas três funções são essenciais com vistas ao objetivo de garantir o meio ambiente ecologicamente equilibrado para as presentes e futuras gerações, preservando os recursos hídricos e garantindo água em quantidade e qualidade adequadas para todos os usuários dos serviços de saneamento básico.

É fundamental, pois, o engajamento dos gestores públicos, prestadores de serviços de saneamento, sociedade civil etc. na garantia da sustentabilidade hídrica, desde a fase de planejamento até a execução e avaliação de resultados. Porém, fica claro que as agências reguladoras exercem papel relevante na implementação conjunta dessas políticas por sua atribuição de instituir normas que considerem os objetivos comuns dessas políticas, o que vai na mesma direção das novas atribuições definidas pela Lei 14.026/2020 à agora denominada Agência Nacional de Águas e Saneamento Básico (ANA).

4.1 As novas atribuições da Agência Nacional de Águas e Saneamento Básico

A Lei 14.026/2020 alterou as Leis 11.445/2007 e 9.984/2000, ampliando as áreas de atuação da antiga Agência Nacional de Águas. Se antes competia à ANA implementar Política Nacional de Recursos Hídricos, com a nova lei passou também a ser responsável por instituir normas de referência para a regulação dos serviços públicos de saneamento básico (art. 3º, Lei 9.984/2000, redação dada pela Lei 14.026/2020).

A aproximação desses dois temas – recursos hídricos e saneamento básico – na esfera federal pode ser vista como uma oportunidade de integração mais efetiva entre essas duas políticas. De acordo com o disposto na lei, a ANA contribuirá para a articulação entre o Plano Nacional de Saneamento Básico, o Plano Nacional de Resíduos Sólidos e o Plano Nacional de Recursos Hídricos (art. 4º-A, § 12, Lei 9.984/2000, redação dada pela Lei 14.026/2020).

Essa articulação pode se dar de , por exemplo, por meio de normas de referência para a regulação dos serviços públicos de saneamento básico que tratem da regulação tarifária dos serviços com vistas ao racional de recursos naturais (art. 4º-A, § 1º, II, Lei 9.984/2000, redação dada pela Lei 14.026/2020).

Assim, a integração numa mesma autarquia federal com atribuições para política de recursos hídricos e de saneamento básico favorece o exercício da governança nas três funções definidas acima pelo Tribunal de Contas da União. No desempenho de suas atribuições, a ANA pode contribuir de forma efetiva para que na esfera local, na qual ocorre a prestação dos serviços de saneamento básico e sua regulação por agências reguladoras estaduais ou municipais, haja a obrigação de se considerar conjuntamente os planos de recursos hídricos e de saneamento básico e para que a tomada de decisão para a conservação de mananciais seja feita de forma integrada e efetiva.

5. CONCLUSÃO

A promulgação da Lei 14.026/2020, instituindo o Marco Legal do Saneamento Básico, trouxe contribuições relevantes para a ampliação do entendimento de que o setor de saneamento básico desempenha papel fundamental para a garantia do meio ambiente ecologicamente equilibrado, especialmente para a conservação dos recursos hídricos que constituem matéria-prima para o abastecimento de água potável.

A segurança hídrica das presentes e futuras gerações depende da integração das políticas de meio ambiente, recursos hídricos e saneamento básico, criando um modelo de governança que permita aos agentes públicos e privados avaliar e aprimorar o ambiente, os cenários, o desempenho e os resultados dessas políticas públicas.

Nessa busca por maior integração e efetividade, cabe às prestadoras de serviços de saneamento básico reconhecer a importância de atuar na conservação e recuperação dos mananciais nos quais atuam, de modo a cumprir com suas obrigações legais de atuar na reservação de água bruta, mas também para que tenham retornos econômicos com a melhoria da quantidade e qualidade de água a ser captada.

As agências reguladoras de saneamento básico – referenciadas nas normas da ANA com a função de integração entre as políticas de recursos hídricos e saneamento básico – desempenham papel fundamental nesse processo, trazendo padrões e normas que considerem aspectos de qualidade ambiental na prestação dos serviços e criando mecanismos financeiros para que parte dos recursos da tarifa arrecadada com o serviço de abastecimento de água potável seja destinado à proteção do manancial de captação.

6. REFERÊNCIAS

ANA. *Portaria 149/2015*. Lista de Termos para o Thesaurus de Recursos Hídricos. Brasília, 2014.

GALVÃO JUNIOR, A. de C.; SILVA, A.C. da; QUEIROZ, E.A. de; SOBRINHO, G.B. *Regulação*: Procedimentos de Fiscalização em Sistema de Abastecimento de Água. Fortaleza: Expressão Gráfica e Editora Ltda./ARCE, 2006.

GRANZIERA, Maria Luiza Machado; JEREZ, Daniela Malheiros. Implementação de Políticas Públicas: desafios para integração dos planos diretores, de saneamento básico e de bacia hidrográfica. *Revista Brasileira de Políticas Públicas*, v. 9, n. 3, dez/2019.

GRANZIERA, Maria Luiza Machado. *Direito de Águas*: disciplina jurídica das águas doces. 4. ed. São Paulo: Atlas, 2014.

GRANZIERA, Maria Luiza Machado. Financiamento e governança na implementação dos planos de bacia hidrográfica e de saneamento básico. In: NUSDEO, Ana Maria de Oliveira; TRENNEPOHL, Terence (Coord.) *Temas de Direito Ambiental Econômico*. São Paulo: Thomson Reuters Brasil, 2019.

MARTINS, Larissa. *Identificação de ações de integração entre os setores do saneamento básico e recursos hídricos no âmbito das agências reguladoras do saneamento básico*. Trabalho de Conclusão de Curso (especialização) – Instituto Federal do Ceará, Especialização em Elaboração e Gerenciamento de Projetos para Gestão Municipal de Recursos Hídricos, Campus Fortaleza, 2018.

MEDAUAR, Odete. *Direito Administrativo moderno*. 21. ed. Belo Horizonte: Fórum, 2018.

MILARÉ, Édis. *Direito do ambiente*. 11. ed. rev., atual. e ampl. São Paulo: Thomson Reuters Brasil, 2018.

RIBEIRO AYACH, Lucy; DE LIMA GUIMARÃES, Solange Therezinha; CAPPI, Nanci; AYACH, Carlos. Saúde, saneamento e percepção de riscos ambientais urbanos. *Caderno de Geografia*, v. 22, n. 37, janeiro-junho, 2012.

THE NATURE CONSERVANCY (TNC). *Análise do Retorno do Investimento na Conservação de Bacias Hidrográficas*: referencial teórico e estudo de caso do projeto produtor de água do Rio Camboriú, Santa Catarina, Brasil. Disponível em: [https://www.tnc.org.br/content/dam/tnc/nature/en/documents/brasil/brazil-waterroi-caboriu-portuguese.pdf].

TRIBUNAL DE CONTAS DA UNIÃO (TCU). *Governança pública*: referencial básico de governança aplicável a órgãos e entidades da administração pública e ações indutoras de melhoria. Brasília: TCU, Secretaria de Planejamento, Governança e Gestão, 2014. Disponível em: https://portal.tcu.gov.br/biblioteca-digital/governanca-publica-referencial-basico-de-governanca-aplicavel-a-orgaos-e-entidades-da-administracao-publica-e-acoes-indutoras-de-melhoria.htm.

2
A MEDIAÇÃO E A ARBITRAGEM DOS CONFLITOS NO SETOR DE SANEAMENTO BÁSICO À LUZ DA LEI FEDERAL 14.026/2020

Gustavo Justino de Oliveira

Pós-Doutor em Arbitragem Internacional pelo *Max-Planck-Institut für ausländisches und internationales Privatrecht* (Hamburgo-Alemanha) e em Direito Administrativo pela Faculdade de Direito da Universidade de Coimbra (Portugal). Professor Doutor de Direito Administrativo na Faculdade de Direito da USP e no IDP (Brasília). *Visiting Researcher* no *Amsterdam Center for International Law* da Universidade de Amsterdam (Holanda). Doutor em Direito do Estado pela Faculdade de Direito da USP. *Certificate Program in Global Arbitration Law and Practice: National and Transborder Perspectives* – Queen Mary, University of London (Inglaterra). *International Arbitration & Mediation Training and Assistance Institute (IATAI)*, Fordham Law School (New York, USA). *Program on Negotiation, Harvard Law School* (Boston, USA). Fundador e Coordenador do Grupo de Estudos "Arbitragem e Administração Pública" do Comitê Brasileiro de Arbitragem – CBAr (2012 – 2016). Associado à Câmara de Comércio Internacional-CCI. Árbitro especializado em Direito Público, atuante na CCI, CAM-CCBC, CAM-BOVESPA, Câmara FGV de Conciliação e Arbitragem, CAMARB, CAESP, CBMAE e CBMA.

Kaline Ferreira

Doutora em Direito Público pela *Université Montesquieu Bordeaux IV*. Mestra em Direito Público Universidade Federal da Bahia. Professora Adjunta de Direito Administrativo da Universidade Federal da Bahia. Coordenadora-Geral da CCAF. Advogada da União-AGU.

Sumário: 1. O "*aggiornamento*" do marco legal do saneamento básico pela Lei Federal 14.026/2020. 2. O espaço da mediação e da arbitragem na resolução dos conflitos referentes à prestação dos serviços de saneamento básico na Lei Federal 14.026/2020: a relevância do "sistema de justiça multiportas" (NCPC, art. 3º, § 3º), da tutela administrativa efetiva e autocomposição (CF art. 5º, incs. LIV, LV e LXXVIII) e do consensualismo e "compromisso negocial" da LINDB (Lei Federal 13.655/2018, art. 26) como diretrizes hermenêuticas. 2.1 Panorama geral do enquadramento jurídico-normativo da mediação e da arbitragem no setor público. 3. A mediação no novo marco legal do saneamento e o papel da ANA. 3.1 A mediação como elemento intrínseco da atividade regulatória. 3.2 As agências reguladoras brasileiras e as suas estruturas de resolução consensual de conflitos: uma construção ainda insuficiente. 4. A arbitragem no novo Marco Legal do Saneamento Básico. 4.1 A "*ação arbitral*" da Agência Nacional de Águas e Saneamento Básico-ANA (atual redação do art. 4º-A, § 5º da Lei federal 9.984/2000). 4.2 A "arbitragem como mecanismo privado para resolução de disputas decorrentes dos contratos que envolvem a prestação dos serviços públicos de saneamento básico" (atual redação do art. 10-A, § 1º da Lei federal 11.445/2007). 5. Sinalizações finais. 6. Referências.

1. O *"AGGIORNAMENTO"* DO MARCO LEGAL DO SANEAMENTO BÁSICO PELA LEI FEDERAL 14.026/2020

O marco legal do saneamento básico inaugurado pela Lei Federal 11.445/07 sofreu sensíveis alterações e inovações com a edição da Lei Federal 14.026/20. Embora este novo diploma legislativo em seu art. 1º determine tratar-se de "atualização" do marco legal original, percebe-se com clareza que tal *aggiornamento* não somente ocorreu, como foi bastante acentuado e verticalizado, não sendo totalmente equivocado referir-se a um "novo marco legal do saneamento básico".

Com efeito, ao inovar nas diretrizes do marco legal de saneamento básico aqui sintetizadas como (i) uniformidade da regulação e novos papéis para uma "nova ANA", a qual passa a denominar-se Agência Nacional de Águas e Saneamento Básico, (ii) concorrência e competitividade entre entes públicos e privados na prestação dos serviços públicos de saneamento básico, por meio do contrato de concessão – exclui-se legalmente o contrato de programa, (iii) incentivo à prestação regionalizada desses serviços e (iv) sistema de financiamento renovado e no regramento para o acesso a recursos federais, não há como negar tratar-se sim de um novo marco legal do setor, o qual certamente terá desafios consideráveis para sua real implementação, pois no limite apoia-se em uma necessária mudança de cultura regulatória e prestacional dos serviços de saneamento básico, até aqui fortemente estatizados.

Sem prejuízo disso, este artigo busca especialmente focalizar o espaço e os usos que o novo marco legal respectivamente reserva e estimula para a mediação e a arbitragem, enquanto métodos extrajudiciais de solução de conflitos no setor do saneamento básico.

2. O ESPAÇO DA MEDIAÇÃO E DA ARBITRAGEM NA RESOLUÇÃO DOS CONFLITOS REFERENTES À PRESTAÇÃO DOS SERVIÇOS DE SANEAMENTO BÁSICO NA LEI FEDERAL 14.026/2020: A RELEVÂNCIA DO "SISTEMA DE JUSTIÇA MULTIPORTAS" (NCPC, ART. 3º, § 3º), DA TUTELA ADMINISTRATIVA EFETIVA E AUTOCOMPOSIÇÃO (CF ART. 5º, INCS. LIV, LV E LXXVIII) E DO CONSENSUALISMO E "COMPROMISSO NEGOCIAL" DA LINDB (LEI FEDERAL 13.655/2018, ART. 26) COMO DIRETRIZES HERMENÊUTICAS

No que tange ao espaço reservado e aos usos estimulados para a mediação e a arbitragem na resolução dos conflitos no setor do saneamento básico, a partir das modificações operadas pela Lei federal 14.026/20, temos basicamente dois dispositivos, aos quais pretende-se conferir adequada hermenêutica neste trabalho:

> "Lei federal 9.984/2000 –
>
> *Art. 4º-A (...)*
>
> *§ 5º A ANA disponibilizará, em caráter voluntário e com sujeição à concordância entre as partes, ação mediadora ou arbitral nos conflitos que envolvam titulares, agências reguladoras ou prestadoras de serviços públicos de saneamento básico.*
>
> Lei federal 11.445/07 –
>
> *Art. 10-A (...)*

§ 1º Os contratos que envolvem a prestação dos serviços públicos de saneamento básico poderão prever mecanismos privados para resolução de disputas decorrentes do contrato ou a ele relacionados, inclusive a arbitragem, a ser realizada no Brasil e em língua portuguesa, nos termos da Lei 9.307, de 23 de setembro de 1996."

Entretanto, antes de avançar na interpretação de ambos os dispositivos acima elencados, essencial estabelecer ao menos *três importantes diretrizes hermenêuticas* na matéria.

A *primeira* é a que decorre do art. 3º, § 3º, do Novo Código de Processo Civil: "A conciliação, a mediação e outros métodos de solução consensual de conflitos deverão ser estimulados por juízes, advogados, defensores públicos e membros do Ministério Público, inclusive no curso do processo judicial".

Este preceito do NCPC basicamente determina que o sistema de justiça brasileiro passa a ser um sistema de justiça multiportas, ou seja, abrange métodos judiciais e extrajudiciais de resolução de conflitos, que serão manejados pelos interessados a partir de uma lógica de adequação e de especialidade, tendo em vista a própria natureza e qualidade do conflito. Sobre o tema, "[h]oje em dia há um sistema multiportas, isto é, há mais de uma modalidade para a solução do conflito envolvendo a Administração. Isso porque o ordenamento jurídico coloca à disposição da Administração várias formas de solução de suas controvérsias, muitas vezes, de forma sucessiva"[1].

Em prol deste sistema de justiça multiportas, é seguro concluir que atualmente o cenário jurídico-normativo-institucional pátrio é amplamente favorável à adoção de Meios Extrajudiciais de Solução de Conflitos (MESCs), quer por meio da mediação, quer por meio da arbitragem, ou ainda por negociação entre as partes e até mesmo pela instituição de um *Dispute Board*.

A *segunda diretriz* advém do Texto Constitucional, a partir de uma combinação dos incisos LIV, LV e LXXVIII do art. 5º da Constituição de 1988, pois do entrelaçamento das garantias constitucionais do devido processo legal, processo administrativo e duração razoável do processo administrativo emerge a rigor o "direito fundamental à tutela administrativa efetiva".[2] Indubitavelmente, deste direito fundamental extrai-se que toda vez que surgir um conflito na esfera administrativa, os próprios órgãos e entidades administrativas tem o dever de conferir a este conflito o melhor e mais adequado tratamento, buscando solucioná-lo nas próprias instâncias administrativas, inclusive com o emprego de métodos autocompositivos como a negociação, a mediação, a conciliação e os dispute boards.

Finalmente, a *terceira* diretriz hermenêutica refere-se ao consensualismo e "compromisso negocial" previstos na vigente LINDB em seu art. 26,[3] o qual estabeleceu de

---

1. OLIVEIRA, Gustavo Justino de; ESTEFAM, Felipe Faiwichow. *Curso prático de arbitragem administração pública*. São Paulo: Thompson Reuters Brasil, 2019. p. Sobre Justiça Multiportas, cf. DIDIER JR., Fredie. Justiça multiportas e tutela constitucional adequada: autocomposição em direitos coletivos. In: DIDIER JR., Fredie. (Coord.). *Justiça multiportas*. Salvador: JusPodium, 2017. p. 35-66.
2. Sobre o tema da "tutela administrativa efetiva", consultar HACHEM, Daniel Wunder. *Tutela administrativa efetiva dos direitos fundamentais sociais*: por uma implementação espontânea, integral e igualitária. Tese de Doutorado. UFPR, Curitiba, 2014.
3. Para uma boa interpretação do art. 26 da LINDB, cf. GUERRA, Sérgio; PALMA, Juliana Bonacorsi de. Art. 26 da LINDB: novo regime jurídico de negociação com a Administração Pública. *RDA*, ed. especial LINDB, nov. 2018. p. 135-169.

forma ampla a possibilidade de que sejam celebrados compromissos entre autoridades administrativas e particulares para a eliminação de irregularidade, incerteza jurídica ou situação contenciosa na aplicação do direito público. Ou seja, há uma autorização normativa expressa para que acordos sejam entabulados com o objetivo de eliminar situação contenciosa na aplicação do direito público.

Para melhor compreensão do tema e da intepretação que se pretende conferir aos novos art. 4º-A, § 5º da Lei federal 9.984/2000 e art. 10-A, § 1º da Lei federal 11.445/07, parece pertinente apresentar um panorama normativo pátrio atualizado contendo as principais regras e incentivos à mediação e à arbitragem no setor público.

2.1 Panorama geral do enquadramento jurídico-normativo da mediação e da arbitragem no setor público

A utilização da mediação e da arbitragem para dirimir conflitos envolvendo a Administração Pública é prática que ganhou ênfase nos últimos anos. Este movimento se intensificou ainda mais desde a promulgação da Lei Federal 13.129/2015, que alterou a Lei de Arbitragem (Lei Federal 9.307/1996) e autorizou expressamente a utilização da arbitragem pela Administração Pública direta e indireta (§1º do artigo 1º). A partir disso, "as dúvidas sobre a legitimidade da arbitragem empregada pela Administração foram solucionadas"[4].

Há que se mencionar, ainda, que existe autorização expressa para o uso da arbitragem na Lei das Concessões (art. 23-A da Lei Federal 8.987/1995), na Lei das PPPs (inciso III do artigo 11 da Lei Federal 11.079/2004), na Lei do Regime Diferenciado de Contratação – RDC (artigo 44-A da Lei Federal 12.462/2001) e em setores regulados, como no inciso X do artigo 43 da Lei Federal 9.478/1997 (Oil & Gas), no inciso XVI do artigo 35 da Lei Federal 10.233/2001 (ANTT e ANTAQ) e nos §§ 5º a 7º do artigo 4º da Lei Federal 10.848/2004 (ANEEL). Mais recentemente, autorizou-se o uso da arbitragem – e também da mediação – para a definição de valores de indenização nas desapropriações por utilidade pública (Lei Federal 13.867/2019).

A propósito, o cenário não é diferente em relação ao instituto da mediação. Há poucos anos, houve a publicação da Lei Federal 13.140/2015, que enfatizou e disciplinou a autocomposição de conflitos no âmbito da Administração Pública, prevendo, inclusive, a criação de câmaras de prevenção e resolução administrativa de conflitos no âmbito dos respectivos órgãos da Advocacia Pública (artigo 32). No seu art. 43, estatui-se inclusive que "os órgãos e entidades da administração pública poderão criar câmaras para a resolução de conflitos entre particulares, que versem sobre atividades por eles reguladas ou supervisionadas".

Destaca-se, nesta categoria, como protagonista das experiências de mediação institucional no âmbito federal, a Câmara de Conciliação e Arbitragem da Administração Federal (CCAF), órgão vinculado à Advocacia-Geral da União (AGU), regulamentado pelo artigo 18 do Anexo I do Decreto Federal 7.392/2010. Nos últimos anos, a CCAF

---

4. OLIVEIRA, Gustavo Justino de; ESTEFAM, Felipe Faiwichow. *Curso prático de arbitragem administração pública*. São Paulo: Thompson Reuters Brasil, 2019, p. 41.

tem desempenhado uma função relevante para a resolução de conflitos complexos envolvendo algum órgão ou entidade da Administração Pública federal, inclusive, para a mediação de conflitos em que há a presença de particulares.

A Advocacia Pública também vem se profissionalizando para a atuação em arbitragens, a exemplo do Núcleo Especializado em Arbitragem da Advocacia-Geral da União (AGU). A propósito do tema, como publicado anteriormente, tem-se que "desde 2015 a PGE-SP pioneiramente instituiu a Assistência de Arbitragens, integrada à área do seu Contencioso Geral, assumindo a representação direta do Estado de São Paulo em processos arbitrais. Mais recentemente, junto à Consultoria-Geral da União, foi instituído o Núcleo Especializado em Arbitragem (NEA), unidade responsável pelas atividades de consultoria e assessoramento jurídicos e de contencioso arbitral em que a União seja parte ou interessada (Portaria 320, de 13.06.2019)"[5].

A predileção pelo uso de Métodos Extrajudiciais de Solução de Conflitos (MESCs) restou consagrada também em diplomas normativos específicos, a exemplo da Lei Federal 13.448/2017, que estabeleceu diretrizes para a prorrogação e relicitação de contratos de parceria, especificamente para os empreendimentos públicos qualificados no âmbito do Programa de Parcerias de Investimentos da Presidência da República (PPI), criado pela Lei Federal 13.334/2016.

Em prol da arbitragem, a Lei Federal 13.448/2017 previu, como condição para a relicitação do contrato de parceria, a celebração de termo aditivo com o atual contratado, do qual constará o compromisso arbitral para a resolução das questões que envolvam o cálculo das indenizações pelo Poder Concedente (inciso III do artigo 15). Esta pode ser identificada como uma arbitragem específica decorrente da relicitação.

Nada obstante, em mais uma comprovação do contexto favorável aos mecanismos alternativos de solução de controvérsias, o artigo 31 da Lei Federal 13.448/2017 também indicou que *"As controvérsias surgidas em decorrência dos contratos nos setores de que trata esta Lei após decisão definitiva da autoridade competente, no que se refere aos direitos patrimoniais disponíveis, podem ser submetidas a arbitragem ou a outros mecanismos alternativos de solução de controvérsias"*.

A propósito, também recentemente, o Conselho do Programa de Parcerias de Investimentos da Presidência da República (PPI) circulou, para consulta pública, uma minuta de resolução que pretende a aprovação de "cláusula modelo de solução de controvérsias como boa prática regulatória a ser adotada nos contratos de infraestrutura qualificados no âmbito do Programa de Parcerias de Investimentos da Presidência da República – PPI", em documento cujo conteúdo é abertamente favorável ao uso de MESCs.

Em outra demonstração inequívoca de fomento à arbitragem, publicou-se o Decreto Federal 10.025/2019, que disciplinou o uso da arbitragem em litígios que envolvam a Administração Pública federal em determinados setores de infraestrutura.

---

5. OLIVEIRA, Gustavo Justino de. Incentivos às arbitragens com a Administração Pública. *Portal Jota*, 27 jun. 2019. Disponível em: [www.jota.info/opiniao-e-analise/artigos/incentivos-as-arbitragens-com-a-administracao-publica-27062019]. Acesso em: 09.12.2019.

Além disso, há que se considerar que as próprias instituições arbitrais estão adequando os seus regulamentos para que possam receber as arbitragens envolvendo a Administração Pública. Três exemplos, a título ilustrativo, podem ser encontrados nas normativas do CAM-CCBC (Resoluções Administrativas 09/2014 e 15/2016), da CAMARB (versão 09/2017, item XII "Dos procedimentos com a participação da Administração Pública") e na Câmara de Conciliação, Mediação e Arbitragem da FIESP/CIESP (Resolução 3/2018).

O apreço pelos MESCs no âmbito do Poder Judiciário não diverge. Mencione-se, a título ilustrativo, os Enunciados do Conselho da Justiça Federal-CJF, aprovados na I Jornada de Prevenção e Solução Extrajudicial de Litígios (2016), em que muitos desses enunciados tiveram como objeto matéria envolvendo arbitragem e Administração Pública. Além disso, é de se registrar que a jurisprudência brasileira é notoriamente favorável à promoção, estabilidade e executividade da sentença arbitral[6], sendo raros os casos em que houve a sua anulação[7].

Outras medidas concretas estão sendo adotadas por órgãos relevantes do governo federal na contemporaneidade e podem ser citadas. Neste sentido, cumpre mencionar a recentíssima criação da Escola Nacional de Prevenção e Solução de Conflitos (ENAPRES), pelo Ministério da Justiça e Segurança Pública, instituída pela Portaria 863/2019, que visa a estimular métodos de prevenção e solução de conflitos como a arbitragem, conciliação, *dispute board*, mediação e negociação.

Portanto, nota-se que o ambiente jurídico-político-normativo atual é propício à formação de consensos e acordos, em deferência à autonomia das partes, assim como à obtenção de decisões tecnicamente mais qualificadas por meio de mediação e de arbitragem, caso seus usos revelarem-se mais adequados nos casos concretos.

3. A MEDIAÇÃO NO NOVO MARCO LEGAL DO SANEAMENTO E O PAPEL DA ANA

A mediação amolda-se confortavelmente à atividade regulatória.

Essa atividade apresenta, na sua própria razão de ser, características que a aproximam muito do que se busca quando se opta pelo caminho do consenso para resolver um conflito de interesses. As nossas agências reguladoras foram idealizadas a partir dos modelos anglo-saxônicos para neutralizar as pressões conjunturais que comumente impactam nas relações e interesses que envolvem a prestação do serviço público. Nesse setor econômico, de formação e composição complexa – integração do público com o privado – fez-se necessário a criação de uma estrutura com maior independência e que, atuando num ponto equidistante em relação aos interesses dos usuários, dos prestadores

---

6. Inclusive a jurisprudência do TCU sobre a arbitragem nas concessões de aeroportos, sendo que "[n]o acórdão 024.301/2018-3, ao analisar a nova rodada de concessão de aeroportos, a Corte não se opôs à previsão de arbitragem pelo edital". Cf. OLIVEIRA, Gustavo Justino de. ESTEFAM, Felipe Faiwichow. *Curso prático de arbitragem administração pública*. São Paulo: Thompson Reuters Brasil, 2019, p. 53.
7. Nas palavras de Arnoldo Wald: "A eficiência da arbitragem se comprova, pois, foram relativamente poucas as ações anulatórias de decisões arbitrais propostas e pouquíssimas as que foram julgadas procedentes". WALD, Arnoldo. Prefácio. In: OLIVEIRA, Gustavo Justino de; ESTEFAM, Felipe. *Curso Prático de Arbitragem e Administração Pública* São Paulo: Thompson Reuters Brasil, 2019, p. 10.

dos serviços concedidos e do próprio Poder Executivo, fosse capaz de manter o equilíbrio necessário para a eficiência e a blindagem às pressões políticas, indispensável para a estabilidade e segurança jurídica que o setor requer.

O diálogo, a negociação e a transparência caracterizam a moderna atividade regulatória. A entidade que regula um setor econômico jamais conseguiria cumprir de forma exitosa sua missão, caso não substituísse a imposição da vontade estatal pelo diálogo e pela negociação, o que fez om que Floriano Marques concluísse que o estado regulador atua *arbitrando interesses e tutelando hipossuficiências.* [8]

Diante disso, extrai-se que a mediação, como modo consensual de resolução de litígios, não representa na atividade regulatória apenas a ideia de flexibilização do contencioso administrativo que se abre a outras formas de solução de litígios além do juiz. Nesse setor, ela é muito mais que isso, ela se imiscui e, ao mesmo tempo, se confunde com a própria regulação que é a finalidade e razão de ser da agência reguladora. Trata-se de uma simbiose, não existe regulação eficaz sem se desenvolver a mediação de interesses entre os atores envolvidos – usuários, concedente, concessionários – em suas múltiplas relações.

As inovações normativas trazidas no novo marco legal do saneamento – Lei 14.026/2020 – inclui o aumento de competências da Agência Nacional de Águas (ANA), que passou a poder editar normas de referência sobre o serviço de saneamento, ensejando uma previsão expressa para que a ANA disponibilizasse, *em caráter voluntário e com sujeição à concordância entre as partes, ação mediadora ou arbitral nos conflitos que envolvam titulares, agências reguladoras ou prestadores de serviços públicos de saneamento básico.*[9]

Vale destacar, todavia, que essa norma não trouxe nenhuma previsão inédita nesse tema. A lei geral das agências reguladoras – Lei 13.848/2019 – já previa a observância de mecanismos de solução de controvérsias admitindo expressamente a mediação, *nos termos da (Lei da Mediação – Lei 13.140/2015).*[10] Além disso, a lei 9.427/1996, que instituiu a ANEEL – Agência Nacional de Energia Elétrica também já trazia previsão similar ao estabelecer como competência da agência *dirimir, no âmbito administrativo, as divergências entre concessionárias, permissionárias, autorizadas, produtores independentes*

---

8. MARQUES NETO, Floriano de Azevedo. *A nova regulação dos Serviços Públicos.* São Paulo: RDA, 2002, p. 59.
9. Lei 14.026/2020: Art. 4º-A. A ANA instituirá normas de referência para a regulação dos serviços públicos de saneamento básico por seus titulares e suas entidades reguladoras e fiscalizadoras, observadas as diretrizes para a função de regulação estabelecidas na Lei 11.445, de 5 de janeiro de 2007.
   [...]
   § 5º A ANA disponibilizará, em caráter voluntário e com sujeição à concordância entre as partes, ação mediadora ou arbitral nos conflitos que envolvam titulares, agências reguladoras ou prestadores de serviços públicos de saneamento básico."
10. Art. 29. No exercício de suas competências definidas em lei, duas ou mais agências reguladoras poderão editar atos normativos conjuntos dispondo sobre matéria cuja disciplina envolva agentes econômicos sujeitos a mais de uma regulação setorial.
    [...]
    § 2º Os atos normativos conjuntos deverão conter regras sobre a fiscalização de sua execução e prever mecanismos de solução de controvérsias decorrentes de sua aplicação, podendo admitir solução mediante mediação, nos termos da Lei 13.140, de 26 de junho de 2015 (Lei da Mediação), ou mediante arbitragem por comissão integrada, entre outros, por representantes de todas as agências reguladoras envolvidas.

e autoprodutores, bem como entre esses agentes e seus consumidores.[11] A ANP – Agência Nacional de Petróleo Gás e Biocombustíveis também possui a Resolução 43/2009, que prevê, como competência da agência, *adotar procedimentos, no âmbito de suas atribuições legais, para a mediação de conflitos decorrentes de situações não previstas nesta Resolução.*

Demonstra-se, assim, que as agências reguladoras de uma forma geral, pela própria atividade que exercem e para qual foram concebidas, já se originam dotadas de vocação para a mediação de interesses entre os atores envolvidos no setor econômico que regulam. Some-se a isso os normativos que as regulam, que já são há algum tempo explícitos no propósito de atribuir às agências reguladoras a competência para dirimir os conflitos gerados no setor por meio de métodos autocompositivos.

Objetivando fomentar a universalização dos serviços públicos, é essencial que a mediação seja encarada como um aferidor do grau de eficiência das Agências no exercício de suas atividades. Ao adotar o consenso como forma de dirimir os conflitos gerados nas relações entre usuários e concessionários ou permissionários e poder concedente, a Agência Reguladora reduz a tensão entre esses agentes, equilibra os variados interesses e se utiliza desse conflito para aperfeiçoar sua atividade de regulação.

Em se tratando da Agência Nacional de Águas, a mediação não chega como novidade nem na norma nem na sua atuação. A ANA, desde 2017, atua na mediação de conflito envolvendo a Hidrovia Tietê-Paraná, tentando equacionar os vários interesses de exploração dos recursos hídricos, elétrico e de navegação da hidrovia. Essa hidrovia é um dos principais corredores de escoamento da produção de soja, milho, fertilizantes e outros produtos agrícolas. O desvio de água para aproveitamento energético aliado à seca causou o fechamento da hidrovia por 20 (vinte) meses entre 2014 e 2016 gerando um prejuízo de bilhões aos setores econômicos.[12]

A instalação de uma *Sala de Crise* no âmbito da ANA, fez com que a agência aproximasse para um diálogo os representantes dos setores de recursos hídricos, elétrico e de navegação – entidades do governo federal e estaduais, operadores privados da Hidrovia, agentes operadores dos aproveitamentos hidrelétricos, que discutiram em reuniões e acordam condições de operação dos reservatórios para a manutenção de níveis mínimos necessários para a navegação. Assim, foi evitada a interrupção da Hidrovia em 2017.

Essa denominada *Sala de Crise* é uma genuína estrutura administrativa que pratica autocomposição de conflitos. Embora não tenhamos dados suficientes para determinar se a técnica aplicada nas reuniões organizadas pela ANA seja efetivamente de mediação, fica evidente que se trata de um método autocompositivo, onde os envolvidos no con-

---

11. Art. 3° Além das atribuições previstas nos incisos II, III, V, VI, VII, X, XI e XII do art. 29 e no art. 30 da Lei 8.987, de 13 de fevereiro de 1995, de outras incumbências expressamente previstas em lei e observado o disposto no § 1º, compete à ANEEL:
    [...]
    V – dirimir, no âmbito administrativo, as divergências entre concessionárias, permissionárias, autorizadas, produtores independentes e autoprodutores, bem como entre esses agentes e seus consumidores.
12. Estudo de Caso Hidrovia Tietê-Paraná – IPEA – Instituto de Pesquisa Econômica Aplicada. Disponível em: [file:///C:/Users/AGU/Downloads/Apresentacao-Estudo-de-Caso-Hidrovia-Paranaiba-Tiete-Parana.pdf]. Acesso em: 18.08.2020.

flito, titulares dos interesses em jogo participam ativamente da construção conjunta das soluções para o problema da escassez de água.

A ANA nesse caso não arbitra as condições de exploração da hidrovia nem determina impositivamente nenhuma medida a ser seguida ou suportada pelos sujeitos envolvidos no conflito. A postura assumida pela ANA é de mediadora de interesses conflitantes. Ela escuta os interessados, agrega dados técnicos para que eles possam tomar decisões informadas acerca dos níveis mínimos necessários para que sejam mantidas as condições de operação da hidrovia e auxilia na negociação gerando opções para um aproveitamento elétrico dos potenciais, sem impedir ou dificultar a navegação na hidrovia.

3.1 A mediação como elemento intrínseco da atividade regulatória

No momento atual, a ANA assume um papel de "Reguladora das Reguladoras". O novo marco regulatório nacionalizou a regulação, transformando a ANA na agência que coordenará essa convergência regulatória e uniformizará as regras gerais do setor. Assim, imbuída também de mediar os conflitos que surgirem a partir das normas de referência que ela própria editará, a ANA desempenhará a sua função em sua mais absoluta integralidade. Ela iniciará o trabalho de elaboração das normas mediante *consultas e audiências públicas* e com a *realização de Análise de Impacto Regulatório (AIR)*[13]; e após, durante a aplicação dessas normas e integração delas com as outras normas locais do setor, a ANA também atuará como mediadora dos conflitos que essa trama normativa potencialmente causará.

Consta como objetivos para a regulação no novo marco legal do saneamento básico a universalização e a cooperação federativa.[14] A maneira mais eficiente de se alcançar esses objetivos é aliando a competência normativa – edição de normas de referência – com a estruturação de um mecanismo interno e consensual de resolução de conflitos. Dessa forma, a ANA percorrerá todo o ciclo necessário para garantir a racionalidade das decisões, tentando imunizar-se da repolitização de suas estruturas em processos jurisdicionais.[15]

---

13. Lei 14.026/2020:
    Art. 4º [...]
    § 4º No processo de instituição das normas de referência, a ANA:
    I – avaliará as melhores práticas regulatórias do setor, ouvidas as entidades encarregadas da regulação e da fiscalização e as entidades representativas dos Municípios;
    II – realizará consultas e audiências públicas, de forma a garantir a transparência e a publicidade dos atos, bem como a possibilitar a análise de impacto regulatório das normas propostas; e
    III – poderá constituir grupos ou comissões de trabalho com a participação das entidades reguladoras e fiscalizadoras e das entidades representativas dos Municípios para auxiliar na elaboração das referidas normas.
14. Lei 14.026/2020:
    Art. 4º [...]
    § 3º As normas de referência para a regulação dos serviços públicos de saneamento básico deverão:
    [...]
    III – estimular a cooperação entre os entes federativos com vistas à prestação, à contratação e à regulação dos serviços de forma adequada e eficiente, a fim de buscar a universalização dos serviços e a modicidade tarifária;
15. DE GIORGI, Raffaele. A Administração Pública na Sociedade Complexa. RDA – *Revista de Direito Administrativo*, Rio de Janeiro, v. 256, p. 9-22, jan./abr. 2011.

A mediação realizada pela ANA assemelha-se muito com uma técnica denominada de *magistratura de influência*.[16] Esses entes reguladores solucionam os conflitos pelo consenso, mas não podem se desinvestir da *autoridade moral* que adquirem por deterem o conhecimento técnico da matéria e a posição de reguladora maior do setor. Assim, além de assistir aos diálogos e às negociações, esses entes influenciam na tomada de decisão, gerando opções e apontando soluções viáveis aos envolvidos no conflito.[17]

Na França, Jean-François Brisson considera que a mediação desenvolvida perante entes públicos deve ser exercida diferentemente do que acontece nas relações privadas. Para o autor, em relações de direito público, o mediador deve analisar a situação e sugerir uma solução viável para o caso, valendo-se da sua autoridade moral.[18]

Essa definição coloca a mediação sob a ótica do direito administrativo da Europa continental. Brisson defende que, numa relação de verticalidade, que pressupõe desigualdade jurídica, o consenso jamais será obtido por um mediador neutro, portanto, necessário se torna o exercício de um poder de persuasão fortalecido pela credibilidade moral desse agente indutor.

O traço consensual é comum a todos os modos autocompositivos de conflitos. É a diferença na medida e dimensão dessa característica consensual que vai impor as particularidades de cada um desses modos. A princípio, qualquer hierarquia ou supremacia de um dos integrantes de uma negociação ou mediação sobre o outro seria suficiente para inviabilizar um consenso válido. Qualquer risco de imposição de poder ou de vontade de uma das partes sobre a outra aniquilaria a autonomia da vontade, que é própria da resolução consensual. Isso não ocorre, todavia, nas mediações envolvendo entes públicos.

A vontade administrativa não é da mesma natureza que a vontade humana, ela é externa e institucionalizada, enquanto a vontade dos cidadãos é interna e pessoal. Assim, a construção do consenso que depende, nesses casos, de uma conciliação de vontades de naturezas diversas, vai enfrentar dificuldades anormais, não encontradas no direito privado.[19]

É a obediência a procedimentos que representará o antídoto formal necessário para demonstrar a legitimidade da formação da vontade pública coincidente ou concertada com a vontade do particular. Logo, a complexidade da natureza de uma vontade que não é humana exige técnicas que, para a sua formação, fogem ao senso comum.

As instituições que utilizam a persuasão estão mais adaptadas ao contencioso administrativo do que os meios puramente neutros, apáticos, que apenas assistem sem se interferir no diálogo posto à mesa. A autoridade moral da magistratura de influência torna o procedimento mais propositivo, mais eficaz e mais seguro. A condução do trata-

---

16. DAVI, Kaline Ferreira. Magistratura de Influência: uma alternativa ao contencioso administrativo tradicional. *Revista Brasileira de Direito Público*: RBDP, Belo Horizonte, v. 12, n. 45, p. 123-135, abr./jun. 2014.
17. BRISSON, Jean-François. *Bibliothèque de Droit Publique*. T. 185. Les Recours administratifs en droit public français, Paris: LGDJ, 1996, p. 202 et 215.
18. BRISSON, Jean-François. Régler autrement les litiges administratifs: Les recours gracieux et hiérarchiques, voie alternative de protection des administrés? *Revue de Droit Public*, 1996. p.792-846.
19. DELAUNAY, Bénédicte. *Bibliothèque de Droit Public*, T.172, L'amélioration des Rapports entre l'administration et les Administrés. Paris: LGDJ, 1993.

mento dos conflitos por um ente público torna o arranjo final mais confiável do ponto de vista formal.

A adaptabilidade dessas técnicas às necessidades e às especialidades do contencioso administrativo, mais especificamente na atividade regulatória, cria a figura do *consenso induzido,* o que representa uma tendência dos métodos autocompositivos de litígio aplicados à realidade administrativa. As partes encontram uma conciliação de interesses após a intervenção de um ente que representa uma autoridade independente e que persegue o interesse público.

O equilíbrio entre a indução e a equidistância é fundamental, até mesmo porque essa persuasão não poderia ultrapassar o sensível e o tênue limite que separa *convencer* e *constranger.* Os envolvidos, públicos ou privados, precisam estar à mesa na condição de *agentes morais autônomos,* para aceitar ou não as opções oferecidas pelo ente regulador, assim como para propor outras opções e soluções.[20]

A mediação é o equilíbrio entre a persuasão e a autonomia dos interesses. Esse equilíbrio caracteriza o modelo administrativo que ensejou a criação das Agências Administrativas Independentes na Europa. O Estado contemporâneo não é mais o imperador, mas sim o mediador. Ele não encontra mais espaço para impor suas condições, mas pode negociá-las. É desta forma que de um lado o Estado vai legitimar a regulação das relações econômicas na prestação dos serviços públicos e, por outro lado, vai conseguir bons resultados materializando o seu dever de eficiência.

3.2 As agências reguladoras brasileiras e as suas estruturas de resolução consensual de conflitos: uma construção ainda insuficiente

Cada uma das agências reguladoras brasileiras foi instituída com a possibilidade de desenvolver estruturas internas voltadas especificamente para solucionar, de forma consensual, os conflitos gerados entre agentes concessionários, concedentes e usuários do setor que atuam. Na prática, entretanto, isso não aconteceu da forma como preconizado normativamente. Algumas agências reguladoras até possuem alguma estrutura interna voltada para a prática da autocomposição, todavia, isso aconteceu de forma muito tímida e insatisfatória, considerando a extensa vocação dessas agências para a prática da mediação.

A PREVIC (Superintendência Nacional de Previdência Complementar)[21] possui desde 2019 a CMCA – Câmara de Conciliação, Mediação e Arbitragem. Essa câmara é a única estruturada nesses moldes, como um órgão permanente e específico para a resolução de conflitos no âmbito interno de uma agência reguladora. Instituída pela

---

20. OLIVEIRA, Gustavo Justino de; SCHWANKA, Cristiane. A administração consensual como a nova face da administração pública no séc. XXI: fundamentos dogmáticos, formas de expressão e instrumentos de ação. *Revista da Faculdade de Direito.* Universidade de São Paulo. Disponível em: [http://www.revistas.usp.brrfdusp/article/view/67859]. Acesso em: 20.05.2017.
21. É uma autarquia de natureza especial, dotada de autonomia administrativa e financeira e patrimônio próprio, vinculada ao Ministério da Economia, com sede e foro no Distrito Federal, tendo atuação em todo o território nacional como entidade de fiscalização e supervisão das atividades das entidades fechadas de previdência complementar e de execução das políticas para o regime de previdência complementar operado pelas referidas entidades. Instituída pela Lei 12.154, de 23 de dezembro de 2009.

Instrução 17, de 13 de setembro de 2019, ela tem competência para mediar, conciliar e *arbitrar*[22] conflitos entre entidades fechadas de previdência complementar e entre estas e seus participantes, assistidos, patrocinadores ou instituidores.

De acordo com essa instrução normativa a CMCA é presidida por um Procurador Federal, que pode ser o Procurador-Chefe da Procuradoria Federal junto à Previc, e sua composição é bastante peculiar, é, integrada por mediadores, conciliadores e árbitros escolhidos entre profissionais com notório conhecimento jurídico em previdência complementar fechada, e deverão comprovar além de sua competência, ter reputação ilibada.[23]

Essa norma administrativa interna deve ser interpretada conforme a Lei 13.140/2015 sob pena de incorrer em ilegalidade. A mediação é uma atividade técnica (art. 1º, parágrafo único da lei 13.140/2015), portanto, quando é exigido notório conhecimento jurídico, dever ser lido também que esses profissionais escolhidos deverão ser capacitados tecnicamente para exercer a mediação, ou ao menos a Previc deve fornecer essa capacitação específica.

Outro ponto que merece destaque é o envolvimento no conflito de algum órgão da Administração Pública Federal direta. Nesses casos, por haver participação da União, a mediação terá sua competência deslocada para a CCAF, o que ocorre por força de vários dispositivos do Capítulo II da Lei 13.140/2015.

Podemos citar também a Comissão de Resolução de Conflitos das Agências Reguladoras dos Setores de Energia Elétrica, Telecomunicações e Petróleo, instituída pela Resolução Conjunta 2, de 27 de março de 2001 (Aneel, Anatel e ANP), sendo composta por dois representantes de cada uma dessas Agências. Os conflitos de sua competência eram apenas aqueles que versassem sobre matéria de aplicação e interpretação do Regulamento Conjunto para Compartilhamento de infraestrutura entre os setores de energia elétrica, telecomunicações e petróleo. O compartilhamento de postes, por exemplo, era um conflito corriqueiramente submetido a essa comissão.

Em referência a essa estrutura, ressaltamos que, embora houvesse no seu rito uma etapa de negociação entre os interessados, os membros da comissão decidiam ao final,

---

22. Sobre crítica à função de "arbitrar" da CMCA, veja nota de rodapé n. 38 *infra*.
23. Art. 2º [...]

    § 4º A relação com a composição atualizada dos árbitros, conciliadores e experts será aprovada semestralmente pelo Presidente da CMCA.

    § 5º A lista de conciliadores e árbitros selecionados pelo Presidente da CMCA, com profissionais com notório conhecimento em previdência complementar fechada interessados em atuar junto à CMCA, deve ser publicada na página eletrônica da Previc.

    § 6º Somente poderão integrar os quadros de mediadores, árbitros e peritos na Previc aqueles profissionais que forem submetidos previamente à análise quanto à sua competência e reputação ilibada.

    § 7º Verificada a ocorrência de qualquer fato ou ato que desabone a reputação de árbitro, conciliador ou expert, inclusive conflito de interesses, o presidente da CMCA poderá rever a relação em prazo inferior ao contido no § 4º.

    § 8º Aplicar-se-ão aos servidores constantes da relação, para os ns. do § 6º, no que couber, os deveres e proibições da Lei 8.112, de 11 de dezembro de 1990, bem como da Lei 12.813, de 16 de maio de 2013, e, para os membros indicados pelas entidades representativas da sociedade civil, os mesmos requisitos exigidos pela legislação do regime de previdência complementar fechado.

    § 9º Da exclusão de árbitro, conciliador ou expert, caberá recurso ao Presidente da CMCA, em primeira instância, e à Dicol, em segunda instância, no prazo de 10 (dez) dias, contados da publicação de cada uma das decisões.

determinando uma solução, caso não fosse obtido o consenso, o que demonstra ser essa uma estrutura de autotutela, mas não uma estrutura de autocomposição propriamente dita.

Essa comissão foi extinta pelo Decreto 9.579/19 que determinou a extinção de "colegiados da administração pública federal direta, autárquica e fundacional", e estabeleceu "diretrizes, regras e limitações" para a criação de novos "colegiados".

Na ANEEL, em moldes diferentes, existe a Superintendência de Mediação Administrativa Setorial instituída pela Portaria MME 349, de 28 de novembro de 1997, que aprovou o Regimento Interno da ANEEL. Essa norma diz muito pouco sobre a referida superintendência, que tem seu funcionamento especificado no *Caderno Temático. V. 8 da ANEEL*, que estabelece o uso da mediação em suas atividades.[24] Analisando o *Roteiro de Mediação* percorrido por essa Superintendência no historiograma inserido no citado Caderno Temático, verificamos ser ela uma típica estrutura autocompositiva.

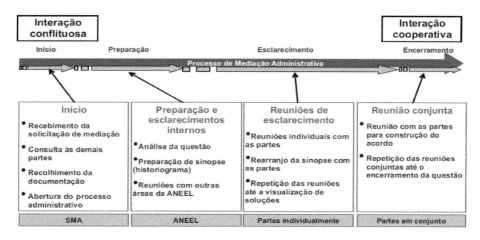

Figura 1 - Roteiro Básico de Mediação

Conforme dados do Sistema de Gestão de Mediações – SGM da Agência, ANEEL/SMA, demonstrou-se que a estrutura autocompositiva da SMA/ANEEL é eficaz. Ela tem empreendido uma média de 30 (trinta) mediações anuais, das quais resultam acordos em aproximadamente 90% dos procedimentos instaurados. Segundo informam: *Tal percentual de êxito deve-se, de forma significativa, à postura das partes, as quais acabam por compreender que uma solução mediada é sempre melhor do que um impasse continuado.*

Essas são as estruturas que ilustram e encerram o número total de órgãos criados pelas agências reguladoras para desenvolverem a mediação como forma de resolução de litígios, sendo que uma delas foi extinta. Quantitativamente não há como negar a desproporção entre o número de estruturas criadas em relação à quantidade de agências reguladoras em operação no Brasil. Essa desproporção, contudo, é mais acentuada

---

24. Agência Nacional de Energia Elétrica (Brasil). *Solução de divergências: mediação.* v. 8. Agência Nacional de Energia Elétrica, 2008.

quando a observamos do ponto de vista da vocação da atividade regulatória e dos desafios enfrentados por esses organismos.

Seria para eles um caminho estratégico, simples e eficaz investir na institucionalização da mediação como principal solucionadora de conflitos e harmonizadora de interesses.

4. A ARBITRAGEM NO NOVO MARCO LEGAL DO SANEAMENTO BÁSICO

Na Lei federal 14.026/20, a arbitragem vem mencionada em dois diferentes dispositivos, porém com significados, funções e efeitos bastante distintos.

Assim, por razões didáticas e hermenêuticas, trataremos separadamente da (a) *"ação arbitral"* da Agência Nacional de Águas e Saneamento Básico-ANA (atual redação do art. 4º-A, § 5º da Lei federal 9.984/2000) e da (b) *"arbitragem como mecanismo privado para resolução de disputas decorrentes dos contratos que envolvem a prestação dos serviços públicos de saneamento básico"* (atual redação do art. 10-A, § 1º da Lei federal 11.445/07).

4.1 A *"ação arbitral"* da Agência Nacional de Águas e Saneamento Básico-ANA (atual redação do art. 4º-A, § 5º da Lei federal 9.984/2000)

Em razão da expansão das atividades da ANA, novas atividades foram acrescidas em seu âmbito de competências originárias pela Lei federal 14.026/20, agora estendidas para o setor de saneamento básico, o legislador pátrio conferiu ao ente regulador várias novas funções.

Decupando-se o estatuído no art. 4º-A, § 5º, da Lei federal 9.984/2000, em sua redação atual, enuncia-se que (i) a ANA disponibilizará, (ii) em caráter voluntário (iii) e com sujeição à concordância entre as partes, (iv) ação mediadora ou (v) ação arbitral, (vi) as quais incidirão sobre os conflitos que envolvam titulares, agências reguladoras ou prestadoras de serviços de saneamento básico.

Primacialmente, percebe-se com clareza que a nova "ação arbitral" da ANA, que passa a ser aplicável ao setor de saneamento público, nada tem a ver com a "arbitragem comercial" prevista e disciplinada pela Lei federal 9.307/96. Não se trata, portanto, da "arbitragem própria" ou "arbitragem típica", compreendida como mecanismo extrajudicial e heterocompositivo de resolução de litígios, regida pela Lei Brasileira de Arbitragem-LBA e, no que diz respeito a litígios oriundos de boa parte de contratos públicos de infraestrutura de âmbito federal, regulamentada pelo Decreto 10.025/19.

Tal constatação inicial é de suma importância para que se possa conferir adequada interpretação a esta "ação arbitral" da ANA.

Embora o vocábulo empregado aparentemente seja o mesmo – "arbitragem" – a "ação arbitral" aqui refere-se especificamente a uma modalidade de tomada de decisão administrativa, normalmente inserida no contexto de processos administrativos decisórios de órgãos públicos ou entidades administrativas – ente regulador abrangido[25] – que

---

25. Sobre o tema, cf. AMARAL, Paulo Osternack. Arbitragem no âmbito das agências reguladoras. *Revista de Direito Administrativo Contemporâneo*, São Paulo, v. 2, n. 7, p. 119-125. abr. 2014, CARDOSO, André Guskow. As agências reguladoras e a arbitragem. In: TALAMINI et al. (Coord.). *Arbitragem e poder público*. São Paulo: Saraiva, 2010.

tem por finalidade a resolução definitiva de um dado conflito administrativo, em última instância administrativa.

Com efeito, quando afirmamos "aparentemente", a rigor há somente uma suposta identidade de vocábulo, porque de antemão teríamos de separar (a) arbitragem da Lei federal 9.307/96 do (b) *arbitramento*, cuja definição mais adequada é justamente a acima indicada. Todavia, será comum encontrar na legislação brasileira o uso atécnico do termo "arbitragem" – e por isso podemos nos referir a este instituto como "arbitragem imprópria" ou "arbitragem atípica" – que incide no amplo terreno decisório das agências reguladoras (ou entes públicos em geral) significando, não a arbitragem própria ou típica da LBA, mas o "arbitramento de conflitos" no âmbito de um ente administrativo,[26] que ensejará uma decisão administrativa definitiva em última instância administrativa.

Portanto, a "ação arbitral" que a ANA poderá dispor aos titulares, agências reguladoras ou prestadores de serviços públicos de saneamento básico, na verdade, é um "arbitramento"[27] de conflitos entre tais players, que resultará em uma decisão administrativa da ANA.

Algumas considerações adicionais importam para que se apreenda o conteúdo e os limites da decisão que poderá ser tomada pela ANA, quando um ente regulador seja chamado a dirimir conflitos no setor de saneamento básico.

Destaque-se que a nova "ação arbitral" ou "arbitramento" da ANA afina-se plenamente com coordenação regulatória, supervisão regulatória ou mesmo a "regulação por exposição" (*sunshine regulation*) – esta última que parece encaixar-se melhor no contexto normativo ora em análise – que o legislador conferiu ao ente regulador na Lei federal 14.026/20.

Atividade regulatória originária do setor de saneamento básico a ANA não exerce *per si*, pois este é papel reservado às agências reguladoras de âmbito estadual ou municipal.[28] No entanto, enquadre-se técnica e juridicamente como se pretenda melhor enquadrar o que a ANA passará a desempenhar no novo marco legal do saneamento básico, teremos um terreno amplo e fértil para conflitos regulatórios e contratuais; interfederativos, públicos e público-privados, os quais tenham ou não a ANA como parte do conflito. A

---

p. 15-61; e PASTORE, Ana Claudia Ferreira. Soluções alternativas para resolução de conflitos e Agências Reguladoras: limitações e propostas. In: GABBAY, Daniela Monteiro et al. *Justiça Federal*: inovações nos mecanismos consensuais de solução de conflitos. Brasília: Gazeta Jurídica, 2014. p. 551-571, entre outros.

26. Sobre "arbitramento de conflitos no setor público", conferir primoroso capítulo VIII de ACCIOLY, João Pedro. *Arbitragem em conflitos com a Administração Pública*. Rio de Janeiro: Lumen Juris, 2019. p. 147-167. Segundo o autor, "o arbitramento realizado pelo Consultor-Geral da união não constitui exercício privado de poderes jurisdicionais (isto é, arbitragem). A aproximação do instituto com o fenômeno arbitral – referido como tal pelos atos normativos que o regem – reside no fato de que ele opera a substituição da vontade dos órgãos e entidades conflitantes por juízo técnico emitido por terceiro" (Op. cit., p. 158).

27. No Parecer 00001/2019/CCAF/CGU/AGU consta que "o denominado 'arbitramento' é um instrumento de resolução de controvérsia jurídica que encontra lugar quando as tentativas de resolução consensual restam infrutíferas e o conflito persiste por força, principalmente, dessa controvérsia, que geralmente, é a principal causadora do conflito".

28. Vale registrar que proposta no STF a ADIN 6.492-DF contra diversos dispositivos da Lei federal 14.026/20, seu Relator Min. Luiz Fux indeferiu liminarmente a Medida Cautelar, ressaltando que *"para além de uma deferência técnica à especialização do setor e do experimentalismo democrático, que protege novas iniciativas em escolhas regulatórias, é a urgência de políticas voltadas a sanear uma situação socioeconômica de aviltante gravidade que afasta a concessão na cautelar no presente caso"* (j. 03.08.20).

imanente correlação "mediação-regulação" foi acima enfrentada no item 3 deste artigo, e aqui pode também ser aproveitada para demarcar o espaço material da "ação arbitral" da ANA inserida na atual redação do art. 4º-A, § 5º da Lei federal 9.984/2000.

No entanto, há na matéria ora enfocada algumas peculiaridades.

O "arbitramento" em si tradicionalmente representa uma forma de tomada de decisão administrativa de determinado conflito público, carreado obrigatória ou voluntariamente para a instância administrativa que tem competência específica para arbitrar. Geralmente, esta instância de arbitramento integra a mesma organização administrativa na qual o conflito ocorreu: federal, estadual, municipal ou distrital. Por isso pode-se denominá-lo "arbitramento administrativo". De outra parte, o "arbitramento regulatório" ocorrerá nos casos em que o arbitramento é previsto na legislação especial de setores regulados, e o conflito a ser dirimido ou tem a participação do próprio ente regulador como parte, ou envolve entes públicos e/ou privados que direta ou indiretamente são (i) regulados por este mesmo ente regulador ou (ii) impactados pela atividade regulatória (p.ex. usuários e/ou consumidores).[29]

Exemplo de arbitramento administrativo, tem-se no art. 18, inc. VI, do Decreto 7.392/10, o qual atribui à Câmara de Conciliação e Arbitragem da Administração Federal-CCAF, vinculada à Advocacia-Geral da União-AGU, "propor, quando couber, ao Consultor-Geral da União o arbitramento das controvérsias não solucionadas por conciliação".[30] Igualmente, embora sem empregar o termo "arbitramento", encaixar-se-ia neste instituto a competência do Advogado-Geral da União prevista no art. 4º, inc. XI, da LC 73/93: "...prevenir e dirimir as controvérsias entre os órgãos jurídicos da Administração Federal".

Por outro lado, hipótese "de "arbitramento regulatório", pode-se encontrar no art. 20 da Lei federal 9.478/97: *"[o] regimento interno da ANP disporá sobre os procedimentos a serem adotados para a solução de conflitos entre agentes econômicos, e entre estes e usuários e consumidores, com ênfase na conciliação e no arbitramento"*. Do mesmo modo, mas sem mencionar "arbitramento", temos o art. 3º, inc. V, da Lei federal 9.427/96, o qual atribui à ANEEL competência para *"V – dirimir, no âmbito administrativo, as divergências entre concessionárias, permissionárias, autorizadas, produtores independentes e autoprodutores, bem como entre esses agentes e seus consumidores"* e (ii) no art. 19, inc. XVII, da Lei federal

---

29. Embora empregando o termo "arbitrar" em sentido amplo, na ADIn 2095-RS o STF decidiu que caberia às Agências Reguladoras genericamente o "encargo de prevenir e arbitrar segundo a lei os conflitos de interesses entre concessionários e usuários ou entre aqueles e o Poder concedente" (MC j. em 22.03.2000, Min. Rel. Octavio Gallotti, Pleno; Mérito j. em 11.10.2019, Min. Cármen Lúcia, Pleno). Com um sentido de "arbitramento", o art. 29 da Lei Federal 13.848/19 – A Lei Geral das Agências estabelece: "No exercício de suas competências definidas em lei, duas ou mais agências reguladoras poderão editar atos normativos conjuntos dispondo sobre matéria cuja disciplina envolva agentes econômicos sujeitos a mais de uma regulação setorial. [...] § 2º Os atos normativos conjuntos deverão conter regras sobre a fiscalização de sua execução e prever mecanismos de solução de controvérsias decorrentes de sua aplicação, podendo admitir solução mediante mediação, nos termos da Lei 13.140, de 26 de junho de 2015 (Lei da Mediação), *ou mediante arbitragem por comissão integrada, entre outros, por representantes de todas as agências reguladoras envolvidas"* (g.n.).
30. Cf. GODOY, Arnaldo Sampaio de Moraes. O tema da arbitragem no contexto da Administração Pública. *Revista Jurídica Luso-Brasileira*, a. 1, n. 2, p. 183-212. 2015.

9.472/97, que confere à ANATEL competência para *"compor administrativamente conflitos de interesses entre prestadoras de serviço de telecomunicações"*.

No caso do arbitramento regulatório da ANA, em decorrência da letra da lei, percebe-se que tal arbitramento terá caráter voluntário – não obrigatório, portanto – e será pelo ente regulador disponibilizado aos titulares, agências reguladoras ou prestadores de serviços públicos de saneamento básico que, necessariamente, terão de aderir a este arbitramento, manifestando expressamente sua concordância para submeter um dado conflito a ser dirimido por esta modalidade decisória.

Ora, a ANA exercerá sua "ação arbitral" de conflitos *exclusivamente* se houver aderência prévia e expressa das partes integrantes de um conflito de saneamento básico ao arbitramento regulatório. Satisfeita esta condição, a ANA poderá dirimir o conflito a ela submetido pela via do arbitramento, ou seja, decidirá o conflito enquanto legítima instância de arbitramento escolhida pelas partes.

Diferentemente da mediação – que estimula a autocomposição das partes do conflito – o arbitramento desencadeia e representa uma tomada de decisão do conflito, sendo a ANA a "instância administrativa decididora". Entretanto, a qualidade desta decisão administrativa por arbitramento destoará dos atributos que geralmente uma decisão por arbitramento administrativo ou arbitramento regulatório costumam deter. É que em virtude da posição da ANA no setor de saneamento básico a partir da Lei federal 14.026/20, seria possível sustentar que o ente regulador tomará uma decisão que será "definitiva" na esfera administrativa e será esta instância da ANA considerada "última instância administrativa"?[31]

Conforme sustentamos acima, a ANA não é propriamente o ente regulador do setor do saneamento básico. Sua atribuição regulatória enquadra-se mais "reguladora por exposição" (*sunshine regulator*).[32] Sem prejuízo disso, preenchidas as condições exigidas pelo art. 4º-A, § 5º, da Lei federal 9.984/2000, findo o arbitramento a ANA ira dirimir o conflito a ela submetido por meio de uma decisão, a qual no contexto da organização

---

31. A Resolução 5.845, de 14 de maio de 2019, da ANTT "dispõe sobre as regras procedimentais para a autocomposição e a arbitragem no âmbito da ANTT". De interesse para nosso trabalho é a diferenciação precisa que este ato normativo faz entre, de um lado, mediação-autocomposição da Lei federal 13.140/15, e de outro, a arbitragem da Lei federal 9.307/96. E no art. 4º da Resolução estipula-se que "as controvérsias só poderão ser submetidas ao regramento descrito nesta Resolução após decisão definitiva da ANTT", sendo que por decisão definitiva compreende-se "a decisão administrativa quando dela não couber mais recurso". Para fins de eventual judicialização da decisão administrativa de arbitramento da ANA, não há que se falar em cabimento de recurso administrativo, portanto o arbitramento em si pode ser considerado decisão definitiva e por isso sujeito à impugnação judicial.
32. Sobre "regulação por exposição", cf. MARQUES, Rui Cunha; SIMÕES, Pedro. Does the sunshine regulation approach work? Governance and regulation model of the urban waste services in Portugal. *Resources Conservation and Recycling*, v. 52, n. 8-9, 2008, p. 1040-1049; DE WITTE, Kristof; SAAL, David S. Is a little sunshine all we need? On the impact of sunshine regulation on profits, productivity and prices in the Dutch drinking water sector. *Journal of Regulatory Economics*, v. 37, n. 3, p. 219–242, 1 jun. 2010; BOLOGNESI, Thomas; PFLIEGER, Géraldine. In the shadow of sunshine regulation: Explaining disclosure biases. In: *Regulation and Governance*, 2019. doi: 10.1111/rego.12286; COSTA, Samuel Alves Barbi et al. Projeto Sunshine: a regulação por exposição aplicada ao Estado de Minas Gerais. *X Congresso Brasileiro de Regulação*, 4., 2017, Florianópolis. Brasília, Associação Brasileira de Agências de Regulação (ABAR), 2017 e HEINEN, Juliano. A regulação do saneamento básico no Brasil. In: CONJUR. Disponível em: [https://www.conjur.com.br/2020-ago-17/juliano-heinen-regulacao-saneamento-basico-brasil]. Acesso em: 10.09.2020, entre outros.

do setor de saneamento básico será equiparada a uma decisão administrativa tomada em última instância.

Obviamente, esta configuração vai depender das cláusulas do Termo de Submissão do Conflito do Setor de Saneamento Básico ao Arbitramento da ANA, devidamente assinado pelas partes integrantes do conflito e pela ANA. E provavelmente das normas de um pertinente e necessário Regulamento de Mediação e Arbitramento, o qual provavelmente a ANA terá de editar, se tiver por intento conferir previsibilidade e confiabilidade a estas ações de mediação e de arbitramento que passará a disponibilizar aos players do setor de saneamento básico.

No entanto, o que cumpre registrar é que esta decisão administrativa tomada pela ANA em sede de arbitramento certamente poderá ser submetida à apreciação jurisdicional pelas partes, desde que haja nulidades ou abusividade na tomada da decisão administrativa – o arbitramento em si é um processo administrativo – que gerem lesão ou ameaça de lesão a quaisquer das partes (art. 5º, inc. XXXV, da Constituição de 1988).[33] A decisão administrativa do arbitramento regulatório da ANA será caracterizada ou equiparada como decisão administrativa definitiva, tomada em última instância administrativa, desde que isso esteja de algum modo explicitado no Termo de Submissão ao Arbitramento e/ou eventual Regulamento da ANA que discipline a matéria.

Um último ponto merece atenta reflexão: qual a natureza dos conflitos do setor de saneamento básico que poderão ser em tese submetidos ao arbitramento regulatório da ANA?

Primeiro, considerando as atribuições regulatórias da ANA – editar normas de referência nacionais para o setor de saneamento básico, que serão adotadas ou não pelos demais entes federados subnacionais nos termos do vigente art. 4º-B da Lei federal 9.984/2000 – entende-se que conflitos regulatórios claramente poderão ser objeto de arbitramento.

A dúvida reside se conflitos contratuais também poderão ser dirimidos desta maneira. Se os titulares e agentes reguladores subnacionais adotam as regras de referência da ANA, tais regras muito provavelmente irão moldar os contratos firmados com entidades públicas ou privadas para a prestação do serviço de saneamento básico. Então, a princípio, poderá haver arbitramento. Mas se os titulares e agentes reguladores subnacionais não adotam as regras de referência da ANA, não haveria muito sentido para que a ANA fosse escolhida a arbitrar eventuais conflitos. Sem prejuízo disso, em todos os casos acima

---

33. Nesse sentido, em caso referente a arbitramento de conflito promovido pela ANATEL, cf. STJ, RESP 1.275.859-DF, 2ª T., Rel. Min Mauro Campbell Marques, j. em 27.11.2012, p. DJe 05.12.2012, no qual constou que "16. Nunca é demais relembrar que vigora no Brasil o sistema da unidade de jurisdição, o qual – ao contrário do sistema contencioso francês – possibilita a parte a ingressar no Poder Judiciário independentemente da solução alcançada nas vias administrativas, salvo algumas exceções previstas tanto na Constituição Federal quanto na legislação infraconstitucional. 17. Esta observação tem relevância para o deslinde da presente controvérsia, na medida em que nem a Lei das Agências Reguladoras (Lei 9.986/2000), tampouco a Lei Geral de Telecomunicações exclui a possibilidade de revisão dos atos administrativos – quanto à legalidade e legitimidade – praticados por estas agências de regulação setorial. Entendimento em sentido contrário implicaria em assumir o ilógico de que os litigantes em contendas administrativas não possam usufruir de seu direito individual fundamental de recorrer a um terceiro imparcial – o Estado Juiz -para ver solucionados seus conflitos de interesses qualificados pela pretensão resistida".

apontados, as partes deverão manifestar expressamente a sua concordância em submeter tais conflitos contratuais ao arbitramento da ANA.

Finalmente, em virtude da redação do art. 4º-A, § 5º, da Lei federal 9.984/2000, parecem estar excluídos dos conflitos submissíveis ao arbitramento da ANA conflitos que envolvam os usuários dos serviços de saneamento básico como parte, unicamente porque estes não foram listados no dispositivo ora em comento. Tais conflito, a depender das legislações estaduais e locais, deverão ser dirimidos pelas agências reguladoras subnacionais, e não a ANA.

4.2 A "arbitragem como mecanismo privado para resolução de disputas decorrentes dos contratos que envolvem a prestação dos serviços públicos de saneamento básico" (atual redação do art. 10-A, § 1º, da Lei federal 11.445/2007)

No que diz respeito às diferentes formas de prestação e das possíveis modelagens jurídicas que podem ser empregadas para formalizar a delegação dos serviços públicos de saneamento básico, a Lei federal 14.026/20 provocou mudanças significativas. Foge aos limites deste trabalho enfocar no detalhe cada uma dessas inovações normativas.

Entretanto, conferindo interpretação à nova redação do art. 10-A, § 1º, da Lei federal 11.445/07 – escopo do nosso trabalho – é nítido que a arbitragem ali referida é a "arbitragem comercial", um dos mecanismos extrajudiciais de resolução de conflitos, explicitamente previstos no ordenamento jurídico como alternativos ou mais adequados aos sistema de jurisdição judiciária, regulamentado pela Lei federal 9.307/06, a Lei Brasileira de Arbitragem-LBA.

Isto posto, decupando-se o preconizado no art. 10-A, § 1º, da Lei federal 11.445/07, temos que (i) os contratos que envolvem a prestação dos serviços públicos de saneamento básico (ii) poderão prever (iii) mecanismos privados para resolução de disputas decorrentes do contrato ou a ele relacionados, (iv) inclusive a arbitragem, a ser realizada no Brasil e em língua portuguesa, (v) nos termos da Lei 9.307, de 23 de setembro de 1996.

Um primeiro ponto a destacar: tanto a arbitragem, como outros mecanismos extrajudiciais de solução de conflitos – negociação, mediação, conciliação, *dispute boards* – poderão estar previstos no contrato que envolver a prestação de saneamento básico. Trata-se, portanto, de uma escolha (i) pela arbitragem isoladamente ou (ii) pela arbitragem, combinada com negociação, mediação, conciliação e/ou *dispute boards*, gerando o que se denomina "cláusula compromissória escalonada" (porque a arbitragem somente poderá ser instaurada após a utilização dos demais mecanismos previstos, os quais geralmente constituem fases ou etapas precedentes, nos termos da cláusula compromissória).

Prosseguindo, de todos os mecanismos extrajudiciais que também poderão ser empregados e previstos em cláusula contratual, a arbitragem é o único método heterocompositivo – os demais são autocompositivos, em regra – e nessa característica essencial torna-se instituto equiparável à jurisdição judiciária. Todavia, uma vez prevista no contrato, a cláusula arbitral (cláusula compromissória) tem o condão de afastar o Judiciário como instância originária de solução de litígios contratuais.[34]

Obviamente, há uma série de nuances aqui, como por exemplo, (a) o litígio terá de ter por objeto "direitos patrimoniais disponíveis" para ser arbitrável, (b) caberá analisar o "escopo da cláusula compromissória",[35] para saber se aquele dado litígio contratual – embora versando sobre direitos patrimoniais disponíveis – encontra-se abrangido pelo escopo dessa cláusula e (c) se é possível ao Tribunal Arbitral controlar a constitucionalidade ou legalidade daquela lei, medida administrativa ou norma regulatória para decidir o litígio (sindicabilidade arbitral).[36] De todo o modo, a arbitragem poderá ser a escolha do método a ser empregado para decidir sobre os litígios dos contratos de prestação de serviços de saneamento básico.

Sobre os tipos de contratos públicos que formalizarão prestação dos serviços de saneamento básico, a Lei federal 14.026/20 unificou no contrato de concessão o tipo contratual que viabilize a prestação desses serviços "por entidade que não integre a administração do titular (...), vedada a sua disciplina mediante contrato de programa, convênio, termo de parceria ou outros instrumentos de natureza precária" (atual art. 10 da Lei federal 11.445/07).

Ocorre que as parcerias público-privadas também poderão ser admitidas, uma vez que o art. 10 acima referido estabelece "nos termos do art. 175 da Constituição Federal", o art. 11-A da Lei federal 11.445/07 é expresso nesse sentido e a Lei federal 11.079/04 instituiu duas novas modalidades de concessão por ela disciplinada, a concessão administrativa e a patrocinada.

Tanto a Lei federal 8.987/95, como a Lei federal 11.079/04 preveem explicitamente a arbitragem como mecanismo extrajudicial elegível nos contratos como a forma de resolução dos litígios deles decorrentes, em redação muito similar ao art. 10-A, § 1º, da Lei federal 11.445/07.[37]

E por que a arbitragem insere-se no cenário estimulador de maior competitividade entre os atores públicos e privados que a Lei federal 14.026/20 visou instituir? Conforme já foi ressaltado, "desde que devidamente alinhada à natureza e à realidade de um dado contrato público, a arbitragem tende a (i) reforçar a gestão eficiente dos contratos, pois fortalece o dever de aderência e de *compliance* das partes em relação às cláusulas e obrigações contratuais, (ii) atrair investimentos nacionais e estrangeiros do setor privado, com a abertura da competição para novos e melhores *players*, (iii) reduzir custos de transação, desde que sua previsão esteja combinada à existência de uma adequada matriz de risco (partilha de responsabilidades), e possa ser discutida em procedimentos prévios

---

34. Sobre as relações juízo arbitral e juízo judiciário, cf. excelente obra de MAIA, Alberto Jonathas. *Fazenda Pública e Arbitragem*: do contrato ao processo. Salvador: Editora JusPodivm, 2020.
35. Consultar ESTEFAM, Felipe Faiwichow. *Cláusula arbitral e Administração Pública*. Rio de Janeiro: Lumen Juris, 2019.
36. Para estas e todas as principais problemáticas atinentes à arbitragem e Administração Pública, cf. OLIVEIRA, Gustavo Justino de. ESTEFAM, Felipe Faiwichow. *Curso prático de arbitragem administração pública*. São Paulo: Thompson Reuters Brasil, 2019.
37. Cf. JUNQUEIRA, André Rodrigues. *Arbitragem nas parcerias público-privadas*: um estudo de caso. Belo Horizonte: Fórum, 2019.

de MIPs e MPMIs, (iii) estimular a obtenção de propostas mais vantajosas formuladas pelos licitantes e (iv) prevenir litígios contratuais decorrentes de inexecução intencional de cláusulas e obrigações contratuais".[38]

Quais os tipos de litígios em razão da matéria poderão ser arbitráveis nos contratos de prestação de serviços de saneamento básico. A lei não indicou uma lista, nem mesmo em caráter exemplificativo. Porém, desde que o objeto do litígio verse sobre direito patrimonial disponível (LBA, art. 1º, §1º), as possibilidades parecem ser bastante amplas, tais como (a) reequilíbrio econômico-financeiro dos contratos, (b) cálculo das indenizações decorrentes de extinção, transferência, subdelegação do contrato e (c) inadimplemento de obrigações contratuais pelas partes, acrescidas da incidência de penalidades e o seu cálculo. Na prática, isso vai depender da redação da cláusula compromissória, do escopo da cláusula compromissória, e eventuais Regulamentos de Arbitragem dos entes federados ou até normas de referência e/ou resoluções da própria ANA.

Aliás, é bastante recomendável à ANA que edite atos normativos que tratem especificamente de todas matérias analisadas nesse trabalho, para estabelecer parâmetros e certa uniformização do uso da arbitragem nos contratos de concessão, podendo até se empregar modelos de cláusula padrão de arbitragem, como inclusive vem sendo feito no PPI do Governo Federal desde 2019.

Mesmo com a previsão na Lei federal 14.026/20 de regras de transição de outras modalidades contratuais para o contrato de concessão no setor de saneamento, anuncia-se muita turbulência envolvendo a execução dos contratos de programa ainda vigentes. Alguns deles, inclusive, preveem originalmente cláusulas arbitrais. Todavia, mesmo aqueles que não contêm cláusulas arbitrais, não se proibiria às partes de firmarem o compromisso arbitral previsto no art. 6º da LBA. Então, exsurge aqui também, ainda que em tese, outra possibilidade de uso da arbitragem para a resolução dos litígios decorrentes de contratos de prestação de serviços de saneamento básico no nomo marco legal instituído pela Lei federal 14.026/20.

Finalmente, um ponto indiscutivelmente importante: a arbitragem referida na atual redação do art. 10-A, § 1º, da Lei federal 11.445/07, jamais poderá ser diretamente exercida pela ANA, por se tratar do exercício de uma função jurisdicional, nos termos do art. 3º, § 1º, do NCPC e da Lei federal 9.307/96. Com efeito, a arbitragem referida no art. 10-A, § 1º, da Lei federal 11.445/07 é "jurisdição arbitral", ao passo que a jurisdição exercida pelo Poder Judiciário é "jurisdição judicial", e nunca poderá ser exercida por um órgão ou entidade integrante do Poder Executivo, ou mesmo por uma Câmara instituída pela Administração Pública, como é o caso da CCAF.[39]

---

38. OLIVEIRA, Gustavo Justino de. A agenda da arbitragem com a Administração Pública: "mais do mesmo" ou há espaço para inovação? In: Contraponto jurídico. *Revista dos Tribunais*, São Paulo, 2018. p. 29-46. p. 36.
39. Nesse sentido, esclarecedoras são a análise e as conclusões contidas no Parecer 00001/2019/CCAF/CGU/AGU, pois ali fica registrado que "a CCAF não é uma câmara de arbitragem e aos seus processos não se aplica a Lei 9.307/1996". Bem por isso, causa muita estranheza a criação da Câmara de Mediação, Conciliação e Arbitragem – CMCA vinculada à Superintendência Nacional de Previdência Complementar – PREVIC (autarquia federal de natureza especial instituída pela Lei federal 12.154/09) pela Instrução 17, de 13 de setembro de 2019, a quem cabe a competência de "dirimir os litígios que lhe forem submetidos na forma da Lei 9.307, de 23 de setembro de 1996" (Art. 1º do Regulamento da CMCA). Na mesma linha de inconstitucionalidade formal e material manifestas, a Lei

Por isso cabe reiterar: a ANA somente poderá exercer diretamente a "*ação arbitral*" constante na atual redação do art. 4º-A, § 5º, da Lei federal 9.984/2000, também denominada de "arbitramento", conforme já enfrentado *supra*.

5. SINALIZAÇÕES FINAIS

O presente trabalho buscou construir interpretações possíveis e razoáveis aos artigos 4º-A, § 5º da Lei federal 9.984/2000 e 10-A, § 1º da Lei federal 11.445/07, com a nova redação a eles conferida pela Lei federal 14.026/20, os quais tratam respectivamente (a) das ações de mediação e de arbitramento da Agência Nacional de Águas e Saneamento Básico e (b) da arbitragem nos contratos de prestação de serviços de saneamento básico.

O novo marco legal do saneamento básico trará inúmeros desafios para sua implementação, mas tornou-se necessário uma atualização com propostas inovadoras como as contidas na Lei federal 14.026/20, se efetivamente o Brasil pretende alcançar patamares mais condizentes de qualidade de uma de suas infraestruturas ao mesmo tempo mais essenciais e mais deficitárias no âmbito dos serviços públicos.

Conforme ressaltamos neste estudo, a mediação e o arbitramento previstos no novo art. 4º-A, § 5º, da Lei federal 9.984/2000 como novas competências da ANA alinham-se muito bem à própria atividade normativa e regulatória que o ente regulador passará a desempenhar, e terá papel central para o sucesso do novo marco legal que o legislador inaugurou. A finalidade aqui é imprimir maior qualidade decisória à ANA em suas novas funções regulatórias no setor de saneamento básico, plenamente condizente com (i) o sistema de justiça multiportas brasileiro (NCPC, art. 3º, §3º), (ii) a busca pela tutela administrativa efetiva e da autocomposição (CF art. 5º, incs. LIV, LV e LXXVIII) e (iii) a relevância da consensualidade e das funções do "compromisso negocial" da LINDB (Lei Federal 13.655/18, art. 26).

Por outro lado, a possibilidade de inserção de cláusula arbitral e outros mecanismos extrajudiciais de solução de conflitos nos contratos de prestação dos serviços de saneamento básico, incentivado no novo marco legal, enfatiza as diretrizes hermenêuticas acima elencadas, gerando mais segurança jurídica aos atores privados do mercado no cenário de atração do investimento privado que se intenta instituir. É que a arbitragem tende a ensejar decisões dos litígios contratuais de elevada qualidade técnica, além de serem tomadas mais rapidamente e por árbitros tendencialmente mais especializados nos temas do conflito. Ademais disso, geralmente a arbitragem em infraestruturas reguladas atua como um mecanismo compensatório e mitigador dos riscos que os players acabam por assumir como partes dos contratos públicos. Portanto, trata-se de inovação normativa que igualmente merece homenagens.

Finalmente, espera-se que a ANA possa, por meio de sua nova Agenda Regulatória – "instrumento de planejamento da atividade normativa que conterá o conjunto dos temas prioritários a serem regulamentados pela agência durante sua vigência" (art. 21 da

---

Complementar 144, de 24 de julho de 2018, do Estado de Goiás, que cria a Câmara de Conciliação, Mediação e Arbitragem da Administração Estadual (CCMA).

Lei federal 13.848/19 – Lei Geral das Agências) – editar atos normativos disciplinando adequadamente todos estes temas, os quais reputamos absolutamente relevantes para a efetividade e estabilidade do marco legal do saneamento básico instituído pela Lei federal 14.026/20.

6. REFERÊNCIAS

ACCIOLY, João Pedro. *Arbitragem em conflitos com a Administração Pública*. Rio de Janeiro: Lumen Juris, 2019.

AMARAL, Paulo Osternack. Arbitragem no âmbito das agências reguladoras. *Revista de Direito Administrativo Contemporâneo*. São Paulo, v. 2, n. 7, p. 119-125. abr. 2014.

BOLOGNESI, Thomas; PFLIEGER, Géraldine. In the shadow of sunshine regulation: Explaining disclosure biases. *Regulation and Governance*, 2019. doi: 10.1111/rego.12286.

BRASIL. Estudo de Caso Hidrovia Tietê-Paraná – IPEA – Instituto de Pesquisa Econômica Aplicada. Disponível em: [file:///C:/Users/AGU/Downloads/Apresentacao-Estudo-de-Caso-Hidrovia-Paranaiba--Tiete-Parana.pdf]. Acesso em: 18.08.2020.

BRASIL. Agência Nacional de Energia Elétrica. *Solução de divergências: mediação*. v. 8. Agência Nacional de Energia Elétrica, 2008.

BRISSON, Jean-François. *Bibliothèque de Droit Publique*. T. 185. Les Recours administratifs en droit public français, Paris: LGDJ, 1996, pp. 202 et 215.

BRISSON, Jean-François. Régler autrement les litiges administratifs: Les recours gracieux et hiérarchiques, voie alternative de protection des administrés? *Revue de Droit Public*, 1996. pp.792-846.

CARDOSO, André Guskow. As agências reguladoras e a arbitragem. In: TALAMINI et al. (Coord.). *Arbitragem e poder público*. São Paulo: Saraiva, 2010

COSTA, Samuel Alves Barbi et al. Projeto Sunshine: a regulação por exposição aplicada ao Estado de Minas Gerais. *X Congresso Brasileiro de Regulação*, 4., 2017, Florianópolis. Brasília, Associação Brasileira de Agências de Regulação (ABAR), 2017.

DAVI, Kaline Ferreira. Magistratura de Influência: uma alternativa ao contencioso administrativo tradicional. *Revista Brasileira de Direito Público*: RBDP, v. 12, n. 45, p. 123-135. Belo Horizonte, abr./jun. 2014.

DE GIORGI, Raffaele. A Administração Pública na Sociedade Complexa. *RDA – Revista de Direito Administrativo*, v. 256, p. 9-22. Rio de janeiro, jan./abr. 2011.

DELAUNAY, Bénédicte. *Bibliothèque de Droit Public*, T.172, L'amélioration des Rapports entre l'administration et les Administrés. Paris: LGDJ, 1993.

DE WITTE, Kristof; SAAL, David S. Is a little sunshine all we need? On the impact of sunshine regulation on profits, productivity and prices in the Dutch drinking water sector. *Journal of Regulatory Economics*, v. 37, n. 3, p. 219-242, 1 jun. 2010.

DIDIER JR., Fredie. Justiça multiportas e tutela constitucional adequada: autocomposição em direitos coletivos. In: DIDIER JR., Fredie (Coord.). *Justiça multiportas*. Salvador: JusPodium, 2017.

ESTEFAM, Felipe Faiwichow. *Cláusula arbitral e Administração Pública*. Rio de Janeiro: Lumen Juris, 2019.

GODOY, Arnaldo Sampaio de Moraes. O tema da arbitragem no contexto da Administração Pública. *Revista Jurídica Luso-Brasileira*, a. 1, n. 2, 2015, p. 183-212.

GUERRA, Sérgio; PALMA, Juliana Bonacorsi de. Art. 26 da LINDB: novo regime jurídico de negociação com a Administração Pública. *RDA*, ed. especial LINDB, p. 135-169. nov. 2018.

HACHEM, Daniel Wunder. *Tutela administrativa efetiva dos direitos fundamentais sociais*: por uma implementação espontânea, integral e igualitária. Tese de Doutorado. UFPR, Curitiba, 2014.

HEINEN, Juliano. *A regulação do saneamento básico no Brasil*. CONJUR. Disponível em: [https://www.conjur.com.br/2020-ago-17/juliano-heinen-regulacao-saneamento-basico-brasil]. Acesso em: 10.09.2020.

JUNQUEIRA, André Rodrigues. *Arbitragem nas parcerias público-privadas*: um estudo de caso. Belo Horizonte: Fórum, 2019.

MAIA, Alberto Jonathas. *Fazenda Pública e Arbitragem*: do contrato ao processo. Salvador: JusPodivm, 2020.

MARQUES NETO, Floriano de Azevedo. *A nova regulação dos Serviços Públicos*. São Paulo: RDA, 2002.

MARQUES, Rui Cunha; SIMÕES, Pedro. Does the sunshine regulation approach work? Governance and regulation model of the urban waste services in Portugal. *Resources Conservation and Recycling*, v. 52, n. 8-9, p. 1040-1049. 2008.

OLIVEIRA, Gustavo Justino de. A agenda da arbitragem com a Administração Pública: "mais do mesmo" ou há espaço para inovação? Contraponto jurídico. *Revista dos Tribunais*, p. 29-46. São Paulo, 2018.

OLIVEIRA, Gustavo Justino de. Incentivos às arbitragens com a Administração Pública. *Portal Jota*, 27 jun. 2019. Disponível em: [www.jota.info/opiniao-e-analise/artigos/incentivos-as-arbitragens-com-a-administracao-publica-27062019]. Acesso em: 0912.2019.

OLIVEIRA, Gustavo Justino de; ESTEFAM, Felipe Faiwichow. *Curso prático de arbitragem administração pública*. São Paulo: Thompson Reuters Brasil, 2019.

3
A REFORMA DO SETOR DE SANEAMENTO NO BRASIL: O REFORÇO DA REGULAÇÃO E DO PAPEL DA ANA

Rui Cunha Marques

Professor Catedrático da Universidade de Lisboa. Consultor Internacional. rui.marques@tecnico.ulisboa.pt.

Sumário: 1. Introdução. 2. Enquadramento legal. 3. Necessidade das normas de referência. 4. Modelo de implementação. 5. Categorização. 6. Celeridade e priorização de construção das normas de referência. 7. Discussão dos principais desafios. 8. Referências.

1. INTRODUÇÃO

A Lei 14.026, de 15 de julho de 2020, a 'nova Lei de Saneamento' foi sancionada alterando diversos dispositivos legais, em particular da Lei 11.445, de 5 de janeiro de 2007, Lei das Diretrizes Nacionais para o Saneamento Básico, conhecida como Marco Regulatório ou simplesmente Lei de Saneamento e da Lei 9.984, de 17 de julho de 2000, Lei de criação da Agência Nacional de Águas, para atribuir à Agência Nacional de Águas e Saneamento Básico (ANA) competência para instituir Normas de Referência para a regulação dos serviços públicos de saneamento básico. A Lei 14.026 tem como objetivo principal a promoção da universalização dos serviços de saneamento básico até 2033, estimulando a realização de investimentos para o desenvolvimento das infraestruturas de saneamento básico no país através da maior participação do setor privado na prestação dos serviços de saneamento. Com este novo marco regulatório, a Agência Nacional de Águas (ANA), agora transformada em Agência Nacional de Águas e Saneamento Básico (ANA), viu suas competências remodeladas e ampliadas, particularmente no escopo da regulação. Assim, a ANA passou a ser a entidade nacional responsável por editar Normas de Referência para a regulação dos serviços públicos de saneamento básico por seus titulares e suas entidades reguladoras e fiscalizadoras. A ANA terá ainda neste escopo a responsabilidade de definir regras e boas práticas na prestação dos serviços de saneamento, mediar e apoiar na resolução de conflitos e promover a capacitação relativa à regulação do setor de saneamento no país.

Para além das novas competências da ANA, integrada na estratégia da expansão e promoção da participação do setor privado, a 'nova' Lei de Saneamento determina o fim dos contratos programa entre as empresas estaduais e os municípios em Março de 2022, ou mesmo imediatamente, caso o veto do Presidente não seja revogado pelo Congresso. Desta forma, o diploma prevê que qualquer contrato assinado entre os municípios, entidades titulares e os prestadores de serviços seja sujeito a licitação pública, podendo no certame participar tanto empresas públicas como empresas privadas. Os contratos programa em vigor poderão ser mantidos até à data do seu término, desde que as empresas estaduais consigam assegurar a capacidade econômica e financeira necessária para atingir as metas de universalização e de qualidade de serviço, adaptando-os em conformidade.[1] Diversas normas são ainda incluídas, buscando fornecer segurança jurídica e redução do risco para os investidores e para encorajar a privatização da prestação dos serviços de saneamento básico, por exemplo, simplificando e clarificando a possibilidade de privatização das companhias estaduais, estabelecendo a necessidade de definir e estandardizar o conteúdo dos contratos e das normas regulatórias no país e possibilitando a subdelegação.

Incentivos e regras para alavancar a constituição de soluções integradas e da prestação regionalizada dos serviços de saneamento são também incluídos na nova Lei de Saneamento, procurando promover economias de escala e maior racionalidade econômica e financeira dos prestadores, obtendo ainda benefício do uso do subsídio cruzado, para que os mesmos sejam mais apelativos para o setor privado e, assim, poderem ser efetuados os investimentos necessários.

A Lei 14.026 inclui ainda um conjunto de normas para eliminar gargalos que impedem a sustentabilidade na prestação dos serviços nas suas diversas dimensões (econômica, ambiental e social) como clarificar as questões de cobrança nos serviços de manejo de resíduos, permitir a existência de uma tarifa de disponibilidade, a obrigatoriedade de efetuar ligações domiciliárias, a racionalização e conservação dos consumos através da hidrometração individual bem como regras para a subsidiação da população de baixa renda, entre outros.

Diversas normas são também incluídas para a redução da burocracia quer relativamente ao licenciamento quer ao planejamento ou ainda em relação ao desenvolvimento de projetos de imobiliário, promovendo os investimentos nos serviços de saneamento básico.

Também no que concerne à governança e disponibilização de informação sobre o setor de saneamento, várias ações e melhorias são previstas no novo quadro jurídico, como a criação do Comitê Interministerial de Saneamento Básico (CISB) e a substituição do Sistema Nacional de Informações sobre Saneamento (SNIS) pelo Sistema Nacional de Informações em Saneamento Básico (SINISA). O CISB, sob a liderança do Ministério de Desenvolvimento Regional (MDR), permitirá implementar as políticas no setor e otimizar a alocação de recursos financeiros, através de uma melhor coordenação dos diferentes níveis de administração e governo. O SINISA melhorará a qualidade da informação e possibilitará também um melhor alinhamento com o sistema de informação de recursos hídricos (SNIRH).

Por último, refira-se ainda que a nova Lei de Saneamento é muito mais focada em incentivos e orientada para resultados. As metas para universalização são estabelecidas no tempo assim como é imposta a obrigatoriedade de os contratos incluírem metas de

---

1. *Vide*, sobre a capacidade econômica e financeira dos contratos, Marques (2020a).

qualidade de serviço e de neles ser comprovada a capacidade econômica e financeira do prestador de as atingir. O pagamento de dividendos das empresas prestadoras fica condicionado ao sucesso do alcance desses objetivos e metas estabelecidos no contrato. Além disso, diversos incentivos, que incluem benefícios e créditos fiscais e orçamentais, são fornecidos se as metas forem cumpridas.

Sublinhe-se que a Lei 14.026, de 15 de Julho de 2020, sofreu vários vetos do Presidente, que serão ou não confirmados pelo Congresso, mas ainda assim o seu escopo principal não é desvirtuado.

Este capítulo discute o novo quadro legal e regulatório do setor de saneamento no Brasil e, em particular, o papel da ANA e das Normas de Referência. Após esta curta introdução, que abordou brevemente a nova reforma regulatória do setor de saneamento no Brasil, nos capítulos seguintes discutem-se as Normas de Referência, o enquadramento legal, a sua necessidade, o modelo de implementação, a classificação, a celeridade e hierarquização das Normas de Referência. No último capítulo são discutidos os principais desafios para o setor de saneamento no Brasil e qual deve ser o papel e abordagem da ANA. Refira-se que este trabalho foi desenvolvido no escopo do apoio que o autor prestou à Associação Brasileira das Agências de Regulação (ABAR) na sua preparação para a agenda regulatória da ANA, sendo os juízos emitidos neste documento da sua exclusiva responsabilidade e não refletindo necessariamente as opiniões da ABAR.

2. ENQUADRAMENTO LEGAL

A Lei 14.026, de 15 de Julho de 2020, 'nova' Lei de Saneamento, estabelece a ANA como 'regulador federal' do setor de saneamento no Brasil. Este marco legal dispõe no seu artigo 4º que:

> A ANA instituirá normas de referência para a regulação dos serviços públicos de saneamento básico por seus titulares e suas entidades reguladoras e fiscalizadoras, observadas as diretrizes para a função de regulação estabelecidas na Lei 11.445.

A mesma lei determina quais as Normas de Referência que a ANA deve desenvolver, que compreendem as seguintes 13 matérias:

- Padrões de qualidade e eficiência na prestação, na manutenção e na operação dos sistemas de saneamento básico;
- Regulação tarifária dos serviços públicos de saneamento básico, incluindo os mecanismos de subsídios para as populações de baixa renda;
- Padronização dos instrumentos negociais de prestação de serviços públicos de saneamento básico firmados entre o titular do serviço público e o delegatário;
- Metas de universalização dos serviços públicos de saneamento básico para concessões;
- Critérios para a contabilidade regulatória;
- Redução progressiva e controle da perda de água;

- Metodologia de cálculo de indenizações devidas em razão dos investimentos realizados e ainda não amortizados ou depreciados;
- Governança das entidades reguladoras;
- Reúso dos efluentes sanitários tratados;
- Parâmetros para determinação de caducidade na prestação dos serviços públicos de saneamento básico;
- Normas e metas de substituição do sistema unitário pelo sistema separador absoluto de tratamento de efluentes;
- Sistema de avaliação do cumprimento de metas de ampliação e universalização da cobertura dos serviços públicos de saneamento básico;
- Conteúdo mínimo para a prestação universalizada e para a sustentabilidade econômico-financeira dos serviços públicos de saneamento básico.

As Normas de Referência para a regulação dos serviços públicos de saneamento básico a desenvolver pela ANA contemplarão os princípios e as boas práticas estabelecidos na Lei 11.445, de 5 de janeiro de 2007, e agora na Lei 14.026, de 15 de Julho de 2020.

As Normas de Referência a elaborar pela ANA determinarão parâmetros e requisitos para investimentos, de forma a assegurar a manutenção dos níveis de serviços comprometidos na vigência dos contratos.

Na definição das Normas de Referência, que serão instituídas de forma progressiva, a ANA, conforme estabelecido no ponto 4, do artigo 4º, da Lei 14.026, de 15 de Julho de 2020:

> I – avaliará as melhores práticas regulatórias do setor, ouvidas as entidades encarregadas da regulação e da fiscalização e as entidades representativas dos Municípios;
>
> II – realizará consultas e audiências públicas, de forma a garantir a transparência e a publicidade dos atos, bem como a possibilitar a análise de impacto regulatório das normas propostas;
>
> III – poderá constituir grupos ou comissões de trabalho com a participação das entidades reguladoras e fiscalizadoras e das entidades representativas dos Municípios para auxiliar na elaboração das referidas normas.

A ANA analisará ainda o impacto regulatório e o cumprimento das Normas de Referência.

Para efeitos de viabilizar o acesso a recursos federais ou contratação de financiamento com recursos federais ou de entidades da administração pública federal, a ANA 'manterá atualizada e disponível, em seu sítio eletrônico, a relação das entidades reguladoras e fiscalizadoras que adotam as normas de referência nacionais para a regulação dos serviços públicos de saneamento básico'.

Além disso, a ANA produzirá um ato normativo que contemple os requisitos e os procedimentos que permitam '*a comprovação da adoção das normas regulatórias de referência*', pelas entidades encarregadas da regulação e da fiscalização dos serviços públicos de saneamento básico, podendo a mesma ser gradual, tendo em consideração os necessários prazos de adaptação. Esta verificação deverá ser efetuada de forma periódica e será obrigatória aquando da contratação dos financiamentos com recursos da União ou com recursos geridos ou operados por órgãos ou entidades da administração pública federal.

Refira-se também que o escopo de atividade da ANA, relativamente ao saneamento básico, não se esgota na construção das Normas de Referência. A ANA tem ainda outras importantes atribuições, como a elaboração de estudos técnicos de boas práticas regulatórias e de guias e manuais para a sua aplicação e a ação mediadora ou arbitral nos conflitos, bem como promover a capacitação de recursos humanos para a regulação adequada e eficiente do setor de saneamento básico.

3. NECESSIDADE DAS NORMAS DE REFERÊNCIA

A existência de Normas de Referência de uma agência federal, num país com vários níveis de administração, como o Brasil, reveste-se de grandes benefícios, dado que permite uma homogeneidade no país de aplicação dos normativos. Aliás, é isso que já acontece com várias agências reguladoras federais, como a Agência Nacional do Petróleo, Gás Natural e Biocombustíveis (ANP), a Agência Nacional de Vigilância Sanitária (ANVISA), a Agência Nacional de Aviação Civil (ANAC), a Agência Nacional de Energia Elétrica (ANEEL) e a própria ANA, na regulação dos recursos hídricos. Na realidade, a situação atual em que cada Agência Reguladora Infranacional estabelece os seus normativos, ou pior não estabelece, não promove a coesão e a qualidade da regulação no país e não é sustentável a prazo. Por outro lado, com a publicação da nova Lei de Saneamento, e com as políticas públicas estabelecidas para o setor de saneamento, onde um crescimento substancial da participação do setor privado é expectável, existe um reforço da importância da regulação e das demandas que lhe irão ser exigidas. Se é verdade que algumas Agências Reguladoras Infranacionais dos serviços de saneamento possuem normativos muito bem desenvolvidos, fruto da sua experiência de vários anos, para a grande maioria tal não acontece. Além disso, em várias questões essenciais, de serviço público, não se justifica ter dispositivos distintos no país, pelo que a elaboração das Normas de Referência pela ANA pode ser um contributo muito relevante para a melhoria da qualidade da regulação. Refira-se que nalguns casos o mesmo prestador é sujeito a normativos distintos, já que é regulado por diferentes Agências Reguladoras Infranacionais, o que é ineficiente e causador de turbulência e, eventualmente, conflitos.

No entanto, a eficácia e efetividade das Normas de Referência estarão dependentes de todo o processo da sua elaboração, que inclui não só o mérito e escopo do seu conteúdo, o que em muitas situações não será fácil e consensual, devido às diferenças muito substantivas existentes entre as Agências Reguladoras Infranacionais, que incluem tanto questões regionais, socioeconômicas e da sua própria maturidade, como também da forma como se desenvolve o próprio processo de construção das Normas de Referência. Por conseguinte, o processo de governança de elaboração das Normas de Referência, que deve ser participado e engajado pelas Agências Reguladoras Infranacionais, aproveitando a sua experiência e o seu conhecimento prático da realidade regulatória, são fundamentais para a aceitabilidade e sucesso da sua implementação.

A melhoria da qualidade da regulação dos serviços de saneamento no Brasil é fundamental, sobretudo para os desafios existentes de universalização da prestação dos serviços de saneamento e para a qual são necessários avultados investimentos que requerem, por diversas motivações, um maior envolvimento do setor privado (Marques e Pinto, 2018). A participação de empresas privadas só ocorrerá com contrapartidas razoáveis se existir segurança jurídica, em particular estabilidade e previsibilidade regulatória, isto é assegurar que as regras do jogo não são alteradas e que os investimentos efetuados podem ser recuperados e remunerados (Marques, 2017). Existe a convicção de que as Normas de Referência podem ser um contributo muito relevante para a melhoria da qualidade da regulação e para o seu impacto no setor de saneamento, mas acredita-se que tal só será possível se a sua implementação, até mais do que a substância das próprias Normas (o 'quê' das Normas de Referência), seguir um processo exímio de boa governança na sua construção (o 'como' das Normas de Referência).

Diante do exposto, e considerando a prática adotada pelas Agências Federais no país, a grande questão que se coloca é a de como será a participação das agências reguladoras e fiscalizadoras infranacionais no auxílio à elaboração das Normas de Referência, assunto que será abordado no subcapítulo seguinte.

4. MODELO DE IMPLEMENTAÇÃO

Um dos aspectos-chave para a elaboração das Normas de Referência pela ANA diz respeito ao rito processual para a sua construção. A ANA é uma agência reguladora nova no setor de saneamento, que vai regular e desenvolver Normas de Referência, que serão implementadas pelas Agências Reguladoras Infranacionais, algumas delas que regulam o setor de saneamento há muitos anos. Muitas das Normas de Referência também já existem e são aplicadas, de forma bem-sucedida, por estas entidades subnacionais, pelo que o trabalho e experiência desenvolvidos devem ser aproveitados. Logo, o processo de governança, que envolverá todo o rito processual de construção das Normas de Referência e, em particular, o engajamento dos reguladores infranacionais, é fundamental para o sucesso da implementação das Normas de Referência.

Tendo em consideração a nova Lei de Saneamento e o rito processual da construção de Normas de Referência das agências de regulação federais no Brasil como a ANAC, ANEEL, ANP, ANVISA e também da própria ANA, sugere-se que se adote o seguinte fluxo de atividades para elaboração da Norma de Referência da ANA apresentado na Figura 1 (Marques, 2020b).

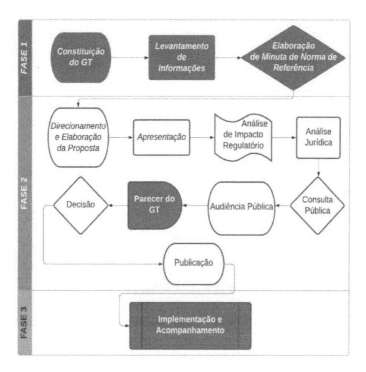

Figura 1 – Proposta de fluxograma de construção das Normas de Referência da ANA

O arranjo de construção das Normas de Referência, com a participação do grupo de trabalho (GT) previsto na Lei 14.026, de 15 de Julho de 2020, deverá ser constituído por três fases. A Fase I será caracterizada pela iniciativa de Projeto da Norma de Referência, onde há a constituição do GT conhecedor do objeto/tema destinado à regulamentação, a fim de impulsionar o levantamento de informações, que serão fundamentais para a elaboração da minuta de Norma de Referência pela ANA. Assim, e sem prejuízo de eventuais trabalhos e estudos preliminares já desenvolvidos pela ANA, propõe-se que a Fase I compreenda as seguintes atividades principais: a) Constituição do GT; b) Levantamento de Informações; c) Elaboração de minuta de Norma de Referência. O levantamento de informações deve permitir a participação de outros atores que, por questões de agilidade e efetividade da sua operacionalização, não pertencem ao GT.

Já a Fase II é caracterizada pelo processo de elaboração da proposta de Norma de Referência até à sua publicação, envolvendo as Análises de Impacto Regulatório (AIR) e Jurídica. Inicia-se com um direcionamento do processo, analisando as alternativas regulatórias existentes, para, então, elaborar uma proposta normativa. Esta será avaliada pelo Diretor da ANA responsável e encaminhada à AIR, devendo este verificar os impactos da proposta e as diferentes alternativas identificadas na Fase I, nos âmbitos, social, econômico e ambiental. A Procuradoria da ANA deve analisar os atos normativos a serem editados pela Agência, e se aprovados, os mesmos serão pauta de Consulta e Audiência Pública. Para finalizar, o regulamento é submetido à apreciação da Diretoria Colegiada, para decidir sobre sua publicação. A Fase II incluirá as seguintes atividades principais: a) Direcionamento e Elaboração da Proposta; b) Apresentação; c) Análise de Impacto Regulatório; d) Análise Jurídica; e) Consulta Pública; f) Audiência Pública; g) Parecer do GT; h) Decisão; e i) Publicação.

Por último, a Fase III, realizada *ex-post*, possui uma grande importância no que diz respeito às boas práticas regulatórias. O acompanhamento da implementação de uma nova Norma de Referência é necessário, tendo em vista o cumprimento do regulamento e a sua eventual adaptação e aprimoramento futuros. Importa lembrar que nessa fase também deve haver o envolvimento do GT, sendo, ele, responsável por auxiliar no monitoramento da eficácia da Norma de Referência. A Fase III incluirá a atividade principal de Implementação e Acompanhamento.

Note-se que o aspecto-chave da construção das Normas de Referência é, no entendimento do autor, a participação do GT em todas as fases da sua elaboração. O GT deverá ser coordenado pela ANA e incluir os atores-chave relacionados com a Norma de Referência em questão. Na fase I, o GT auxiliará na elaboração das minutas das Normas de Referência, fazendo as discussões com todos os atores setoriais, ouvindo estes atores, em conformidade com a agenda regulatória da ANA, obtendo como produto final, a título opinativo, uma minuta de Norma de Referência para a ANA aprovar. Na fase II, o GT irá elaborar em caráter opinativo, também, um parecer acerca das contribuições das consultas e audiências públicas. Por último, na fase III, o GT, juntamente com a ANA, sugerirá formas de monitoramento, bem como ter reuniões para avaliação do conteúdo e sugerir ajustes e aprimoramentos das Normas de Referência emitidas.

Saliente-se que a constituição do GT, embora prevista na Lei 14.026, de 15 de Julho de 2020, não é compulsória e a ANA pode não o nomear ou lhe conferir as atribuições aqui sugeridas. Além disso, esta entidade coordena o GT, não significando que estará sempre de acordo com as suas opiniões, e pode não aceitar as suas recomendações. No entanto, as vantagens da participação dos atores e da pluralidade de opiniões serão sempre, do ponto de vista regulatório, mais favoráveis do que uma eventual rejeição da ANA de uma opinião do GT. Considera-se, por isso, que esta matéria, do ponto de vista da governança na elaboração das Normas de Referência pela ANA e, em particular, para o engajamento e aceitabilidade das Normas de Referência por parte das Agências Reguladoras Infranacionais, torna-se essencial e decisiva, no nosso melhor entendimento, para o sucesso da construção e implementação das Normas de Referência.

5. CATEGORIZAÇÃO

As Normas de Referência podem ser categorizadas de diversas formas. No presente escopo interessa categorizá-las quanto ao grau de intrusão e de imposição que os dispostos normativos da ANA implicam. Desta forma, classificam-se as Normas de Referência a elaborar pela ANA em três níveis distintos, que podem inter-relacionar-se entre si, respectivamente em Normatização Afirmativa, em Normatização Complementar e em Normatização Específica (Marques, 2020b).

Quanto ao 1º Nível, designado por Normatização Afirmativa, a ANA celebrará, de forma taxativa, a regulamentação de referência para as Agências Reguladoras Infranacionais. Este nível é justificado em função da legislação existente, das práticas já aceites e consolidadas, de conceitos tecnicamente estabelecidos, de relevante interesse para os usuários e prestadores dos serviços de saneamento e que, de maneira geral, devem ser assegurados coerentemente a nível nacional. A publicação destas Normas de Referência trará uniformidade à regulamentação setorial e não será afetado, de forma substancial, pelas particularidades regionais e locais da prestação dos serviços de saneamento. Por exemplo, no domínio da governança regulatória, os princípios e os requisitos mínimos de funcionamento das Agências Reguladoras Infranacionais devem ser assegurados em todo o país de forma homogénea. Logo, estar-se-á em presença de uma Normatização Afirmativa.

No 2º Nível, intitulado de Normatização Complementar, a ANA estabelecerá, de forma genérica, a regulamentação sobre uma determinada temática, devendo as Agências Reguladoras Infranacionais complementarem a Norma de Referência, de acordo com as regrais gerais definidas pela ANA. Considerando as diversidades regionais e a necessidade de definir parâmetros locais, pode não ser possível ou desejável estabelecer uma norma geral para o país. Igualmente, quando existe a necessidade de definir prazos, podendo a ANA estabelecer valores limites e a Agências Reguladoras Infranacionais determinar prazos mais exigentes, estar-se-á perante uma Normatização Complementar. Por exemplo, quanto ao normativo relativo aos indicadores de desempenho dos serviços de abastecimento de água e de esgotamento sanitário poderá ser desejável estabelecer um conjunto mínimo de indicadores de *performance* com metas suficientemente ponderadas para a realidade e referência do país e as Agências Reguladoras Infranacionais, definirem indicadores adicionais e metas mais exigentes em função do seu grau de desenvolvimento.

Por último, no 3º Nível, denominado de Normatização Específica, a ANA não terá qualquer interferência, sendo da total responsabilidade das Agências Reguladoras Infranacionais o estabelecimento na Norma de Referência, questões particulares dos serviços de saneamento de âmbito local, por exemplo, estabelecidas em legislação do estado ou município. Estas Normas de Referência justificam-se pela impossibilidade de se estabelecerem normativos gerais para o país, tendo em consideração as diversidades regionais e locais. A normatização das condições de prestação dos serviços de saneamento em romarias constitui um exemplo claro de uma Normatização Específica. A Figura 2 ilustra os 3 níveis de participação da ANA no processo de construção das Normas de Referência (Marques, 2020c).

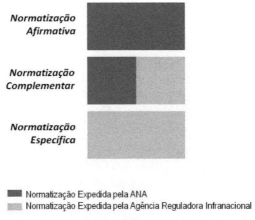

Figura 2 – Categorização das Normas de Referência

No Quadro 1 são apresentados exemplos ilustrativos de aplicação da Normatização Afirmativa, Normatização Complementar e Normatização Específica para a Norma de Referência sobre as condições gerais da prestação dos serviços.

QUADRO 1 – EXEMPLOS DE APLICAÇÃO DAS NORMATIZAÇÕES AFIRMATIVA, COMPLEMENTAR E ESPECÍFICA

Temática	Norma de Referência	Base Legal
DA DETERMINAÇÃO DO CONSUMO	**Normatização Afirmativa** O prestador de serviços efetuará as leituras, bem como os faturamentos, em intervalos de aproximadamente 30 (trinta) dias, observados o mínimo de 27 (vinte e sete) dias e o máximo de 33 (trinta e três) dias, de acordo com o calendário.	Trata-se de prática já consolidada para a maioria das Agências Reguladoras Infranacionais: – ARCE: Art. 21 – Res. 130/2010; – ARSAE: Art. 68– Res. 131/2019; – ARIS: Art. 84 – Res. 19/2019; – ARES-PCJ: Art. 87 – Res. 50/2014; – ARSBAN: Art. 64 – Res. 04/2008.
PRAZOS PARA EXECUÇÃO DOS PRINCIPAIS SERVIÇOS	**Normatização Complementar** Irá estabelecer quais os serviços essenciais aos usuários que deverão ter seus prazos normatizados, os quais poderão ser fixados por faixas, por valores máximos ou, até mesmo, serem definidos pela Agência Reguladora Infranacional. Por exemplo, para a análise de projeto ou a obra a ser executado pelo interessado	ARSESP - Res. 106/2009 Art. 8º Prazo máximo de 45 dias ARES-PCJ Res. 50/2014 Art. 14. Não há prazo fixado ARSEC Res. 05/2012 Art. 16. Prazo máximo de 30 dias
RESTAURAÇÕES	**Normatização específica**	**Art. 39** – A restauração de muros, passeios e revestimentos, decorrentes de serviços solicitados pelo usuário, em particular, será de responsabilidade do mesmo. § 1º – As restaurações de que trata este artigo ficarão sob responsabilidade da CAERN, quando o serviço realizado for de iniciativa e interesse da própria Empresa. § 2º – A CAERN deve reparar no prazo máximo de 72 horas, as danificações que causar às vias e logradouros públicos, por força da execução de obras e serviços de sua responsabilidade. § 3º A não reparação do pavimento no prazo estabelecido no parágrafo anterior sujeitará a CAERN ao pagamento de penalidade pecuniária nos termos da Lei municipal 5.020 de julho de 1988.

6. CELERIDADE E PRIORIZAÇÃO DE CONSTRUÇÃO DAS NORMAS DE REFERÊNCIA

A ANA tem sinalizado, num primeiro balanço, a edição de 74 Normas de Referência, que podem ser organizadas em 4 grupos, conforme ilustrado na Figura 3 seguinte. Para cada uma das Normas mostradas nesta figura, haverá um conjunto de outras Normas derivadas, resultando nas 74 Normas de Referência referidas. Estas Normas de Referência, que terão especificidades para serviços concessionados e para os serviços prestados pelos Municípios, compreendem todos os quatro componentes do saneamento básico: abastecimento de água, esgotamento sanitário, limpeza urbana e manejo de resíduos sólidos, e gestão e drenagem de águas pluviais urbanas.

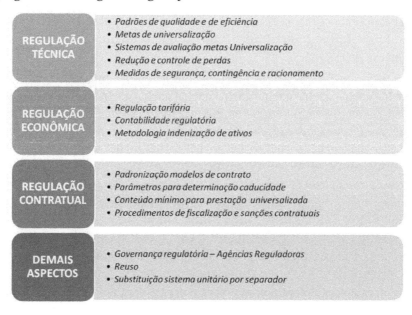

Figura 3 – Subgrupos de Normas de Referência

A edição tempestiva das Normas de Referência está sujeita a diversos fatores limitantes tanto por parte da ANA como das Agências Reguladoras Infranacionais e dos próprios prestadores dos serviços de saneamento.

A ANA está condicionada, desde logo, pelos prazos legais e pelas diretrizes para sua atuação e objetivos e diretrizes da política de saneamento estabelecidos pela Lei 14.026, de 15 de Julho de 2020. A sua capacidade operacional será também um fator limitante, assim como deverá ter-se em atenção a percepção obtida junto dos diferentes atores na construção das Normas de Referência.

Já as Agências Reguladoras Infranacionais evidenciam diversos condicionantes, sendo uns exógenos e outros endógenos (Marques, 2020d). Quantos aos fatores exógenos salientam-se a necessidade e o tempo associado às alterações legislativas necessárias efetuar, a não coincidência de mandatos, a realização de concurso público e o descontingenciamento de recursos. Nalguns casos, estes fatores podem demorar 2 a 3 anos para ser ultrapassados. No tocante aos fatores endógenos, que serão de relativa fácil solução e poderão ser realizados no curto prazo, referem-se à necessidade de capacitação técnica dos servidores das agências e à transparência requerida para as diferentes ações regulatórias.

Por último, sublinhe-se ainda que os atuais arranjos da prestação dos serviços de saneamento no país devem ser observados, respeitados os prazos legais e a urgente necessidade do alcance da universalização e da melhoria da eficiência. Por exemplo, em cerca de 2.000 municípios no país a prestação dos serviços de saneamento não é regulada. Também algumas das Normas de Referência já são consideradas práticas consolidadas, por exemplo a relativa às condições para a prestação dos serviços. Assim, estabelecer uma Norma de Referência desta natureza não trará necessidade de adaptação significativa, por parte dos prestadores de serviços de saneamento. Já as Normas de Referência associadas a contratos que, devido aos prazos da nova Lei de Saneamento e aos vários processos de licitação a iniciar, requerem regras predefinidas nos normativos de referência.

É, por isso, notório que a ANA não terá condições de editar todo este conjunto de Normas de Referência num prazo muito curto, até porque algumas devem ser emitidas de forma tempestiva, possibilitando que as entidades (titulares e prestadores) consigam ajustar e/ou pactuar seus instrumentos contratuais em tempo hábil. Com efeito, mesmo dentro das prioridades estabelecidas pelo novo marco regulatório, a ANA deverá priorizar algumas das Normas de Referência (Marques, 2020e). Desta forma, indiscutivelmente, o prazo de maior relevância para o setor de saneamento é 31 de março de 2022, para o qual terá de existir uma adequação dos contratos às metas de universalização. Também no prazo de 90 dias após a aprovação da Lei de Saneamento, a metodologia para comprovação da capacidade econômico-financeira da contratada terá de ser regulamentada. Igualmente, a regulamentação dos planos municipais de saneamento básico (PMSB) e o acesso a recursos da União serão ainda condicionantes.

Sobre a priorização das Normas de Referência, a ANA tem referido que as Normas que regem as Agências Federais devem, de forma gradual, ser replicadas para Agências Reguladoras Infranacionais e que as Normas de Referência legais, cujos prazos já estão estabelecidos, terão prioridade nesse processo e, devem ser elaboradas de forma progressiva. Além disso, tem sublinhado que as suas prioridades no planejamento e elaboração das Normas de Referência serão definidas na Agenda Regulatória para um horizonte de dois anos, e serão direcionadas pelo diálogo com as Agências Reguladoras Infranacionais e representantes dos municípios.

A ANA tem também reforçado que é necessário existir uma parceria com as Agências Reguladoras Infranacionais, com o intuito de realizar o trabalho mencionado em colaboração, salientando que há Agências Reguladoras Infranacionais amadurecidas na elaboração de normas regulatórias e que pretende tirar partido com estas boas experiências, trabalhando, também, para que as outras Agências Reguladoras evoluam. A ANA tem ainda frisado que tem o intuito de elaborar Normas de Referência claras e definitivas, respeitando as peculiaridades de cada região e de cada Agência Reguladora Infranacional. A ANA tem também salientado que a elaboração das Normas de Referência será efetuada sem assumir funções das Agências Reguladoras Infranacionais (Marques, 2020e).

Por último, refira-se que têm sido desenvolvidos alguns estudos sobre as Normas de Referência, incluindo alguns sobre a sua priorização. Por exemplo, a Associação Brasileira das Agências de Regulação (ABAR) promoveu, em julho de 2020, pesquisa acerca das expectativas de suas filiadas quanto às Normas de Referência a serem editadas pela ANA, que incluiu a audição de 29 Agências Reguladoras Infranacionais (ABAR, 2020). De acordo com os resultados obtidos, as Normas de Referência julgadas como prioridade alta, seriam: a) Metas de universalização dos serviços públicos de saneamento básico para concessões; b) padronização dos instrumentos negociais de prestação de serviços públicos de saneamento básico firmados entre o titular do serviço público e o delegatário; c) padrões de qualidade e eficiência na prestação, na manutenção e na operação dos sistemas de saneamento básico; d) regulação tarifária dos serviços públicos de saneamento básico; e) sistema de avaliação do cumprimento de metas de ampliação e universalização da cobertura dos serviços públicos de saneamento básico; f) governança das entidades reguladoras, conforme princípios estabelecidos no art. 21 da Lei 11.445, de 5 de janeiro de 2007. Além disso, naquele estudo, também foi questionado às Agências Reguladoras Infranacionais acerca de quais Normas de Referência apresentariam maiores fragilidades e maiores potencialidades, sendo solicitado que cada Agência Reguladora escolhesse no máximo 5 Normas de Referência. Em relação às fragilidades, foram elencadas a metodologia de cálculo de indenizações devidas em razão dos investimentos realizados e ainda não amortizados ou depreciados, os critérios para a contabilidade regulatória, a padronização dos instrumentos negociais de prestação de serviços públicos de saneamento básico firmados entre o titular do serviço público e o delegatário, a redução progressiva e controle da perda de água e a governança das entidades reguladoras. Quanto às que apresentam maiores potencialidades foram apontados os padrões de qualidade e eficiência na prestação, na manutenção e na operação dos sistemas de saneamento básico, a regulação tarifária dos serviços públicos de saneamento básico, a governança das entidades reguladoras e o sistema de avaliação do cumprimento de metas de ampliação e universalização da cobertura dos serviços públicos de saneamento básico.

Desta forma, a ABAR concluiu nesse estudo que as prioridades para a edição de Normas de Referência seriam (por ordem decrescente): governança regulatória, condições gerais e padrões de qualidade, indicadores / metas de universalização / avaliação do cumprimento de metas e contratos (matriz de risco/indenização de ativos).

Outro estudo relevante foi uma pesquisa desenvolvida no âmbito do curso de MBA em Saneamento Ambiental da Fundação Escola de Sociologia e Política de São Paulo (FESPSP), que levantou o ponto de vista dos atores setoriais quanto à hierarquização das Normas de Referência (Dinardi, 2020). A pesquisa adotou o método de *Analytic Hierarchy Process* (AHP), abordando os componentes de abastecimento de água potável e de esgotamento sanitário. Foram entrevistados 55 especialistas, sendo 19 prestadores de serviços, 20 reguladores e 16 técnicos e gestores de várias instituições, como governos estaduais e municipais, e acadêmicos, entre outros que hierarquizaram a edição de Normas de Referência, em termos de prioridade Alta, Média e Baixa. Para além da percepção sobre as Normas de Referência pelos vários atores, em termos de resultado global, a hierarquização obtida para a construção das Normas de Referência, indicou que a edição prioritária deveria ser a Norma de Referência da governança das entidades reguladoras, seguida da regulação tarifária dos serviços públicos de saneamento, da redução progressiva e controle da perda de água, dos padrões de qualidade e eficiência na prestação, na manutenção e na operação dos sistemas de saneamento, dos critérios para a contabilidade regulatória, da padronização dos instrumentos negociais de prestação de serviços públicos de saneamento, da metodologia de cálculo de indenizações devidas em razão dos investimentos realizados e ainda não amortizados ou depreciados e do reuso dos efluentes sanitários tratados.

7. DISCUSSÃO DOS PRINCIPAIS DESAFIOS

Indiscutivelmente, um dos principais objetivos da nova Lei de Saneamento diz respeito ao reforço da intensidade e qualidade da regulação. Ainda que este seja instrumental, visando, em última instância, a universalização dos serviços de saneamento no país, o novo marco regulatório reconhece que, para atingir as metas do setor de saneamento, são necessários investimentos avultados, os quais só são possíveis de realizar com uma maior participação do setor privado. Para tal ser possível, torna-se necessário que o quadro regulatório seja dotado de segurança jurídica. Dito por outras palavras, é necessário melhorar a qualidade da regulação, reforçando a previsibilidade, estabilidade e mérito na sua substância. A atribuição de competências na regulação dos serviços de saneamento à ANA, dotando-a da responsabilidade de elaborar Normas de Referência trilham o caminho para a consecução desse desiderato. Por conseguinte, salvo melhor opinião, o sucesso da reforma do marco regulatório e a própria universalização dos serviços de saneamento dependerão da eficiência e eficácia da ANA na elaboração das Normas de Referência.

Conforme foi apontado neste capítulo, a efetividade do papel da ANA estará sobretudo pendente da governança do processo de construção das Normas de Referência, que se refletirá na aplicabilidade e aceitabilidade desses instrumentos normativos, por parte das Agências Reguladoras Infranacionais. Num conjunto de várias dezenas de Normas de Referência será natural que algumas delas possam apresentar problemas devido à sua complexidade e escopo de atuação e possam carecer de ajustes e aprimoramentos no futuro, mas o fundamental é, de fato, garantir, desde o início, o engajamento das Agências Reguladoras Infranacionais. Por essa razão, a constituição e o funcionamento do GT como regra e não exceção terá aqui um papel fundamental para a construção das Normas de Referência ser exitosa.

Uma outra questão conexa e muito sensível diz respeito às funções da ANA de avaliar 'o impacto regulatório e o cumprimento das normas de referência' e, de certa forma, avaliar o desempenho das Agências Reguladoras Infranacionais. Ainda que, do ponto de vista teórico, esse papel possa ser positivo e até recomendável, o mesmo tem de ser ponderado com grande parcimónia e proporcionalidade. A elaboração da Norma de Referência relativa à governança regulatória será um passo importante nesse escopo, no entanto, uma primeira etapa, possivelmente, mais consensual, será o estabelecimento de requisitos mínimos de funcionamento e de resultados expectáveis para uma Agência Reguladora Infranacional. Como foi salientado, por um lado, existem Agências Reguladoras Infranacionais com muitos anos de atividade, relativamente bem capacitadas e com um *know-how* elevado, não obstante a maioria das Agências Reguladoras Infranacionais seja recente e ainda esteja à procura da sua afirmação na sua área de intervenção. Por outro lado, a ANA está a dar os primeiros passos no setor de saneamento e na sua regulação, está distante do teatro das operações (dos prestadores), precisa ainda de se capacitar e não tem ainda o patrimônio histórico que outras agências possuem neste setor. Por conseguinte, a sua atividade regulatória deverá ser gradativa, de aprendizagem, demandando consensos e sempre regida por princípios de boa governança.

O novo marco regulatório tem muitas virtudes e do ponto de vista de boas práticas de economia política é, no entendimento do autor, um bom documento. No entanto, no seu conteúdo denota-se que o mesmo é muito focado nos sistemas urbanos, nos grandes números e nos principais atores, constatando-se esta realidade nas várias dimensões, sejam elas relativas à política, às instituições ou à regulação. Quanto às políticas públicas, e contrariamente ao que acontecia com o marco regulatório anterior, que ainda assim era limitativo, não aborda convenientemente a temática do saneamento rural, das comunidades indígenas e particulares e das soluções não convencionais (fora da rede). Como é de conhecimento, estes sistemas e soluções abrangem no país uma população muito significativa e, notadamente, uma grande área geográfica do país. A falta de política pública específica e focada nestes escopos significa também que o enquadramento institucional seja ineficiente, com duplicação ou ausência de funções de várias instituições. O viés distinto, mas existente, também acontece com a regulação. Nas Normas de Referência e, de certa forma, em todas as funções regulatórias da ANA, não está estabelecido na nova Lei de Saneamento, de que forma é que a regulação daqueles sistemas será efetuada. Sendo que todos os sistemas necessitam de regulação, sejam urbanos, rurais ou outros, não deixam de ser os dois últimos aqueles que, por questões de inclusividade, precisam mais.

Assim, e salvo ajustes e aprimoramentos no futuro, o marco regulatório parece ser bastante assimétrico e pouco inclusivo. Esta circunstância também é evidenciada relativamente aos 2000 mil municípios que não têm atualmente regulação. Não existe um *roadmap* para inverter esta situação e a própria agenda regulatória prevista pela ANA não é clara quanto à estratégia a seguir para este segmento de mercado. É compreensível e aceitável que se inicie pelos grandes sistemas ou por aqueles mais sedimentados, mas ainda assim uma parte significativa da população não pode ser esquecida. Com naturalidade, uma parte desses municípios será incorporada em Agências Reguladoras existentes, outros criarão as suas Agências ou serão incluídos em blocos que serão regulados por Agências Reguladoras. Mas o que acontece aos restantes?

Refira-se ainda que a nova Lei de Saneamento prevê a possibilidade de diversas formas de subsidiação da população de baixa renda e vulnerável, privilegiando o subsídio cruzado através da constituição de soluções integradas e regionalizadas (e.g. blocos). Acredita-se, no entanto, que a problemática do acesso da população mais pobre e vulnerável e do financiamento do setor, através do denominado 3Ts (tarifas, taxas ou transferências) ainda não foram suficientemente discutidos (Marques e Miranda, 2020). A ANA elaborará Normas de Referência neste escopo, que serão, com certeza, contributos muito positivos, mas soluções como as encontradas no Chile ou na Colômbia dificilmente serão possíveis apenas com as Normas de Referência da ANA (Narzetti e Marques, 2020).

Por último, uma outra matéria que constituirá um dos principais desafios para a regulação do Brasil está associada ao fato de o modelo de regulação de saneamento do Brasil ser híbrido, onde a regulação por agência ou discricionária, típica do direito comum adotada nos países anglo-saxónicos, convive com a regulação contratual, que é um atributo particular de apenas alguns países, designadamente de países de direito civil, como o Brasil, que é originário no direito continental europeu. Esta circunstância tanto pode levar ao melhor ou ao pior de dois mundos (exclusiva regulação por contrato, como acontece em Espanha ou França ou exclusiva da regulação por agência como são os casos dos EUA ou do Reino unido). O melhor de dois mundos ocorrerá se as mesmas regulações forem complementares e a regulação por contrato mitigue a discricionariedade da regulação por agência e, por conseguinte, do risco regulatório e esta também minimize a imperfeição e incompletude dos contratos, típicos da regulação contratual (Marques, 2018). Esta regulação híbrida corresponde também a um ganha-ganha e, conseguir este desiderato e desenhar o sistema e estrutura regulatória em conformidade, deverá ser também um dos principais objetivos da regulação no Brasil e foco da ANA. Saliente-se que até aos dias de hoje este problema não tem sido muito relevante, porque a presença do setor privado (ou público através de contratos de concessão) era reduzida, mas com o seu expectável crescimento exponencial, o paradigma muda e esta compatibilização entre os dois mundos referidos precisa de ser bem efetuada. Refira-se que a ANA contempla diversas Normas de Referência sobre contratos, que são obviamente muito positivas, mas do ponto de vista processual, onde e quando as Agências Reguladoras Infranacionais devem intervir ainda não foi suficientemente discutido. Por exemplo, na Europa e noutras geografias, as agências reguladoras, com maiores ou menores poderes, intervém em todas as etapas da participação do setor privado na prestação dos serviços de saneamento (e.g. antes da aprovação dos documentos de licitação, assinatura do contrato, execução do contrato....), não acontecendo ainda o mesmo no Brasil (Marques, 2016).

8. REFERÊNCIAS

ABAR (2020). Pesquisa interna da ABAR sobre as Normas de Referência. **Associação Brasileira das Agências de Regulação**, Brasília.

DINARDI, R. (2020). As expectativas e desafios quanto a criação das Normas de Referência para saneamento básico pela Agência Nacional de Águas – ANA. *Tese para obtenção do MBA em Saneamento Ambiental*. Fundação Escola de Sociologia e Política de São Paulo (FESPSP), São Paulo.

MARQUES, R. (2016). PPP arrangements in the Brazilian water sector: a double-edged sword. *Water Policy*. v. 18, p. 463-479.

MARQUES, R. (2017). Why not regulate PPPs? *Utilities Policy*. v. 48, p. 141-146.

MARQUES, R. (2018). Regulation by contract: Overseeing PPPs. *Utilities Policy*. v. 50, p. 211 - 214.

MARQUES, R. (2020a). Metodologia de comprovação da capacidade econômico-financeira de prestadores de saneamento. **Associação Brasileira das Agências de Regulação**, Brasília.

MARQUES, R. (2020b). Procedimento para elaboração das Normas de Referência. *Associação Brasileira das Agências de Regulação*, Brasília.

MARQUES, R. (2020c). Definição do conceito e estrutura das diretrizes das Normas de Referência. *Associação Brasileira das Agências de Regulação*, Brasília.

MARQUES, R. (2020d). Velocidade da construção das diretrizes e prazo para a implantação das Normas de Referência pelas agências. *Associação Brasileira das Agências de Regulação*, Brasília.

MARQUES, R. (2020e). Hierarquização das Normas de Referência. **Associação Brasileira das Agências de Regulação**, Brasília.

MARQUES, R.; MIRANDA, J. (2020). Sustainable tariffs for water and wastewater services. *Utilities Policy*. v. 64. DOI: 10.1016/j.jup.2020.101054.

Marques, R.; Pinto, F. (2018). How to watch the watchmen? The role and measurement of regulatory governance. *Utilities Policy*. v. 51, p. 73-81.

Narzetti, D.; Marques, R. (2020). Models of subsidies for water and sanitation services for vulnerable people in South American countries: lessons for Brazil. *Water*. v. 12 (7), 1976.

Capítulo II
REGULAÇÃO DO SANEAMENTO BÁSICO E O NOVO MARCO REGULATÓRIO

1
"MOSAICO REGULATÓRIO": AS NORMAS DE REFERÊNCIA DA ANA PARA A REGULAÇÃO DOS SERVIÇOS PÚBLICOS DE SANEAMENTO BÁSICO À LUZ DA LEI 14.026/2020

Thiago Marrara

Professor de direito administrativo e urbanístico da USP na FDRP. Livre-docente. Doutor pela Universidade de Munique. Consultor e parecerista na área de direito público. marrara@usp.br.

Sumário: 1. Introdução. 2. Bases constitucionais. 3. Principais inovações da Lei 14.026/2020. 4. Regulação do saneamento básico: aspectos gerais. 5. "Mosaico regulatório" contra problemas do setor de saneamento. 6. Normas de referência: parâmetros materiais. 7. Normas de referência: parâmetros finalísticos. 8. Normas de referência: parâmetros formais. 9 Conclusão.

1. INTRODUÇÃO

Inúmeras foram as mudanças normativas na disciplina dos serviços públicos de saneamento básico promovidas pela Lei 14.026 de 2020 ao alterar a Lei 11.445/2007 e outros diplomas. Nesse breve artigo, busca-se oferecer ao leitor uma análise crítica restrita a alguns aspectos da regulação dos serviços públicos de saneamento. Nesse intuito, o artigo se divide em: (i) um panorama das inovações promovidas pela nova lei, dando-se destaque às principais alterações realizadas em seis leis federais; (ii) esclarecimentos sobre a regulação dos serviços de saneamento, que constitui um dos pilares da política pública, ao lado do planejamento, da organização, da fiscalização e da prestação e (iii) um exame do instituto jurídica da "norma de referência" que a ANA, agora como Agência Nacional de Águas e Saneamento Básico, empregará no intuito de construir um "mosaico regulatório", *i.e.*, para elevar a padronização entre os diferentes sistemas de regulação dos serviços e incrementar a segurança jurídica no setor. Para se explicitar a problemática do assunto, as normas de referências serão examinadas sob tríplice perspectiva: a material (ou de conteúdo), a finalística (ou de objetivos) e a formal (ou relativa aos procedimentos de criação).

2. BASES CONSTITUCIONAIS

Em 15 de julho de 2020, com alguns vetos, publicou-se a Lei 14.026, chamada por alguns de novo Marco Regulatório do Saneamento Básico. É preciso cautela nessa designação. Apesar de bastante extensa e detalhada, o novo diploma legal em comento nem se restringe a tratar exclusivamente do saneamento – pois também se refere a outras leis que têm aplicabilidade no setor –, nem afasta a legislação anterior nessa matéria. É verdade que a Lei 11.445, de 05 de janeiro de 2007 foi modificada significativamente, mas não revogada ou substituída. A lei de 2020 altera boa parte de seus comandos, porém ela continua a figurar como o Marco Regulatório do setor e a desempenhar o papel exclusivo de Lei de Diretrizes Nacionais do Saneamento Básico (LDNSB).

Amplamente atualizada em 2020, a LDNSB de 2007 corporifica o exercício da competência legislativa do Congresso para editar normas gerais sobre os serviços de saneamento básico. Essa competência figura do art. 21, inciso XX da Constituição da República, segundo o qual compete à União: "*instituir diretrizes para o desenvolvimento urbano, inclusive habitação, saneamento básico e transportes urbanos*". Do ponto de vista teórico, chama atenção o instituto da "diretriz". O que significa esse termo na teoria do direito? Trata-se de regra, princípio ou algum outro tipo de norma?

A meu ver, basicamente, diretrizes indicam: (i) orientações, ou seja, um corpo de normas que busca guiar as políticas desenvolvidas por outros entes da federação, mas sem aniquilar sua autonomia federativa; (ii) editadas pelo Congresso ou mesmo por órgãos ou entidades do Executivo da União, como uma agência reguladora, exatamente pelo fato de que o poder em questão consta do art. 21, não do art. 22, que cuida das competências legislativas privativas e (iii) que tem caráter técnico, ou seja, que se relacionam a como desempenhar uma tarefa ou realizar um serviço.

Além desse poder de a União expedir diretrizes de saneamento básico, a Constituição valoriza o papel de entes federais em dois momentos. A uma, prevê a competência material da União, como competência comum ao lado dos Estados, do Distrito Federal e do Município, para "promover programas de construção moradias e a melhoria das condições habitacionais e *de saneamento básico*" (art. 23, inciso IX). A duas, exige que o Sistema Único de Saúde (SUS) participe da formulação da política e da execução das ações de saneamento básico (art. 200, inciso IV).

Por força desses vários mandamentos, conquanto se tenha consolidado ao longo dos anos o posicionamento de que a titularidade dos vários serviços públicos que forma o saneamento é a princípio do Município e, em unidades regionais, dos Estados e dos Municípios em conjunto, as normas gerais que regem a matéria são basicamente as editadas pelo Congresso Nacional. Com suporte nessa competência maior é que se promulgaram tanto a LDNSB de 2007 quanto a Lei 14.026 de 2020, que objetivou aprimorar a anterior.

3. PRINCIPAIS INOVAÇÕES DA LEI 14.026/2020

As mudanças promovidas pela nova lei de atualização do marco regulatório do saneamento básico foram bastante abrangentes. Para se ter uma ideia de sua extensão, a Lei 14.026/2020 contém 24 extensos artigos que alteram seis leis federais de maneira expressiva. De maneira geral, as alterações têm como foco a política pública de saneamento básico em sentido amplo, incluindo não apenas abastecimento de água e esgotamento sanitário, mas também coleta e tratamento de resíduos e drenagem de águas pluviais. No entanto, a lei de 2020 também altera leis que não são setoriais, ou seja, que não cuidam somente do setor de saneamento, mas que são frequentemente utilizadas nessa área seja no campo do planejamento, ou da organização, prestação e regulação.

A Lei das Diretrizes Nacionais de Saneamento Básico (LDNSB) de 2007 (Lei 11.445) foi naturalmente a que sofreu mais mudanças significativas em todo seu corpo. De maneira geral, essas mudanças valorizam a entrada de agentes econômicos no setor, a organização dos titulares dos serviços em blocos regionais para promover ganhos de escala na prestação do serviços e melhorias na sua sustentabilidade econômico-financeira, bem como a busca de menor assimetria regulatória, com a introdução de normas de referências editadas pela ANA. No entanto, as alterações não param aí. Praticamente todos os tópicos da LDNSB sofreram algum impacto, valendo destacar, dentre tantas mudanças:

- (i) a redefinição de alguns princípios fundamentais quer já vinham previstos no art. 2º, como o da integralidade e do da articulação com outras políticas;
- (ii) a inclusão de novos princípios no rol legal, como o de seleção competitiva do prestador, o da regionalização da prestação e o da prestação concomitante de água e esgotamento sanitário;
- (iii) a redefinição de conceitos previstos no art. 3º, principalmente o de serviço de saneamento – agora detalhado nos novos art. 3º-A, 3º-B e 3º-C e no art. 7º –, o de gestão associada e, em especial, o de prestação regionalizada;
- (iv) a inclusão de conceitos urbanísticos estratégicos, como o de núcleo urbano, inclusive o informal e o consolidado, em linha com a legislação de regularização fundiária, além dos conceitos de operação regular do serviço, de serviços de saneamento de interesse comum e de interesse local, entre outros;
- (v) a inclusão de regras sobre saneamento em Regiões Integradas de Desenvolvimento (RIDE) e em Zonas Especiais de Interesse Social (ZEIS);
- (vi) a designação precisa do Município e, nas unidades regionais, do Estado em conjunto com Municípios como os titulares dos serviços públicos, suprindo a lacuna da redação antiga da lei que, em nenhum trecho, definia precisamente o titular, embora lhe atribuísse inúmeras funções;
- (vii) o detalhamento do regime jurídico da gestão associada e da prestação regional, reconhecendo-se a faculdade dos titulares para adotá-la;
- (viii) o detalhamento e ajuste das atribuições dos titulares constantes do art. 9º;
- (ix) a expansão do conteúdo mínimo dos contratos de concessão com a inserção de inúmeras exigências no art. 10-A, cujo respeito é essencial para a validade desses instrumentos jurídicos imprescindíveis à desestatização da prestação do saneamento;
- (x) o condicionamento da manutenção de contratos de concessão em vigor à comprovação de capacidade econômico-financeira do prestador, com vistas a universalizar os serviços até 31 de dezembro de 2033, nos termos do art. 10-B;
- (xi) a ampliação dos requisitos de validade dos contratos, agora incluindo a existência de metas e cronograma de universalização nos termos do art. 11 e cujo desrespeito implica a vedação de distribuição de lucros e dividendos gerados no

âmbito do contrato em execução pelo prestador de serviços, conforme manda o novo § 5º do artigo;

- (xii) o regramento mais detalhado da subdelegação, com a inclusão do limite de 25% do valor do contrato, da necessidade de comprovação técnica dos benefícios em termos de eficiência e qualidade, bem como da vedação de subdelegação geradora de sobreposição de custos administrativos ou gerenciais a serem pagos pelo usuário (art. 11-A);
- (xiii) a obrigatoriedade de que os contratos de delegação dos serviços – inclusive os em vigor sem previsão de metas, que devem ser complementados até 31 de março de 2022 – tratem de metas de universalização de 99% do serviço de água e de 90% do serviço de coleta e tratamento de esgotos até 31 de dezembro de 2033 (art. 11-B);
- (xiv) a criação do dever de o regulador abrir processo administrativo para apurar o não atingimento de metas, podendo, para tanto, prever medidas de correção e medidas punitivas, a incluir a caducidade da concessão (art. 11, § 7º);
- (xv) a redefinição do regime de planejamento do serviço de saneamento para situações de prestação regionalizada, permitindo-se elaboração conjunta (art. 17);
- (xvi) a explicitação de que os planos de saneamento sejam também harmonizados com o planejamento urbano, ou seja, com os Planos Diretores e os Planos de Desenvolvimento Urbano Integrado de unidades regionais (art. 19, § 3º);
- (xvii) a exigência de revisão dos planos no prazo máximo de dez anos e não mais no exíguo prazo de quatro anos (art. 19, § 4º);
- (xviii) a possibilidade de Municípios com menos de 20 mil habitantes apresentarem planos simplificados (art. 19, § 9º);
- (xix) a modificação e detalhamento dos objetivos da regulação, incluindo, por exemplo, a previsão de "observação das normas de referência editadas pela ANA" e especificando a necessidade de "compartilhamento dos ganhos de produtividade com os usuários" (art. 22);
- (xx) a atualização dos poderes normativos dos reguladores, agora incluindo, por exemplo, o dever de disciplinar os "procedimentos de fiscalização e de aplicação de sanções previstas nos instrumentos contratuais e na legislação do titular" (art. 23);
- (xxi) a permissão de se delegar a regulação para qualquer entidade reguladora, não mais apenas para entidade "dentro dos limites do respectivo Estado", conforme antes previa a LDNSB. Para essa delegação a agência de outra esfera estadual, é preciso, contudo, que requisitos diversos sejam cumpridos (art. 23, § 1º-A);
- (xxii) o detalhamento da sustentabilidade econômico-financeira de cada serviço de saneamento, com a designação das respectivas formas de remuneração (art. 29 e 35);
- (xxiii) a extinção dos subsídios a localidades, permitidos apenas aos usuários, e revogação dos subsídios tarifários diretos (ao usuário) e indiretos (ao prestador), restando agora somente os subsídios tarifários, fiscais e internos, e exclusivamente para usuários, não mais para localidades (art. 31);

- (xxiv) a inclusão de que, em caso de coleta, afastamento e tratamento de esgoto, a interrupção dos serviços por inadimplemento preserve "as condições mínimas de manutenção da saúde dos usuários, de acordo com a norma de regulação ou norma do órgão de política ambiental" (art. 40, V);
- (xxv) o aperfeiçoamento de normas de licenciamento ambiental das unidades de tratamento de esgotos, indicando-se, novamente, a necessidade de se considerar a capacidade de pagamento das populações e usuários envolvidos (art. 44);
- (xxvi) a atualização de normas técnicas de prestação e de conexão das edificações urbanas às redes de saneamento, agora com o esclarecimento de que o pagamento pelo serviço abrangerá não somente o custo de uso, mas também de "disponibilização e manutenção da infraestrutura" (art. 45). Essa nova redação deixa claro, portanto, que é possível a cobrança de tarifas mínimas a despeito do uso;
- (xxvii) a possibilidade de que edificações de uso residencial ou condomínios regidos pela Lei 4.591/1964 possam se valer de "fontes e métodos alternativos de abastecimento de água", como reuso de águas da chuva, uso de águas subterrâneas (art. 45, § 11 e § 12);
- (xxviii) a previsão, entre outras novidades, da "uniformização da regulação do setor e divulgação de melhores práticas", do estímulo à economia de água, da promoção da segurança jurídica e redução de riscos regulatórios, da integração de bases de dados como diretrizes para atuação da União no estabelecimento de sua política de saneamento (art. 48);
- (xxix) a atualização dos objetivos da política federal de saneamento, agora incluindo, entre outras coisas, a promoção à concorrência e à regionalização dos serviços com vistas aos ganhos de escala "por meio do apoio à formação de blocos de referência..." (art. 49);
- (xxx) a modificação dos requisitos de apoio financeiro oferecido pela União, agora a incluir, entre outras coisas, a "observância das normas de referência para a regulação da prestação dos serviços públicos de saneamento básico expedidas pela ANA" e a "estruturação da prestação continuada" (art. 50);
- (xxxi) a modificação do regramento do Plano Nacional de Saneamento Básico (art. 52) e do Sinisa, com destaque para a interoperabilidade com o SNIRH e a ampliação da transparência por meios digitais (art. 53);
- (xxxii) a criação do Comitê Interministerial de Saneamento Básico (CISB), colegiado que busca assegurar a implementação da política federal de saneamento, inclusive pela avaliação a gestão do PNSB, e articular os órgãos federais na alocação dos recursos financeiros na área (art. 53-A, B e C); e
- (xxxiii) o estabelecimento, como política federal de saneamento, da execução de obras de infraestrutura de esgotamento e abastecimento de água em núcleos urbanos formais, informais e informais consolidados, salvo aqueles em situação de risco (art. 53-D).

Já a Lei de Criação da ANA de 2000 (Lei 9.984) foi alterada, em linha com a nova lógica, para conferir à agência o nome e também poderes de Agência Nacional de Água e Saneamento Básico, cabendo-lhe a partir de então editar normas de referência para a regulação os serviços de saneamento em todo o país. Com isso, a lei n 14.026 lhe permitiu construir parâmetros de uniformização da regulação do saneamento e lhe conferiu atribuições de:

- (i) realizar de modo voluntário, ação mediadora ou arbitral em conflitos que envolvam titulares, prestadores, reguladores (art. 4º-A, § 5º);
- (ii) avaliar o impacto e o cumprimento das normas de referência pelos entes de regulação e fiscalização (art. 4º-A, § 6º);
- (iii) promover a capacitação de recursos humanos para regulação adequada e eficiente (art. 4-A, § 11);
- (iv) contribuir para a articulação entre os planos nacionais de saneamento, resíduos sólidos e recursos hídricos (art. 4º-A, § 12);
- (v) manter "atualizada e disponível... a relação das entidades reguladoras e fiscalizadoras que adotam as normas de referência nacionais para a regulação dos serviços públicos de saneamento básico, com vistas a viabilizar o acesso aos recursos públicos federais ou a contratação de financiamentos com recursos da União ou com recursos geridos ou operados por órgãos ou entidades da administração pública federal..." (art. 4º-B);
- (vi) disciplinar em ato normativo os requisitos e procedimentos para que os reguladores comprovem a "adoção das normas regulatórias de referência" (art. 4º-B, § 1º), e
- (vii) verificar periodicamente essa adoção, que será "obrigatória no momento da contratação dos financiamentos com recursos da União ou com recursos geridos ou operados por órgãos ou entidades da administração pública federal" (art. 4º-B, § 2º).

A Lei 10.768/2003, nesse sentido, teve sua ementa modificada para indicar que o diploma passou a dispor sobre o quadro de pessoal da ANA na qualidade de Agência Nacional de Águas e de Saneamento Básico, ou seja, não mais somente como Agência de Águas. Além disso, a lei ganhou a previsão de 239 cargos de especialista em regulação de recursos hídricos e saneamento para a agência, e definiu as atribuições desse tipo de cargo, de forma a incluir a tarefa de elaborar "normas de referência para regulação do uso de recursos hídricos e de prestação dos serviços de saneamento básico (art. 3º, inciso II). Isso revela que o legislador se preocupou com o incremento dos recursos humanos da agência em vista das novas competências e elevadas responsabilidades que lhe foram conferidas na padronização do sistema regulatório de saneamento Brasil afora.

A seu turno, a Lei dos Consórcios Públicos de 2005 (Lei 11.107) foi modificada pela Lei 14.026 para vedar a prestação dos serviços públicos de saneamento básico por contrato de programa. Com essa vedação, busca-se impedir que as empresas estaduais continuem assumindo a prestação local sem a necessidade de vencer licitações e disputar o contrato com outros agentes econômicos. Em outras palavras, o intuito do legislador foi o de estimular a entrada de prestadores não estatais no setor, que serão contratados após regular processo licitatório. A evidenciar esse intuito, incluiu-se um § 8º no art. 13 da Lei de Consórcios a dispor o seguinte: "os contratos de prestação de serviços públicos de *saneamento básico* deverão observar o art. 175 da Constituição Federal, *vedada a formalização de novos contratos de programa para esse fim*". Note-se que a Lei de Consórcio, no geral, não disciplina setores específicos. Contudo, dentre outras alterações, o legislador entendeu essencial incluir essa vedação específica para o setor de saneamento, tendo em vista o objetivo de limitar a atuação das empresas estaduais que, ao longo de décadas, assumiram os serviços públicos municipais sem licitação prévia, dificultando a entrada de prestadores privados.

Além dos diplomas mencionados, outras três leis foram modificadas levemente pela Lei 14.026, a saber:

- A Lei da Política Nacional de Resíduos Sólidos – PNRS (Lei 12.305/2010) recebeu alterações, sobretudo para (i) incluir o prazo máximo de dez anos para revisão do plano municipal de gestão integrada de resíduos (art. 19, XIX) e (ii) estender a implantação da disposição final ambientalmente adequada dos rejeitos de acordo com o porte e categoria dos Municípios (art. 54).

- O Estatuto da Metrópole de 2015 (Lei 13.089) teve suas disposições estendidas para "unidades regionais de saneamento básico" – tipo de unidade regional bastante polêmico, já que a Constituição menciona como espécies dessa categoria unicamente as regiões metropolitanas, as aglomerações urbanas e as microrregiões.

- A Lei 13.529/2017, que cuida da participação federal em fundo de apoio à estruturação e ao desenvolvimento de projetos de concessão e PPP, foi ampliada para autorizar a União a participar de fundo com a finalidade exclusiva de financiar serviços técnicos profissionais especializados para projetos de concessão e PPP de qualquer esfera federativa em regime isolado ou consorciado. A Lei 14.026 ainda revogou a norma que limitava essa participação em termos financeiros e a norma que destinava preferencialmente até 40% dos recursos para as regiões Norte, Nordeste e Centro Oeste. Dentre outras várias modificações, também previu que "os recursos destinados à assistência técnica relativa aos serviços públicos de saneamento básico serão segregados dos demais e não poderão ser destinados para outras finalidades do fundo" (art. 2º, § 11).

4. REGULAÇÃO DO SANEAMENTO BÁSICO: ASPECTOS GERAIS

A política pública de saneamento é formada por uma estrutura de cinco pilares: o planejamento, a organização, a regulação, a fiscalização e a prestação do serviço. A princípio, cabe ao titular do serviço público tomar as decisões políticas necessárias a estruturar esses grupos de tarefas administrativas e distribui-las, quando considerar conveniente, mas sempre levando em conta algumas balizas, a saber: (i) o planejamento é indelegável, embora possa ser realizado com apoio técnico de terceiros ou de forma conjunta; (ii) a prestação pode ser direta, indireta ou associada e (iii) a regulação é obrigatória para qualquer tipo de prestação, mas não poderá ser cumulada nas mãos daquele que presta o serviço, ou seja, nenhum prestador, estatal ou não, regulará a si mesmo.

Em termos organizacionais, a regulação pode ser realizada ou por órgãos da Administração Direta do titular, desde que garantidas a autonomia, a tecnicidade e a neutralidade regulatória, ou por entidades descentralizadas da sua Administração Indireta. Além disso, permitia-se já na lei de 2007 a delegação dos poderes de regulação para agências intermunicipais ou mesmo para agências apartadas da Administração Indireta do titular, como uma agência criada pelo Estado da Federação em cujo território o Município titular se encontra. Em 2020, essa possibilidade de delegação foi bastante ampliada, pois, como já dito, agora é possível que opte o titular "por aderir a uma agência reguladora em outro Estado da Federação", desde que cumpridos certos requisitos legais (art. 23, § 1º-A).

O primeiro requisito para essa última modelagem diz respeito à inexistência, no Estado do titular, de agência reguladora que tenha aderido às normas de referência da ANA. Para se entender essa exigência, é preciso ter em mente que a não observância das normas da ANA impede o titular de obter apoio da União, daí a importância de que ele possa buscar agências fora do Estado quando não encontrar alternativa dentro desses limites político-territoriais. Porém, essa escolha não é livre, já que a lei requer que se dê "prioridade, entre as agências qualificadas, àquela mais próxima à localidade do titular". Assim, apenas para fins ilustrativos e hipotéticos, caso um Município do Estado de Sergipe não localize agência qualificada dentro do território estadual, mas disponha de potenciais agências qualificadas no Amazonas e na Paraíba, deverá priorizar a agência paraibana, mais próxima da localidade do titular. Porém, o sucesso dessa escolha dependerá, em segundo lugar, da anuência da própria agência escolhida, que poderá cobrar taxas de regulação diferenciadas nesse caso, levando em conta a distância.

Apesar da ampliação da possibilidade de delegação para outras esferas da federação, as atividades que formam o núcleo da regulação de saneamento não sofreram grandes alterações de conteúdo. Mesmo com as modificações de 2020, elas ainda podem ser sumarizadas em tarefas de: (i) *normatização*, principalmente dos temas enumerados no art. 23 da LDNSB; (ii) *gestão da informação*, nos termos do art. 25, 26 e 27 da LDNSB; (iii) *esclarecimentos e orientações* nos termos dos art. 25, § 2º e 27, inclusive com o poder de "interpretação e fixação de critérios para a fiel execução dos contratos, dos serviços e para a correta administração de subsídios"; e (iv) *controle tarifário* conforme os artigos 37 e 38 da LDNSB.[1]

A Lei 14.026/2020 modifica o tratamento de alguns aspectos dessas tarefas, como ao permitir que o regulador, no estabelecimento de metas, indicadores e métodos de monitoramento, utilize comparação de desempenho de diferentes prestadores (art. 24, § 4º) ou ao exigir que o regulador edite normas sobre procedimentos de fiscalização e de aplicação de sanções previstas na legislação do titular e no instrumento contratual. No entanto, a maior inovação certamente está na previsão de um novo instituto de força nacional: as normas de referência! Antes de compreender qual são as funções e os limites dessas normas, é importante entender a razão de elas terem sido aventadas pelo legislador, o que nos remete às características e aos problemas do sistema regulatório.

---

1. Em detalhes, cf. MARRARA, Thiago; BARBOSA, Allan Fuezi. As funções do regulador de saneamento básico no Brasil. *Revista de Direito Econômico e Socioambiental*, v. 10, n. 3, p. 127 e seguintes, 2009.

5. "MOSAICO REGULATÓRIO" CONTRA PROBLEMAS DO SETOR DE SANEAMENTO

Como brevemente se destacou, os arranjos que os titulares podem utilizar para viabilizar a regulação do saneamento básico são variados. Em termos teóricos, sob um critério subjetivo, esses modelos basicamente se dividem em: (i) regulação por agência estadual e (ii) regulação por agência local.

Dentro do primeiro modelo, alguns Municípios delegam seus deveres e poderes regulatórios para agências reguladoras criadas pelo Estado, muitas vezes porque o Estado é proprietário ou controlador de empresas que prestam os serviços locais ou regionais e dificilmente se submetem a agências reguladoras que não participem da sua Administração Indireta. A partir de agora, com visto, soma-se a isso a possibilidade de buscar agências em outros Estados da federação, desde que não exista agência estadual que sigam as normas de referência, que a agência externa seja qualificada perante a ANA, aceitam a regulação e sejam a mais próxima da localidade em comparação com outras agências externas.

Já no segundo modelo, de regulação propriamente local, os Municípios seguem dois caminhos. Uns intentam construir estruturas regulatórias isoladas, locais, naturalmente mais frágeis, mais custosas e menos experientes, já que lidam com apenas uma realidade. A vantagem desse modelo seria a maior autonomia do regulador em relação a outros entes federativos. De outra parte, muitos Municípios preferem se unir em consórcios públicos regidos pela Lei 11.107 e que passam a regular os serviços por meio de uma única pessoa jurídica intermunicipal, a exemplo da ARES/PCJ no Estado de São Paulo e da ARIS no Estado de Santa Catarina. Embora essa solução reduza o poder de influência do titular sobre o regulador, a grande vantagem desse modelo é o ganho de experiência, a redução de custos de funcionamento, as economias de escala, os ganhos de aprendizado e a redução da influência política – vantagens que se devem ao fato de a agência servir a inúmeros titulares e não apenas um.

Independentemente das vantagens e desvantagens dos quatro modelos concebíveis, fato é que a estrutura geral da regulação dos serviços públicos de saneamento sob titularidade municipal – em regra, isolada e, nas unidades regionais, compartilhada com o Estado – levou a um cenário de multiplicação de entes e órgãos reguladores e, por consequência, a uma fragmentação e a uma diversidade muito evidente dos estilos, estratégias, processos e ambientes de regulação. Em outras palavras, o contexto atual se caracteriza por alta assimetria procedimental, material e organizacional, bem como por custos significativos de transação, já que os agentes econômicos interessados em transitar por diferentes Municípios terão que realizar investimentos significativos para compreender e dominar tecnicamente o arcabouço regulatório aplicável ao mesmo serviço nas diferentes localidades. Não raro, como consequência desses fatores, também aumenta a insegurança jurídica, aqui entendida como baixa previsibilidade de como o Estado agirá em cada situação.

Reitere-se: apesar de a LDNSB, desde 2007, estabelecer as funções básicas essenciais do regulador como tarefas de normatização, comunicação e gestão de informações, interpretação de contratos e orientação, além de controle e gestão tarifária, na prática, os corpos de atos normativos, administrativos, opinativos e materiais que concretizam a regulação podem variar de maneira expressiva de uma localidade para outra. Assim, não obstante essa diversidade seja capaz de gerar um rico espectro de experiências regulatórias e boas práticas, ela reduz a padronização, dificulta a compreensão do sistema de saneamento e eleva custos de transação e de aprendizado dos agentes econômicos, bem como o grau de insegurança jurídica.

Essa elevação de custos de entrada em contextos regulatórios muito diferentes, por sua vez, acaba inibindo os agentes de transitar por diversas localidades e de disputar contratos administrativos de delegação dos serviços públicos de saneamento. Exatamente por isso, para um governo extremamente favorável à desestatização da prestação, como o federal na atualidade, esse cenário se mostra indesejável. Exsurgem daí, pois, os interesses políticos e legislativos não propriamente de aniquilar a autonomia da regulação local, mas de mitigar a assimetria regulatória pela construção de um conjunto regulatório nacional mais harmônico, mais previsível e menos custoso para os prestadores.

A ideia central por trás da Lei 14.026/2020 ao criar o instituto das normas de referência não é exatamente a de fazer que a ANA substitua as agências locais e estaduais já operantes e as que venham a ser instituídas, mas sim a de edificar um *mosaico regulatório*, ou seja, um bloco de peças diferentes, mas alinhadas sob uma lógica única, nacional. As normas de referência da ANA, a seguir examinadas, deverão cumprir essa função. Sem extinguir o poder regulatório local, procurarão, por meio de *soft law*, estimular os reguladores a se aproximarem num sistema nacional mais harmônico, tornando a regulação mais previsível e semelhante, ainda que permaneça fragmentada nas mãos de agências locais e estaduais.

Por sua função, essas normas não implicam adesão obrigatória de todos os titulares. No entanto, a legislação evidencia que a União utilizará seus vultosos recursos financeiros como ferramenta de indução à adesão a normas de referência da ANA pelos empobrecidos Municípios brasileiros, cada vez mais pressionados pela população, pela legislação e pelos órgãos de controle a estruturar, de uma vez por todas, serviços de saneamento básico minimamente eficientes e eficazes. A confirmar e sugerir essa estratégica indutiva, o art. 25-A, § 1º da LDNSB dispõe que: "o acesso aos recursos públicos federais ou à contratação de financiamentos com recursos da União ou com recursos geridos ou operados por órgãos ou entidades da administração pública federal, quando destinados aos serviços de saneamento básico, será condicionado ao cumprimento das normas de referência nacionais para a regulação da prestação dos serviços públicos de saneamento básico estabelecidas pela ANA...".

6. NORMAS DE REFERÊNCIA: PARÂMETROS MATERIAIS

Já se demonstrou que a Lei 14.026 alterou a Lei da ANA e de início mudou o nome da agência para Agência Nacional de Águas e *Saneamento Básico* (nos termos do art. 1º). A inclusão do saneamento no nome está diretamente relacionada com a inclusão de sua competência para editar as normas de referências sobre regulação de saneamento básico, assunto que está disciplinado principalmente no art. 4º-A da Lei 9.984/2000 e no art. 25-A da Lei 11.445/2007 (LDNSB).

O art. 4º-A da Lei 9.984/2000 estabelece de início o conteúdo das normas de referência e, ao fazê-lo, impõe limites à atuação da ANA. Assim, de acordo com seu § 1º, tais normas abordarão um *conjunto taxativo* de assuntos, ou seja, no máximo, os treze temas listados nos incisos e passíveis de agrupamento nos seguintes blocos:

a) Prestação dos serviços: a agência federal poderá disciplinar temas relativos à qualidade e à quantidade do serviço, como se vislumbra nos incisos: "I – *padrões de qualidade e eficiência* na prestação, na manutenção e na operação dos sistemas de saneamento básico; "IV – metas de *universalização* dos serviços... para concessões que considerem, entre outras condições, o nível de cobertura de serviço existente, a viabilidade econômico-financeira da expansão da prestação do serviço e o número de Municípios atendidos"; "VI – redução progressiva e controle da *perda de água*"; "IX – *reúso dos efluentes* sanitários tratados..."; e "XI – normas e metas de substituição do sistema unitário pelo sistema separador absoluto de *tratamento de efluentes*";

b) Contabilidade, equilíbrio econômico e tarifação: é clara a preocupação do legislador com a padronização nacional de normas relevantes à sustentabilidade financeira dos serviços e também com a atração do capital privado para o setor de saneamento. Não por outros motivos, as normas de referência disciplinarão a "II – *regulação tarifária* dos serviços públicos de saneamento básico, com vistas a promover a prestação adequada, o uso racional de recursos naturais, o equilíbrio econômico-financeiro e a universalização do acesso ao saneamento básico; "VII – *metodologia de cálculo de indenizações* devidas em razão dos investimentos realizados e ainda não amortizados ou depreciados; "XIII – conteúdo mínimo para a prestação universalizada e para a *sustentabilidade econômico-financeira* dos serviços públicos de saneamento básico". Essas normas, porém, revelam que não compete à ANA proceder a qualquer tipo de reequilíbrio econômico-financeiro de um ou outro contrato de concessão comum ou de PPP, nem definir tarifas. Repita-se: ela estabelecerá regras de regulação, metodologias de cálculo e de sustentabilidade, mas não examinará um ou outro contrato específico. Sua competência é normativa, não material e concreta. Editará atos normativos, mas não praticará atos opinativos concretos ou atos administrativos em casos específicos. Essa conclusão se estende às normas do art. 4-A, § 8º e § 9º, que respectivamente exigem que se criem referências sobre: (a) "mecanismos de subsídios para as populações de baixa renda a fim de possibilitar a universalização"; (b) "quando couber, o compartilhamento dos ganhos de produtividade com os usuários dos serviços" e (c) sobre parâmetros e condições para investimentos de modo a garantir a manutenção dos níveis de serviços desejados durante o contrato. O comando a respeito de compartilhamento de ganhos de produtividade requer um alerta, já que esse compartilhamento é obrigatório por força do art. 22, inciso IV e do art. 38, inciso I da LDNSB.[2] Não cabe à ANA decidir em casos concretos se existirá compartilhamento ou não com os usuários. A agência poderá unicamente sugerir metodologias de como compartilhar (como a metodologia do FATOR X), sem editar normas que pretendam impedir a aplicabilidade do art. 38, inciso I da LDNSB, ou seja, que mitiguem ou afastem o dever de compartilhamento dos ganhos obtidos pelos prestadores com os usuários.

c) Instrumentos jurídicos e organizacionais: de modo a expressar o objetivo do legislador de reduzir custos de transação também para facilitar a entrada de agentes econômicos, as normas de referência cuidarão ainda de: "III – *padronização dos instrumentos negociais* de prestação de serviços públicos de

---

2. Nos termos do art. 22, inciso IV da LDNSB, são objetivos da regulação: "definir tarifas que assegurem tanto o equilíbrio econômico-financeiro dos contratos quanto a modicidade tarifária, por mecanismos que gerem eficiência e eficácia dos serviços e que permitam o compartilhamento dos ganhos de produtividade com os usuários". Antes da Lei 14.026, o dispositivo falava genericamente de apropriação social desses ganhos, mas agora deixa-se claro que o compartilhamento deve ser realizado com os usuários. Já o art. 38, prevê que "as revisões tarifárias compreenderão a reavaliação das condições da prestação dos serviços e das tarifas praticadas e poderão ser: I – periódicas, objetivando a distribuição dos ganhos de produtividade com os usuários e a reavaliação das condições de mercado".

saneamento básico firmados entre o titular do serviço público e o delegatário, os quais contemplarão metas de qualidade, eficiência e ampliação da cobertura dos serviços, bem como especificação da matriz de riscos e dos mecanismos de manutenção do equilíbrio econômico-financeiro das atividades"; "V – critérios para a contabilidade regulatória"; "VIII – *governança* das entidades reguladoras..." nos termos do art. 21 da LDNSB; "X – parâmetros para determinação de *caducidade*..." e "XII – sistema de *avaliação do cumprimento de metas* de ampliação e universalização da cobertura dos serviços públicos de saneamento básico". Esses incisos são, sem dúvidas, os mais polêmicos. De um lado, é bastante questionável que uma agência federal, por suas normas de referência, diga como agências locais e estaduais devam se estruturar e funcionar a título de promover a governança. Isso naturalmente violaria a autonomia federativa em termos de organização administrativa. Contudo, na medida em que as normas da ANA não são compulsórias, mas de adoção optativa, esse problema desaparece. Já as normas de caráter contratual apresentam um outro problema. De maneira geral, não é o regulador, mas sim o titular do serviço que decide se quer ou não privatizar o serviço e, ao fazê-lo, como será o contrato. As agências reguladoras não podem impor modelos contratuais aos titulares, embora possam auxiliá-los na engenharia, ou seja, na modelagem dos instrumentos jurídicos. Assim, prever normas de referência nesse âmbito soa estranho, pois elas se direcionam às agências estaduais e locais que a princípio não cuidam da contratação em si, mas da regulação de serviço já delegado e, portanto, contratado.

Para além dessas regras gerais de caráter material previstas no art. 4º-A da Lei 9.984, ou seja, regras que traçam limites aos temas que serão objeto das normas de referência, o art. 25-A da LDNSB traz algumas balizas que merecem registro. A uma, referido comando legal deixa claro que os poderes da ANA na edição de normas de referência se referem à regulação, e não a outros pilares da política de saneamento. Daí não ser possível que se utilizem normas de referência para reger diretamente, por exemplo, aspectos do planejamento ou da prestação que não passem pelo filtro regulatório local ou estadual. A duas, as normas de referência não poderão prescindir da observância da legislação pertinente. A três, deixa-se evidente que a edição de uma norma de referência não implicará a revogação de cláusulas em sentido diverso presentes em contratos de delegação firmados anteriormente à edição da norma pela ANA. O art. 25-A, § 2º, em outras palavras, evidencia que o ato jurídico perfeito deverá ser respeitado. Sob o escopo de buscar padronização nacional, as normas de referência não estão autorizadas a aniquilar contratos e gerar insegurança jurídica.

Ainda numa perspectiva material ou de conteúdo, o extinto art. 25-B da LDNSB, na redação originariamente dada pela Medida Provisória 868/2018, afastava a aplicabilidade das normas de referência da ANA para ações de saneamento básico em áreas rurais, comunidades tradicionais, incluídas as áreas quilombolas, áreas indígenas e a soluções individuais de saneamento que não constituem serviço público em áreas rurais ou urbanas. Essas exceções foram limitadas pela Lei 14.026/2020 a áreas rurais, comunidades tradicionais, incluídas as áreas quilombolas, e terras indígenas, e agora constam do novo § 10 do art. 50 da LDNSB – não mais, portanto, do art. 25-B, que desapareceu do texto legal.

7. NORMAS DE REFERÊNCIA: PARÂMETROS FINALÍSTICOS

Além de estabelecer o conteúdo e os limites de atuação material da ANA na definição das normas de referência, o art. 4º-A da Lei 9.984 impõe parâmetros finalísticos, isto é, objetivos que guiam a agência federal na elaboração das referências. Esses parâmetros, ao lado dos materiais ou de conteúdo, reduzem ainda mais a discricionariedade da ANA nesse campo. Sua competência normativa fica limitada tanto no conteúdo, quanto pelas finalidades. Uma norma de referência poderá ser questionada juridicamente seja porque trata de tema que não consta dos grupos examinados, seja porque, ao abordar um tema aceitável, viola ou contraria as finalidades esperadas das normas de referência. Em outras palavras, o legislador dá parâmetros claros para questionar uma norma de referência por vício de conteúdo e igualmente por vício de finalidade – ambos vícios insanáveis, que geram nulidade administrativa incontornável.

Esses parâmetros teleológicos se encontram diluídos em dois parágrafos do art. 4º-A da Lei 9.984/2000. Os dois principais parâmetros se ancoram no § 7º, que atribui a ANA o dever de zelar pela *"uniformidade regulatória* no setor de saneamento básico e pela *segurança jurídica* na prestação e regulação dos serviços". A uniformidade e a segurança deverão ser buscadas, porém, sem comprometer outros parâmetros acessórios, representados por objetivos constantes do art. 4º-A, § 3º, e que se deixam resumir em: I – promoção da *prestação adequada*; II – estímulo à *livre concorrência* e à sustentabilidade econômica da prestação; III – estímulo à *cooperação interfederativa* a favor da universalização e da modicidade tarifária; IV – respeito às *peculiaridades locais e regionais*; V – incentivo à *regionalização*; VI – *avaliação periódica* do cumprimento das metas e padrões; VII – *limitação de sobreposição de custos* pagos pelo usuário final; e VIII – *garantia da prestação concomitante* dos serviços de abastecimento de água e de esgotamento sanitário.

A conjugação desses dois mandamentos explicita que a ANA editará norma de referência ilegal, por exemplo, ao buscar a uniformização nacional da regulação ignorando peculiaridades regionais importantes para tornar a prestação eficiente ou ao pretender imprimir segurança jurídica ao mosaico regulatório por meio de normas de referência que impeçam um grande conjunto de agentes econômicos a competir em licitações pelos contratos de delegação da prestação do serviço. Traduzindo: as normas de referência não podem promover a uniformidade regulatória nacional e a segurança jurídica a qualquer custo! Daí a importância de que a ANA utilize excelentes mecanismos de avaliação de impacto regulatório para assegurar, antes de aprová-las, que as normas de referência propostas são minimente capazes de respeitar os objetivos do art. 4º-A, § 3º.

8. NORMAS DE REFERÊNCIA: PARÂMETROS FORMAIS

A preocupação do legislador com o novo papel da ANA não se resumiu no estabelecimento de parâmetros materiais e procedimentais. A interpretação dos novos dispositivos da Lei 9.984 revela muitas exigências de caráter formal, no que se inclui tanto regras quanto ao tempo de edição, quanto aspectos relativos aos procedimentos de edição dos atos normativos.

Na perspectiva temporal, merece destaque o mandamento contido no art. 4º-A, § 2º, que corretamente estabelece uma transição gradual, ou seja, que as normas de referência não sejam estabelecidas todas ao mesmo tempo pela ANA. A agência deve editar tais normas de "forma progressiva", pouco a pouco, de modo que os destinatários dessas normas tenham o tempo necessário para interpretá-las e adaptar sua estrutura, seus processos e suas decisões ao novo contexto normativo.

A preocupação do legislador com a suavidade na construção do mosaico regulatório ideia é reforçada no Art. 4º-B § 1º da Lei 9.984. De acordo com esse dispositivo, a adoção das normas regulatórias de referência pelas agências locais e estaduais dos serviços de saneamento básico poderá ser *gradual, de modo a preservar as expectativas e os direitos decorrentes das normas a serem substituídas e a propiciar a adequada preparação das entidades reguladoras.*

Além disso, a interpretação do mandamento contido no § 1º revela a necessidade de que a ANA realize um diagnóstico inicial para mapear quais temas necessitam de padronização prioritária; de que se organizem os temas por ordem de urgência e relevância; de que se examinem as soluções de padronização para cada um deles; de que se desenvolvam processos de edição transparentes e participativos e de que, com a edição da norma, confira-se a todos os destinatários um tempo razoável de adaptação, criando-se, inclusive, regimes de transição quando necessários.

Em certa medida, essas preocupações com o devido processo administrativo de normatização a ser conduzidos pela ANA foram absorvidas de maneira implícita ou explícita pelo art. 4º-A, § 4º, que determina a realização de ao menos quatro etapas para a criação de normas de referência, a saber:

(i) De início, a agência deverá avaliar as melhores práticas regulatórias do setor. De acordo com o art. 4º-A, § 10, o mapeamento e desenvolvimento dessas práticas será baseada em estudos técnicos da agência, além de deverem constar de guias e manuais.

(ii) Em seguida, a agência necessitará ouvir entidades incumbidas de regular e fiscalizar, bem como representantes dos Municípios (titulares dos serviços). Importante adicionar ao mandamento legal que a ANA deverá igualmente ouvir os representantes de unidades regionais, como regiões metropolitanas e aglomerações urbanas, já que muitos serviços de saneamento, nessas áreas, estão sob titularidade compartilhada por configurarem funções públicas de interesse comum.

(iii) A agência ainda necessitará realizar "consultas e audiências públicas, de forma a garantir a transparência e a publicidade dos atos, bem como possibilitar a análise de impacto regulatório das normas propostas". As consultas e audiências não estão direcionadas aos titulares e reguladores apenas, mas a qualquer pessoa, inclusive os prestadores, os usuários e as entidades representativas desses atores e outros. A boa organização desses mecanismos de participação popular não poderá prescindir da observância de normas básicas e subsidiárias da Lei de Processo Administrativo Federal, que trata dos direitos dos participantes de audiências e consultas, e da Lei Geral de Agências Reguladoras.

(iv) Paralelamente, a agência poderá "constituir grupos ou comissões de trabalho com a participação das entidades reguladoras e fiscalizadoras e das entidades representativas dos Municípios para auxiliar" a elaboração das normas. Aqui, mais uma vez, é preciso chamar atenção para a eventual necessidade de também inserir nos trabalhos os representantes de unidades regionais, como aglomerações urbanas e regiões metropolitanas. Igualmente relevante é a inclusão de representantes, ainda que em menor número, de prestadores e usuários.

Ainda que todas essas exigências sejam relativamente recentes, a ANA já constituiu grupos de trabalho, tem realizado consultas públicas e outros instrumentos de participação, além de ter editado a Nota Técnica 7, no segundo semestre de 2020. Esse documento contém anexos com a proposta de 22 atos normativos que deverão ser produzidos ao longo de 2020 e 2022, tratando gradualmente de temas enquadrados em eixos de governança, regulação técnica, regulação contratual e regulação econômica do saneamento. A previsão dos reguladores federais é de se discutir, ainda em 2020, quatro normativas sobre "procedimentos para elaboração das normas de referência pela Agência, reequilíbrio econômico-financeiro para água e esgoto, instituição de taxa ou tarifa para resíduos sólidos urbanos e indenização de ativos para água e esgoto", editando-as no primeiro semestre de 2021.[3]

9. CONCLUSÃO

A fragmentação da regulação dos serviços de saneamento por agências locais e estaduais pelo país estimulou o legislador, na ampla reforma da legislação de saneamento operada em 2020, a criar o conceito de "norma de referência". Como se desejou esclarecer ao longo do artigo, o objetivo principal dessa nova ferramenta jurídica, oferecida exclusivamente à ANA, consiste em elevar a padronização regulatória do setor, reduzir custos de transação e de aprendizado, além de favorecer a previsibilidade dos agentes econômicos em relação ao arcabouço regulatório, no sentido de estimulá-los a competir por contratos administrativos de delegação nas licitações que decerto se proliferarão nos próximos anos e a investir maciçamente no setor.

Busca-se, com o novo instituto, formar um "mosaico regulatório", ou melhor, um conjunto harmônico, coerente, coeso e articulado de ambientes regulados, sem, porém, unificá-los. As normas de referência não se prestam a instrumentalizar a aniquilação da autonomia federativa ou disfarçadamente suplantar o papel dos titulares e reguladores subnacionais pelas decisões da União. Para evitar que abusos e desvios dessa ordem ocorram, o legislador adequadamente estipulou parâmetros materiais (de conteúdo), finalísticos (de objetivo) e formais (de tempo e procedimento) que deverão ser observados quotidianamente pela ANA sob monitoramento da sociedade, dos órgãos de controle e, principalmente, dos demais reguladores.

---

3. Informações disponíveis na página eletrônica da ANA em: [https://www.ana.gov.br/noticias/diretoria-da-ana-esclarece-detalhes-da-consulta-publica-sobre-agenda-regulatoria-para-saneamento]. Acesso em: 15.09.2020.

2
A REGULAÇÃO INFRANACIONAL E O NOVO MARCO REGULATÓRIO

Carlos Roberto de Oliveira

Doutor e Mestre pela Faculdade de Direito da Universidade de São Paulo – USP. Pesquisador do Grupo de Estudos de Direito Contemporâneo do Trabalho e da Seguridade Social da Universidade de São Paulo – GETRAB-USP. Secretário-Executivo da Câmara Técnica de Assuntos Jurídicos, Institucionais, Governança e Controle Social da Associação Brasileira de Agências de Regulação – CTJI-GCS ABAR. Diretor da Agência Reguladora de Saneamento ARES-PCJ (SP).

Sumário: 1. Introdução. 2. Novo marco regulatório do saneamento e as inovações para a regulação. 3. Universalização da regulação. 4. Agência Nacional de Águas e Saneamento Básico – ANA e as normas de referência: o necessário caminho do diálogo. 5. Desafios das normas de referência: participação social, ritmo e aprofundamento. 6. O que muda para os reguladores infranacionais com as novas competências delegadas à ANA. 7. Considerações finais. 8. Referências.

1. INTRODUÇÃO

O denominado "novo marco regulatório do saneamento básico" introduz novo panorama normativo para o saneamento no Brasil, com significativas alterações na lei que estabeleceu as Diretrizes Nacionais para o Saneamento Básico – Lei federal 11.445/2007.

A pauta foi gestada diante de intensos debates nos últimos anos, tanto é que sua ideia conceitual fracassou em duas outras oportunidades: nas Medidas Provisórias 844, de 06 de julho de 2018 e 868, de 27 de dezembro de 2018, que perderam vigência por falta de consenso.

Após muitas negociações, o texto do Projeto de Lei 4.162/2019 foi aprovado, com a decorrente sanção, numerado como Lei federal 14.026/2020.

As inovações trazidas com a citada lei podem ser divididas em três grandes blocos de conteúdo normativo, entendidos como: i) Novas atribuições relativas a recursos hídricos para a Agência Nacional de Águas (que passa a ser nominada como Agência Nacional de Águas e Saneamento Básico); ii) Delegação de competências para edição de normas de referência relativas à regulação do saneamento básico à Agência Nacional de Águas e Saneamento Básico; e iii) Regramentos referentes à contratualização da prestação de serviços de saneamento básico.

Como pode se ver, a lei se arvora sobre amplíssimo conteúdo e ataca vários temas, razão pela qual remeteu o detalhamento de parte de seu conteúdo para três Decretos: i) Que cria o Comitê Interministerial de Saneamento Básico, colegiado instituído pelo art. 53-A da Lei 11.445/2007 (já regulamentado pelo Decreto federal 10.430, de 20 de julho de 2020); ii) Que define a metodologia para comprovação da capacidade econômico-financeira da empresa contratada para prestação de serviços de saneamento, no prazo de 90 (noventa) dias, conforme art. 10-B, Parágrafo Único; e iii) Que estabelece, de forma subsidiária aos Estados, blocos de referência para a prestação regionalizada dos serviços públicos de saneamento básico, caso as unidades regionais de saneamento básico não sejam estabelecidas pelo Estado no prazo de 1 (um) ano da publicação desta Lei (art. 15).

No tocante à função regulatória e ao relacionamento com as agências reguladoras infranacionais de saneamento básico[1], vários são os impactos, notadamente diante da edição de normas de referência que, em sua essência, passam a mitigar o amplo poder normativo que era conferido às agências reguladoras pelo art. 23 da Lei federal 11.445/2007.

O presente artigo pretende aprofundar o debate nesse ponto específico, que foi bastante envolto em polêmicas durante a tramitação do Projeto de Lei e ainda gera incertezas e dúvidas.

O fundamento defendido na norma é a uniformização de regras no âmbito nacional, o que traria – no entender do Governo Federal – maior previsibilidade, segurança jurídica e estabilidade regulatória para a contratualização no setor de saneamento básico do Brasil.

2. NOVO MARCO REGULATÓRIO DO SANEAMENTO E AS INOVAÇÕES PARA A REGULAÇÃO

Diante de todos os argumentos lançados nos debates que antecederam a aprovação do Projeto de Lei, pareceu-nos que a ideia de uniformização e padronização de regras por normas de referência não é ruim. A forma de atuação dos reguladores – até então delineada pela lei – trazia assimetrias de atuações e desnivelamento de entendimentos, o que sempre deu margem à alegação de desincentivo aos novos negócios, já que práticas setoriais idênticas podiam ter regras diversas por força da liberdade de normatização do regulador local.

Inobstante essa verídica constatação, percebemos um equivocado discurso que credita à regulação grande parte dos problemas setoriais, ocultando que a verdadeira falha reside na ausência de contratos, falta de metas e recursos financeiros para a universalização e incentivos para uma regulação forte.

---

1. A nomenclatura infranacional tem sido adotada para designar as agências reguladoras que não foram criadas pela União. São as agências reguladoras de saneamento básico, que podem ser constituídas no âmbito do município (agências municipais), por união de municípios formando consórcios públicos (agências intermunicipais) ou no âmbito do Estado da Federação (agências estaduais). Essa particularidade na modelagem da agência decorre da titularidade municipal dos serviços públicos de saneamento básico e teve tratamento disciplinado pelo art. 31 do Decreto federal 7.217/2010. A tese da titularidade municipal dos serviços de saneamento básico resulta de interpretação do art. 30, inc. V, da Constituição Federal, segundo o qual: "Compete aos Municípios: [...] V – organizar e prestar, diretamente ou sob regime de concessão ou permissão, os serviços públicos de interesse local, incluído o de transporte coletivo, que tem caráter essencial; [...]".

Os ataques à regulação setorial são infundados. As agências infranacionais foram criadas com o intuito de profissionalizar o setor[2] e definidas como componentes da política pública somente no ano de 2007, com a Lei federal 11.445.

Muitas dúvidas afloraram com a edição da Lei e vários entes reguladores somente foram criados ou passaram a atuar com maior envergadura a partir de 2010, com o Decreto federal 7.217, que regulamentou a Política Nacional de Saneamento Básico.

Ora, como se vê, a lei setorial tem pouco mais de 10 anos, a sua regulamentação só foi implantada na última década; todos sabemos das dificuldades e obstáculos para implantação de uma política pública em âmbito nacional – tanto pelas diferenças sociais e econômicas, quanto pelos desafios próprios de estruturação administrativa da Administração Pública – e aponta-se tal segmento como o responsável pelos atrasos de décadas na melhoria do padrão de serviços públicos de saneamento do país, o que precisa ser desconstruído.

3. UNIVERSALIZAÇÃO DA REGULAÇÃO

Os recentes debates envolvendo o novo marco regulatório para o saneamento básico sempre destacaram a necessidade e relevância de padronização das práticas normativas dos entes reguladores infranacionais, encarregando a Agência Nacional de Águas e Saneamento Básico – ANA dos esforços para a unidade normativa nacional.

Entretanto, tema de pouca visibilidade e absolutamente negligenciado nos debates dos últimos anos foi a baixa adesão brasileira à regulação do saneamento básico.

Estatística pouco explorada e com relativa falta de precisão numérica, aponta que aproximadamente 1.900 municípios brasileiros ainda não contam com uma agência reguladora para fiscalizar e normatizar a prestação de serviços públicos de saneamento básico (água, esgoto, resíduos sólidos e drenagem urbana[3]), mesmo passados mais de dez anos da sanção da Política Nacional de Saneamento Básico.

---

2. Destaca Floriano Azevedo Marque Neto: "Dentre todos os setores de infraestrutura que envolvam indústrias de rede e serviços de universalização obrigatória, o saneamento é um dos mais complexos do ponto de vista regulatório. É que nele vemos características típicas de uma atividade passível de exploração econômica (como é o tratamento de efluentes industriais), um núcleo caracterizador de um serviço público, e, ainda, uma infinidade de interfaces com políticas públicas específicas (saúde, ambiental, recursos hídricos, urbanismo). Tudo isso sem falar na interminável disputa em torno da titularidade do serviço". Cf. MARQUES NETO, Floriano Azevedo. A regulação no setor de saneamento. In: CORDEIRO, Berenice de Souza (Coord.). *Lei Nacional de Saneamento Básico*: perspectivas para as políticas e gestão dos serviços públicos. Brasília: Editora, 2009. v. 1, p. 175.
3. Estabelece a Lei federal 11.445/2007:
   Art. 3º. Para fins do disposto nesta Lei, considera-se:
   I – saneamento básico: conjunto de serviços públicos, infraestruturas e instalações operacionais de:
   a) abastecimento de água potável: constituído pelas atividades e pela disponibilização e manutenção de infraestruturas e instalações operacionais necessárias ao abastecimento público de água potável, desde a captação até as ligações prediais e seus instrumentos de medição;
   b) esgotamento sanitário: constituído pelas atividades e pela disponibilização e manutenção de infraestruturas e instalações operacionais necessárias à coleta, ao transporte, ao tratamento e à disposição final adequados dos esgotos sanitários, desde as ligações prediais até sua destinação final para produção de água de reúso ou seu lançamento de forma adequada no meio ambiente;
   c) limpeza urbana e manejo de resíduos sólidos: constituídos pelas atividades e pela disponibilização e manutenção de infraestruturas e instalações operacionais de coleta, varrição manual e mecanizada, asseio e conservação urbana,

A falta de adesão à regulação não está ligada à desestruturação, tampouco à falta de recursos financeiros do Estado ou dos Municípios, pois temos casos emblemáticos, como ocorre com o Estado de São Paulo, que soma mais de 250 cidades que não têm regulação do saneamento, ou seja, quase 40% do Estado mais desenvolvido da nação sem entidade técnica de regulação.

Ademais, a questão da baixa adesão à indicação da regulação não está ligada somente ao descumprimento de uma norma, e sempre existiu uma dúvida jurídica – a nosso ver infundada e de fácil superação –, que questionava a necessidade de regulador para os casos de prestação dos serviços de forma direta (por Secretaria ou Departamento) ou por ente da Administração Indireta do próprio Poder Público (através de autarquia).

Por essa lógica, muitos eram os defensores de que o conceito de regulação somente caberia diante de uma delegação de uma atividade estatal, através de contrato, para uma empresa privada (concessionária). Nessa lógica, o Poder Público (Concedente) transfere e delega ao privado a prestação dos serviços públicos por determinado período (mediante contrato de concessão) e reserva para si a fiscalização da qualidade, das metas e requisitos financeiros, o que se faz por entidade reguladora, dotada de independência decisória e autonomia[4].

Respeitadas as posições defendidas, a tese sempre nos pareceu equivocada, pois dá à Política Nacional de Saneamento Básico a conotação de implementação de regras para a fiscalização tão somente de contratos, desprezando que o verdadeiro objetivo da Lei é instituir uma política pública para o saneamento básico[5], com fiscalização dos serviços, metas a serem observadas e clara política tarifária, pensada para acesso aos mais pobres, porém com evidente eixo de sustentabilidade para os investimentos necessários à universalização e melhoria dos sistemas existentes[6].

Pensar a regulação não apenas para contrato, mas também para a prestação dos serviços públicos de saneamento básico – independentemente da modelagem jurídica adotada para a prestação dos serviços, se pública ou privada – pressupõe reconhecer uma unidade de atuação para todos os brasileiros, garantindo que os serviços sejam regulados e fiscalizados, com tarifas técnicas, e não decisões políticas e eleitoreiras, o que tanto se almeja.

---

transporte, transbordo, tratamento e destinação final ambientalmente adequada dos resíduos sólidos domiciliares e dos resíduos de limpeza urbana; e

d) drenagem e manejo das águas pluviais urbanas: constituídos pelas atividades, pela infraestrutura e pelas instalações operacionais de drenagem de águas pluviais, transporte, detenção ou retenção para o amortecimento de vazões de cheias, tratamento e disposição final das águas pluviais drenadas, contempladas a limpeza e a fiscalização preventiva das redes.

4. Cf. art. 21, da Lei federal 11.445/2007.
5. Tais dificuldades são realçadas por Carlos Ari Sundfeld: "Em outra oportunidade, deixei registrada a complexidade da regulação do setor apontando para três aspectos: "(a) as enormes externalidades (positivas e negativas) dos serviços de saneamento ambiental, que tornam dificultoso seu tratamento como atividade meramente econômica; (b) o fato de estarem envolvidas atividades indivisíveis, dificultando a delegação da prestação diretamente ao usuário final; e (c) as peculiaridades na definição do ente público titular do serviço". Cf. As parcerias público-privadas no saneamento ambiental, In: SUNDFELD, Carlos Ari (Coord.). *Parcerias Público-Privadas*. São Paulo: Malheiros, 2005, p. 311.
6. Na avaliação de Verônica Cruz: "A instauração de aparato regulatório capaz de prevalecer sobre os vícios detectados anteriormente na administração pública ganhou corpo e assim as agências se multiplicaram e, atualmente no Brasil, controlam os mais distintos setores, de audiovisual a vigilância sanitária, passando por telecomunicações, saúde, energia e transportes". Cf. CRUZ, Verônica. Estado e regulação: fundamentos teóricos. In: RAMALHO, PEDRO IVO SEBBA (Org.) *Regulação e agências reguladoras*: governança e análise de impacto regulatório, Brasília: Anvisa, 2009. p. 56.

Nesse sentido, a expressão que cunhamos e tanto defendemos nos últimos anos, a chamada "universalização da regulação", foi atendida pelo novo marco regulatório e inserida com a Lei federal 14.026/2020, através do § 5º do art. 8º:

> Art. 8º [...]
>
> § 5º O titular dos serviços públicos de saneamento básico deverá definir a entidade responsável pela regulação e fiscalização desses serviços, independentemente da modalidade de sua prestação. (Incluído pela Lei 14.026, de 2020).

Nesse sentido, com vistas ao aprimoramento da política pública de regulação dos serviços de saneamento básico, passa a ser obrigação de todo município brasileiro escolher[7] o ente regulador para os seus serviços públicos de água, esgoto, resíduos sólidos e drenagem urbana, independentemente da modelagem da prestação dos serviços – se gerenciados pelo público ou pelo privado. Nesse sentido, adverte Floriano Azevedo Marques Neto[8]:

> Importante lembrar que a Lei abre várias alternativas de configuração do ente que exercerá a regulação. A mais importante, pelo seu caráter inovador, talvez seja a delegação das competências regulatórias pelo titular do serviço para um ente de administração indireta de outra esfera da federação. É o que vem previsto no § 1º do art. 23. Por este dispositivo, alguns requisitos devem ser observados. O primeiro requisito é que a entidade reguladora delegatária pertença à administração indireta de um ente situado dentro dos limites territoriais do estado. Isso significa que, sendo os serviços de saneamento municipais, o poder local poderá delegar a regulação para um ente de outro município do mesmo estado, para um consórcio de municípios situados nos lindes estaduais ou para ente regulador do respectivo estado. Remanesceria a dúvida quanto a saber se poderia haver delegação da regulação de um município para um ente da administração federal. Na minha opinião, isto não se põe conveniente ou legalmente possível. É inconveniente porque a regulação do saneamento pressupõe proximidade com as circunstâncias locais (urbanísticas, ambientais, sociais) que são incompatíveis com um ente de abrangência mais ampla. É legalmente inviável, pois, do ponto de vista legal, interpreto o art. 23, § 1º ("entidade reguladora constituída dentro dos limites do respectivo Estado") de forma a excluir os entes da administração federal, pois ela é constituída com limites obviamente mais amplos do que os estaduais.

Concluímos, nesse ponto, que o texto da Lei foi bastante assertivo e trouxe regra com a finalidade de obrigar e padronizar a regulação dos serviços públicos de saneamento básico no Brasil, situação absolutamente necessária diante das conhecidas dificuldades de profissionalização no saneamento.

4. AGÊNCIA NACIONAL DE ÁGUAS E SANEAMENTO BÁSICO – ANA E AS NORMAS DE REFERÊNCIA: O NECESSÁRIO CAMINHO DO DIÁLOGO

A edição de normas de referência para traçar diretrizes regulatórias para as agências infranacionais não é tema novo. A pauta foi abordada inicialmente no Programa Inte-

---

7. Nos termos do art. 31 do Decreto federal 7.217/2010, foi definido: "As atividades administrativas de regulação, inclusive organização, e de fiscalização dos serviços de saneamento básico poderão ser executadas pelo titular: I – diretamente, mediante órgão ou entidade de sua administração direta ou indireta, inclusive consórcio público do qual participe; ou, II – mediante delegação, por meio de convênio de cooperação, a órgão ou entidade de outro ente da Federação ou a consórcio público do qual não participe, instituído para gestão associada de serviços públicos".
8. Op. cit., p. 179-180.

ráguas[9], com a proposta de instituir a supervisão regulatória para o saneamento básico, atribuindo a um colegiado a tarefa de editar normas de referência não obrigatórias.

Com a sanção da Lei federal 14.026/2020, a proposta foi modificada em dois aspectos: i) atribuição desta competência à ANA; e ii) previsão de que a não adoção das normas de referência impeça o acesso a recursos orçamentários da União ou a financiamento com entidades federais.

Dentro dessa nova configuração conceitual, vários desafios se impõem à Agência Nacional de Águas e Saneamento Básico para o exercício das novas competências a ela delegadas. Serão inúmeras incursões em temas que o regulador nacional não dispõe de expertise.

Por mais que se tenha argumentado que a gestão de recursos hídricos e a vivência com as pesquisas nacionais sobre água tenha correlação com as atividades do saneamento, sabemos que a prestação dos serviços incorpora componentes mais complexos do que os vistos anteriormente, como regras para contratualização, valores para a tarifa adequada e módica, além de governança regulatória.

Parece-nos que o único caminho possível de ser trilhado seja o diálogo interinstitucional, ouvindo as agências infranacionais e com edição de normas de referência pautadas na observação de soluções e arranjos exitosos experimentados pelos reguladores de todo o território nacional.

Outra questão a ser posta envolve as conhecidas limitações de orçamento, estrutura e de pessoal que serão enfrentadas pela ANA, uma vez que a delegação de complexa tarefa ocorreu sem que houvesse a preocupação de dotar o regulador nacional de aparatos para socorrer as suas necessidades de estruturação.

A severa crise fiscal que se avizinha diante dos reflexos da pandemia de Covid-19, além das impactantes limitações impostas pela Lei Complementar 173/2020 – que congela gastos e impede a realização de novos concursos – são realidades que desafiarão a capacidade de organização e rearranjo da ANA.

A urgência demandada pela pauta da universalização, com o horizonte de 2033[10] definido no Plano Nacional de Saneamento Básico – PLANSAB[11] e reafirmado no novo marco regulatório, certamente corrobora a ideia de buscar normas de referência na observação das boas práticas existentes. O cenário adverso não colabora para uma incursão em grandes estudos sem uma ampla estruturação da ANA.

---

9. O Programa de Desenvolvimento do Setor Água – Interáguas, em seu módulo "saneamento", teve coordenação de Wladimir António Ribeiro. Disponível em: [http://www.cidades.gov.br/saneamento/projetointeraguas/regulacao/serie-apoio-e-acompanhamentoda-regulacao]. Acesso em: 20.08.2020.
10. Art. 11-B. Os contratos de prestação dos serviços públicos de saneamento básico deverão definir metas de universalização que garantam o atendimento de 99% (noventa e nove por cento) da população com água potável e de 90% (noventa por cento) da população com coleta e tratamento de esgotos até 31 de dezembro de 2033, assim como metas quantitativas de não intermitência do abastecimento, de redução de perdas e de melhoria dos processos de tratamento. [...]
11. O PLANSAB foi aprovado pelo Decreto 8.141/2013 e pela Portaria 171/2014. Sua elaboração foi prevista na Lei 11.445/2007 e elaborado pelo Governo Federal em amplo processo participativo, coordenado pelo extinto Ministério das Cidades e por um Grupo de Trabalho Interinstitucional (GTI) instituído pela Presidência da República, apreciado e aprovado por meio de resoluções, moções e recomendações dos seguintes conselhos: Conselho Nacional da Saúde (CNS); Conselho Nacional de Recursos Hídricos (CNRH); Conselho Nacional do Meio Ambiente (CONAMA); Conselho das Cidades (CONCIDADES).

Outro ponto importante para reafirmar o necessário diálogo com os reguladores infranacionais é a delimitação na lei acerca dos pontos que são passíveis de abordagem por normas de referência[12], dispostos em rol taxativo. Conhecidos os limites de atuação, é prudente e absolutamente interessante ouvir os atores setoriais que conhecem o senso de urgência e as maiores fragilidades da prestação dos serviços nas localidades em que atuam.

A necessidade de diálogo e construção conjunta se reforçam pelo próprio conceito de norma de referência, que serve como diretriz, norte aos entes reguladores, o que pressupõe – até mesmo pela titularidade local dos serviços –, que não haverá regulação nacional por parte da ANA, mas tão somente referências normativas voluntárias que podem – ou não[13] – serem seguidas pelos reguladores[14].

Desconsiderada a opção pelo descumprimento voluntário, que é viável, porém não é desejável, a norma de referência deve ser pautada no regramento das inseguranças jurídicas e técnicas hoje encontradas no âmbito local, que são dissonantes em razão das particularidades regionais e econômicas.

Surge o desafio da referência nacional: que não seja tão rígida, a ponto de lançar regulador e prestador na ilegalidade, e nem tão amena – o que colocaria alguns atores do setor em situação cômoda de não se verem desafiados a otimizar o seu trabalho.

Cabe ao emitente da norma de referência, portanto, a precaução de ouvir o regulador local, ponderar suas normas com estudos prévios de impacto regulatório[15] (nos termos

---

12. Art. 4º-A. [...]; § 1º Caberá à ANA estabelecer normas de referência sobre: I – padrões de qualidade e eficiência na prestação, na manutenção e na operação dos sistemas de saneamento básico; II – regulação tarifária dos serviços públicos de saneamento básico, com vistas a promover a prestação adequada, o uso racional de recursos naturais, o equilíbrio econômico-financeiro e a universalização do acesso ao saneamento básico; III – padronização dos instrumentos negociais de prestação de serviços públicos de saneamento básico firmados entre o titular do serviço público e o delegatário, os quais contemplarão metas de qualidade, eficiência e ampliação da cobertura dos serviços, bem como especificação da matriz de riscos e dos mecanismos de manutenção do equilíbrio econômico-financeiro das atividades; IV – metas de universalização dos serviços públicos de saneamento básico para concessões que considerem, entre outras condições, o nível de cobertura de serviço existente, a viabilidade econômico-financeira da expansão da prestação do serviço e o número de Municípios atendidos; V – critérios para a contabilidade regulatória; VI – redução progressiva e controle da perda de água; VII – metodologia de cálculo de indenizações devidas em razão dos investimentos realizados e ainda não amortizados ou depreciados; VIII – governança das entidades reguladoras, conforme princípios estabelecidos no art. 21 da Lei 11.445, de 5 de janeiro de 2007; IX – reúso dos efluentes sanitários tratados, em conformidade com as normas ambientais e de saúde pública; X – parâmetros para determinação de caducidade na prestação dos serviços públicos de saneamento básico; XI – normas e metas de substituição do sistema unitário pelo sistema separador absoluto de tratamento de efluentes; XII – sistema de avaliação do cumprimento de metas de ampliação e universalização da cobertura dos serviços públicos de saneamento básico; XIII – conteúdo mínimo para a prestação universalizada e para a sustentabilidade econômico-financeira dos serviços públicos de saneamento básico.
13. Aqui há de destacar a preocupação com a observância das normas de referência, pois o ato de não acatar traz implicações para os prestadores de serviços. Vejamos: "Art. 4º-B. A ANA manterá atualizada e disponível, em seu sítio eletrônico, a relação das entidades reguladoras e fiscalizadoras que adotam as normas de referência nacionais para a regulação dos serviços públicos de saneamento básico, *com vistas a viabilizar o acesso aos recursos públicos federais ou a contratação de financiamentos com recursos da União ou com recursos geridos ou operados por órgãos ou entidades da administração pública federal*, nos termos do art. 50 da Lei 11.445, de 5 de janeiro de 2007. (grifou-se)
14. Com esta previsão, a adesão deixa de ser voluntária, e passa a ser forçada por razões econômicas. Há que se perguntar se este uso intenso do *spending power* não afronta a autonomia municipal dos serviços, criando claro e inadmissível obstáculo para a busca da universalização fora dos padrões sugeridos pela União.
15. Análise de Impacto Regulatório é um dos instrumentos disponíveis para melhorar a qualidade da regulação. Consiste na análise e avaliação dos possíveis benefícios, custos e impactos de regulamentações novas ou já existentes. Em termos práticos, AIR começa com a identificação e análise do problema e dos objetivos que buscam se alcançar por meio de determinada política regulatória e continua com a avaliação dos custos e benefícios dos possíveis

do Decreto federal 10.411/2020) e pautar o processo de normatização pela simplificação dos instrumentos, até mesmo para atender aos novos comandos da Lei de Liberdade Econômica, que pretende afastar a excessiva burocratização dos contratos e da norma regulatória[16]. Nesse sentido, anota Maria Luiza Machado Granziera[17]:

> É fundamental entendermos que cabe ao ente regulador exercer um papel de articulador institucional entre os atores envolvidos no saneamento, com vistas a garantir a eficiência do serviço e os impactos na qualidade ambiental e de saúde das populações, garantindo, assim, a efetividade das políticas públicas.

A Agência Nacional de Águas e Saneamento Básico deverá, ainda, pavimentar caminho para diálogo com a sociedade, já que os destinatários imediatos das normas são os entes reguladores e os prestadores (que nelas emprestarão segurança jurídica para as novas contratações). Não obstante, ainda temos os destinatários mediatos das normativas de referência, que são os usuários dos serviços públicos, já que se espera, com essa nova lógica de normatização, um aprimoramento institucional dos serviços com vistas à universalização e acesso de todos os brasileiros ao serviço de saneamento básico adequado e com tarifas módicas.

Por fim, a construção de um conjunto exequível de normas de referência e o alcance de melhores práticas de governança regulatória passam, necessariamente, pelo amplo processo de capacitação dos reguladores infranacionais (art. 4º-A, § 11, da Lei 14.026/2020), atuação já exercida com maestria pela ANA em temas relacionados aos recursos hídricos.

5. DESAFIOS DAS NORMAS DE REFERÊNCIA: PARTICIPAÇÃO SOCIAL, RITMO E APROFUNDAMENTO

Diretrizes referenciais editadas por uma agência nacional (ANA), que vinculem outros entes dotados de autonomia e independência (agências infranacionais), represen-

---

processos para a sua implementação, optando para a alternativa que oferece o maior benefício público. AIR apoia o ciclo de políticas públicas, trazendo informações, dados empíricos relevantes e construindo bases racionais para a tomada de decisão (OECD, 2008, p. 11).

16. Nesse sentido, a Lei de Liberdade Econômica (Lei federal 13.874/2019), ao evidenciar hipóteses de abuso do poder regulatório: "Art. 4º. É dever da administração pública e das demais entidades que se vinculam a esta Lei, no exercício de regulamentação de norma pública pertencente à legislação sobre a qual esta Lei versa, exceto se em estrito cumprimento a previsão explícita em lei, evitar o abuso do poder regulatório de maneira a, indevidamente: I – criar reserva de mercado ao favorecer, na regulação, grupo econômico, ou profissional, em prejuízo dos demais concorrentes; II – redigir enunciados que impeçam a entrada de novos competidores nacionais ou estrangeiros no mercado; III – exigir especificação técnica que não seja necessária para atingir o fim desejado; IV – redigir enunciados que impeçam ou retardem a inovação e a adoção de novas tecnologias, processos ou modelos de negócios, ressalvadas as situações consideradas em regulamento como de alto risco; V – aumentar os custos de transação sem demonstração de benefícios; VI – criar demanda artificial ou compulsória de produto, serviço ou atividade profissional, inclusive de uso de cartórios, registros ou cadastros; VII – introduzir limites à livre formação de sociedades empresariais ou de atividades econômicas; VIII – restringir o uso e o exercício da publicidade e propaganda sobre um setor econômico, ressalvadas as hipóteses expressamente vedadas em lei federal; e IX – exigir, sob o pretexto de inscrição tributária, requerimentos de outra natureza de maneira a mitigar os efeitos do inciso I do caput do art. 3º desta Lei.
17. GRANZIERA, Maria Luiza Machado. Governança e efetividade na regulação do saneamento. In: *Regulação do saneamento básico*: 5 anos de experiência da ARES-PCJ. OLIVEIRA, Carlos Roberto de; BROCHI, Dalto Favero; GRAVINA, Carlos Roberto (Org.). São Paulo: Editora Essential Idea, 2016, p. 79.

tam inovações no cenário jurídico brasileiro sem precedentes em matéria regulatória, e trazem nova modelagem para o próprio conceito de regulação, que pressupõe liberdade para normatizar e regulamentar o setor.

Vários são os desafios a serem enfrentados nessa nova empreitada, sendo o primeiro deles a formatação de procedimentos de participação social na construção das normas.

Nesse caso, não estamos falando em norma de referência propriamente dita, mas de mecanismos que garantam efetivo canal aos reguladores infranacionais e sociedade civil para opinarem na produção das normas, pois, como destacado, a norma de referência não tem como destinatário apenas o ente regulador; em última análise, estamos diante de um normativo com reflexos em políticas públicas de saneamento básico.

Nesse ponto, não traz clareza a redação do art. 4º-A, em seu §4º, quando trata da sistemática da criação da norma de referência, evidenciando a avaliação de melhores práticas, obrigando a realização de consultas e audiências públicas, mas limitando o diálogo para a construção das normas com os atores setoriais (inc. III); vejamos:

> § 4º No processo de instituição das normas de referência, a ANA:
>
> I – avaliará as melhores práticas regulatórias do setor, ouvidas as entidades encarregadas da regulação e da fiscalização e as entidades representativas dos Municípios;
>
> II – realizará consultas e audiências públicas, de forma a garantir a transparência e a publicidade dos atos, bem como a possibilitar a análise de impacto regulatório das normas propostas; e
>
> III – poderá constituir grupos ou comissões de trabalho com a participação das entidades reguladoras e fiscalizadoras e das entidades representativas dos Municípios para auxiliar na elaboração das referidas normas.

A redação apresentando a possibilidade facultativa de formação de grupos ou de comissões composta por reguladores e entidades da sociedade tem causado desconfortos, pois não coaduna com os padrões de transparência e de controle social esperados pela sociedade.

O que tem sido cobrado da Agência Nacional de Águas e Saneamento Básico – e deve ser regulamentado por Resolução –, é o detalhamento da metodologia para a criação de todas as normas de referência.

O texto da Lei delineia cenário indesejado e de incerteza, pois o comando "poderá" traz carga de conveniência que reputamos inadequada, já que abre caminho para a escolha dos temas que contarão com debates mais amplos através de grupos ou comissões, em detrimento de pontos específicos que não se apresentem interessantes para contribuições.

Esperamos, nessa fase de consolidação de entendimentos sobre o comando legal, que haja, por parte da ANA, firme compromisso em atender aos preceitos adequados para as normas de referência: i) avaliar as melhores práticas regulatórias do setor, levando em conta as peculiaridades regionais, o estágio de implantação e as especificidades econômicas dos diversos reguladores infranacionais[18]; ii) formação de grupos de trabalho com a participação das entidades reguladoras e entidades representativas dos municípios

---

18. Cf. Art. 4º-A [...] § 10. Caberá à ANA elaborar estudos técnicos para o desenvolvimento das melhores práticas regulatórias para os serviços públicos de saneamento básico, bem como guias e manuais para subsidiar o desenvolvimento das referidas práticas.

para auxiliar na elaboração das referidas normas; iii) estudo de impacto regulatório das propostas de normas de referência, conforme a redação trazida pelo art. 4º-A, § 6º, da Lei federal 14.026/2020[19]; e iv) realização de consultas e audiências públicas, com vistas a garantir a transparência e a publicidade dos normativos.

Outra preocupação reside no ritmo de produção das normas de referência por parte da Agência Nacional de Águas e Saneamento Básico.

É sabido que o número de normas possíveis de serem editadas é bastante grande e a progressividade[20] favorece não só a adaptação dos reguladores infranacionais, mas também a ANA, que passará por grandes transformações e deve se preparar para as adaptações necessárias ao atendimento desse novo comando normativo.

Por mais que a adesão às normas de referência seja voluntária, caso haja a opção pelo não atendimento, existem implicações financeiras para os prestadores de serviços públicos regulados no ato de contraírem empréstimos ou buscarem apoio financeiro junto ao Governo Federal (art. 13 da Lei federal 14.026/2020).

Nesse sentido, para que que haja cronograma passível de cumprimento, as normas devem ser editadas em ritmo compatível com a capacidade de absorção e de adaptação, sob pena de lançar no limbo de ilegalidade grande número de reguladores e afetar contratos vigentes e vindouros, dado que a regulação é condição de validade dos contratos (art. 11 da Lei federal 11.445/2007).

Existem agências reguladoras infranacionais que, assim como a ANA, apresentam fatores limitantes para uma eventual aplicação imediata das normas de referência, os quais, geralmente, estão fora da governabilidade dos reguladores. Fatores exógenos, como alterações legislativas, não coincidência de mandatos de dirigentes, realização de concursos públicos e descontingenciamento de recursos são entraves externos que dependem de ações que estão fora do domínio do regulador, razão pela qual tais pontos devem ser ponderados.

Vamos a uma hipótese prática que envolva uma agência reguladora instituída no âmbito de um Estado da Federação. As normas de referência são diretrizes para o ente estatal; uma diretriz que trate sobre governança, por exemplo, pode requerer mudança na estrutura da agência, o que pede intervenção através de Lei estadual. Tal alteração foge ao domínio do regulador e deverá ser pleiteada junto ao Chefe do Poder Executivo para apreciação e aprovação do Poder Legislativo.

Como se vê, estamos diante de um conjunto complexo de providências que requer o envolvimento de elevado número de atores sociais. Isto impede o imediato cumprimento da norma sem que se atenda a outros parâmetros legais próprios do ambiente democrático – no caso, o processo legislativo ordinário –, para alterar a estrutura de governança do regulador.

---

19. Cf. Art. 4º-A [...] § 6º. A ANA avaliará o impacto regulatório e o cumprimento das normas de referência de que trata o § 1º deste artigo pelos órgãos e pelas entidades responsáveis pela regulação e pela fiscalização dos serviços.
20. Cf. Art. 4º-A [...] § 2º. As normas de referência para a regulação dos serviços públicos de saneamento básico contemplarão os princípios estabelecidos no inciso I do caput do art. 2º da Lei 11.445, de 5 de janeiro de 2007, e serão instituídas pela ANA de forma progressiva.

O processo legislativo, em sua essência, com prazos e regras próprias, acompanhado das tratativas institucionais para a aprovação de tais alterações, são lógicas legítimas que devem ser consideradas nas normas de referência.

Outro ponto extremamente caro para a estabilidade da regulação infranacional é o claro delineamento do nível de aprofundamento das normas e referência.

Como já apontado, a norma de referência não retira e tampouco deslegitima o poder normativo das agências reguladoras infranacionais – somente traz balizas para moldar critérios de padronização nacional. Nesse sentido, o texto alterado da Lei federal 11.445/2007:

> Art. 23. A entidade reguladora, *observadas as diretrizes determinadas pela ANA, editará normas relativas às dimensões técnica, econômica e social de prestação dos serviços públicos de saneamento básico*, que abrangerão, pelo menos, os seguintes aspectos: (Redação pela Lei 14.026, de 2020) [...] (grifou-se).

Desta forma, continua sob competência do regulador infranacional a normatização local de temas próprios da regulação do saneamento básico, tais como padrões e indicadores de qualidade da prestação dos serviços, requisitos operacionais e de manutenção dos sistemas, metas progressivas de expansão e de qualidade dos serviços e os respectivos prazos, regime, estrutura e níveis tarifários, bem como os procedimentos e prazos de sua fixação, reajuste e revisão, medição, faturamento e cobrança de serviços, monitoramento dos custos, avaliação da eficiência e eficácia dos serviços prestados, plano de contas e mecanismos de informação, auditoria e certificação, subsídios tarifários e não tarifários, padrões de atendimento ao público e mecanismos de participação e informação, medidas de segurança, de contingência e de emergência, inclusive quanto a racionamento, procedimentos de fiscalização e de aplicação de sanções previstas nos instrumentos contratuais e na legislação do titular e diretrizes para a redução progressiva e controle das perdas de água[21].

A preocupação que se instala diz respeito ao nível de aprofundamento a ser adotado, para que não se invada a competência legal e se preserve a independência decisória dos entes reguladores infranacionais (cf. art. 21, da Lei 11.445/2007).

A linha que separa a norma de referência – enquanto diretriz – e o poder normativo conferido ao regulador infranacional, por conta da titularidade municipal dos serviços (com a nova redação dada ao art. 8º da Lei federal 11.445/2007), é tênue e deve prestigiar o nível de tecnicidade e as características locais e regionais.

Uma vez que essa definição não veio com a Lei, caberá à ANA definir tais padrões, sob pena de arvorar sobre seara alheia à sua competência e dar margem a discussões judiciais sobre competência normativo-regulatória. Uma proposta seria dividir o padrão de normatividade em 3 níveis[22], assim definidos:

> i) *Normatização afirmativa*. A Agência Nacional de Águas e Saneamento Básico estabelece taxativamente a regulamentação de referência para os reguladores infranacionais. Este nível justifica-se em função de legislações setoriais e/ou correlatas ao setor, de práticas já consolidadas e eficientes, de

---

21. Cf. art. 23 da Lei federal 11.445/2007.
22. Essa terminologia é defendida pelo professor português Rui Cunha Marques, em trabalho de consultoria para apoio às normas de referência, desenvolvido a pedido da Associação Brasileira de Agências de Regulação – ABAR.

conceitos tecnicamente estabelecidos, de relevante interesse para os usuários e prestadores dos serviços que, de maneira geral, já estão aderentes a grande maioria das normas regulatórias infranacionais de abastecimento de água e de esgotamento sanitário editadas no país. Tal nível trará uniformidade à regulamentação setorial, sem prejuízos às particularidades regionais e locais.

ii) *Normatização complementar*. A agência ANA estabelece de forma genérica a regulamentação, devendo as agências reguladoras infranacionais complementarem a norma de acordo com estas regrais gerais definidas. Tal nível justifica-se em função da impossibilidade de se estabelecer uma norma geral para o país considerando as diversidades regionais, bem como a necessidade de se estabelecer parâmetros locais, respeitadas as condições de eficiência na prestação dos serviços. Esta também pode ser uma situação bastante aplicável a situações que envolvam definição de prazos para a execução dos serviços, podendo a ANA fixar faixas de valores ou mesmo valores máximos, ficando o regulador infranacional responsável por determinar o prazo para a execução do serviço.

iii) *Normatização específica*. Cabe ao regulador infranacional normatizar as questões particulares de âmbito local, eventualmente estabelecidas em legislação do estado ou município, desde que apresente razoabilidade técnica e econômico-financeira e não extrapole a competência do próprio ente regulador. Tal nível justifica-se em função da impossibilidade de se estabelecer uma norma geral para o país considerando as diversidades regionais, bem como a necessidade de se estabelecer parâmetros locais, respeitadas as condições de eficiência na prestação dos serviços.

Por fim, por mais que tenhamos defendido inicialmente que as diretrizes emitidas por regulador nacional não fariam sentido e nem tinham previsão legal – até mesmo porque a Lei 11.445/2007 já estabelece diretrizes nacionais para o saneamento básico – curvamo-nos à realidade que tem demonstrado pouca harmonia regulatória no âmbito do território nacional, o que deve ser entendido como uma anomalia jurídica que veio reafirmar a falta de segurança jurídica na regulação infranacional e colabora para afugentar investimentos e até mesmo para previsibilidade de normas.

Entretanto, os desafios lançados à Agência Nacional de Águas e Saneamento Básico são gigantes e devem ser enfrentados diante desses pontos relevantes destacados: o necessário caminho do diálogo institucional, a ampla e acessível participação da sociedade, além do ritmo compatível, tecnicidade e profundidade dentro dos limites autorizados pela lei.

6. O QUE MUDA PARA OS REGULADORES INFRANACIONAIS COM AS NOVAS COMPETÊNCIAS DELEGADAS À ANA

O novo marco regulatório não afeta a competência local para o saneamento básico, porém prestigia a prestação regionalizada e inova ao tratar sobre a formação de blocos para prestação regional.

Essa forte tendência à associação de municípios para a prestação de serviços tem gerado incertezas sobre o futuro da regulação municipal. Em uma primeira leitura – e sem considerar o que pode ser disposto no Decreto federal que irá tratar sobre a formação de blocos regionais –, parece-nos que, ao ser reafirmada a titularidade municipal, não se exclui ou ameaça a existência de entes reguladores infranacionais locais (no âmbito do município), em especial em cidades que não estejam inseridas em regiões metropolitanas.

Em que pese a possível existência de agências infranacionais no âmbito municipal, parece bastante clara a intenção da lei no ganho de escala da atuação regional, o que fortalece a formatação de entes reguladores no modelo de consórcio público (Lei federal

11.107/2005) e a delegação de competências regulatórias para os Estados, que exercem tais prerrogativas através de agências reguladoras estaduais.

Como já afirmado, vários pontos da lei são positivos. Em aspectos regulatórios, não foi diferente: a presença do regulador continua sendo condição de validade dos contratos (art. 11 da Lei federal 11.445/2007) e expressamente impõe-se a necessidade de indicação do ente regulador para todos os componentes do saneamento básico (água, esgoto, resíduos sólidos e drenagem), conforme alteração trazida pela Lei federal 14.026/2020, com a inserção do § 5º ao art. 8º.

Nesse ponto, surgem desafios para a regulação infranacional para atender a essa demanda legal que surgirá, haja vista muitas das agências não regularem todos os citados componentes, quer seja por falta de previsão na lei de criação ou por falta de orçamento e pessoal qualificado.

Aliás, com exceção dos serviços de água e esgoto, que são historicamente mais estruturados, os serviços públicos de resíduos sólidos e drenagem urbana possuem uma imensa dificuldade de sustentabilidade financeira e de parâmetros claros de planejamento e de metas de atendimento, razões pelas quais pouquíssimo se avançou na regulação desses componentes.

Muito há de ser feito para um primeiro passo de planejamento efetivo, estruturação de modelos ambientalmente adequados de prestação de serviços, além do enfrentamento da garantia de sustentabilidade financeira. Somente com esses passos trilhados poderemos instituir uma regulação adequada baseada em metas e indicadores de desempenho.

Os reguladores infranacionais terão, ainda, novos parâmetros para os instrumentos de planejamento, dado que as revisões dos planos municipais de saneamento básico terão prazos alongados de até 10 anos (art. 19, § 4º, da Lei 14.026/2020) e os municípios com população inferior a 20.000 (vinte mil) habitantes poderão apresentar planos simplificados, com menor nível de detalhamento (art. 19, § 9º, da Lei 14.026/2020).

Em termos de racionalidade financeira e de mobilização de equipes para estudos e levantamento de dados, parece ser uma regra acertada, pois o planejamento com período de atualização mais longo em nada prejudica as definições de metas e haverá clara economia de recursos financeiros.

No tocante à formatação simplificada do plano municipal para as pequenas cidades, estamos diante de uma constatação feita há anos, pautada no argumento que o alto impacto financeiro para atualizar os planos traz custos excessivos para o município e o nível de detalhamento padronizado é incompatível com a realidade e as necessidades dos pequenos municípios.

Outro legado importante deixado pelo novo marco regulatório é a contratualização dos serviços públicos de saneamento básico, que tende a ser bastante positiva em razão da clara definição das metas e indicadores para os investimentos e para a universalização dos serviços. O modelo atual é bastante carente de tais dados, o que fragiliza e dificulta a fiscalização e a imposição de metas e indicadores por parte dos reguladores infranacionais.

Por outro lado, a relação regulatória com os municípios optantes pela prestação direta ou indireta dos serviços – basicamente através de departamentos municipais ou autarquias –, em nada muda, uma vez que o novo marco é categórico em delinear metas para os contratos, sejam eles de concessão, de programa ou regularização de contratos precários.

Evidente que os prazos para a universalização dos serviços públicos de saneamento básico, com lastro nas definições do PLANSAB, são metas para todos os prestadores de serviços de saneamento, independentemente da modelagem jurídica do prestador de serviços, o que reforça o entendimento que todos devem atender ao prazo de universalização de 2033.

Ocorre que, por falta de comando legal que imponha sanção, o descumprimento do prazo de 2033 para as autarquias e departamentos não gera qualquer tipo de penalidade. Aqui estamos diante de uma falha da lei, pois temos parte dos prestadores pressionados pelas metas (aqueles com contrato) e outra parcela sem qualquer sanção, caso não cumpra a meta nacional (aqueles de prestação direta).

7. CONSIDERAÇÕES FINAIS

Como destacado no presente artigo, tivemos boas regras inseridas no novo marco regulatório do saneamento básico, notadamente com a definição de metas e contratualização da prestação dos serviços, além da delegação das competências para emissão de diretrizes para uniformização da regulação.

Caminhou bem a norma, ainda, quando reconheceu a universalização da regulação como uma importante política pública para efetividade de mecanismos de fiscalização e regras claras para a definição das tarifas.

A universalização da regulação, por sua vez, é um grande desafio para os serviços públicos com baixa contratualização ou pouco estruturados em metas e indicadores, como é o caso dos serviços públicos de resíduos sólidos e drenagem urbana.

No tocante às novas atribuições delimitadas para a ANA, vários são os desafios. Mesmo com restrições orçamentárias e de pessoal, a autarquia federal atuará em cenário nacional bastante heterogêneo, devendo criar amplo diálogo, imprimir ritmo adequado para as normas, ter cautela com o nível de abordagem de seus normativos, dar transparência e balizar normas que sirvam para contratos já vigentes e novos contratos.

O conjunto das normas de referência da ANA também trará grandes desafios para os reguladores infranacionais, que deverão atualizar suas rotinas e assimilar expertise no trato de assuntos de grande complexidade, ainda mais diante de um cenário em que as concessões deverão crescer exponencialmente.

Outro ponto para o êxito dos propósitos da Lei é a capacitação dos entes reguladores infranacionais para melhor governança regulatória. Somente com diálogo, treinamentos, cursos e assessoria técnica, a nova configuração de diretrizes regulatórias será efetiva e atingirá todas as realidades díspares de regulação infranacional existentes no Brasil.

No campo da regulação em regiões metropolitanas e aglomerados urbanos, ainda são muitas as dúvidas, notadamente diante da iminência de normatização de regras para a formação de blocos de municípios. Outro ponto muito polêmico diz respeito à titularidade compartilhada no âmbito metropolitano, de acordo com as regras do Estatuto da Metrópole (Lei federal 13.089/2015).

No tocante ao planejamento, visualizamos pontos positivos. O plano municipal de saneamento básico tende a ser flexibilizado para os pequenos municípios e com maior prazo de vigência nas cidades acima de 20.000 habitantes.

Em uma primeira avaliação, a regra parece bastante racional e não visualizamos prejuízo à efetividade do planejamento (municipal ou regional). A racionalidade que se espera é um planejamento mais sintético, mais barato e com horizonte prolongado.

8. REFERÊNCIAS

CRUZ, Verônica. Estado e regulação: fundamentos teóricos. In: RAMALHO, PEDRO IVO SEBBA (Org.) *Regulação e agências reguladoras*: governança e análise de impacto regulatório, Brasília: Anvisa, 2009.

GRANZIERA, Maria Luiza Machado. Governança e efetividade na regulação do saneamento. In: OLIVEIRA, Carlos Roberto de; BROCHI, Dalto Favero; GRAVINA, Carlos Roberto (Org.). *Regulação do saneamento básico*: 5 anos de experiência da ARES-PCJ. São Paulo: Editora Essential Idea, 2016.

MARQUES NETO, Floriano Azevedo. A regulação no setor de saneamento. In: CORDEIRO, Berenice de Souza (Coord.). *Lei Nacional de Saneamento Básico*: perspectivas para as políticas e gestão dos serviços públicos. Brasília: Editora, 2009. v. 1.

OECD. *Building an institutional framework for regulatory impact analysis*: Guidance for policy makers, Paris: OECD. 2008.

SUNDFELD, Carlos Ari (Coord.). *Parcerias público-privadas*. São Paulo: Malheiros, 2005.

3
DIRETRIZES PARA O SANEAMENTO BÁSICO E O PAPEL DA ANA NO NOVO MARCO LEGAL

Rodrigo Pagani de Souza

Doutor e Mestre em Direito pela Universidade de São Paulo. Professor de Direito Administrativo da Faculdade de Direito da Universidade de São Paulo. *Master of Laws* pela Universidade de Yale, nos Estados Unidos da América. Advogado em São Paulo.

Sumário: 1. A emergente regulação federal do saneamento básico e os seus dois erros de partida. 2. Qual o papel da União? 3. O condicionamento do acesso a recursos federais à adoção das referências nacionais para a regulação do saneamento ditadas pela ANA. 4. Um pouco mais sobre federalização de competências no setor de saneamento, com marginalização do papel dos Estados.

1. A EMERGENTE REGULAÇÃO FEDERAL DO SANEAMENTO BÁSICO E OS SEUS DOIS ERROS DE PARTIDA

Está declarado no artigo 1º da recém-editada Lei 14.026, de 15 de julho de 2020 (e reforçado na epígrafe): "Esta Lei atualiza o marco legal do saneamento básico e altera a Lei 9.984, de 17 de julho de 2020, para atribuir à Agência Nacional de Águas e Saneamento Básico (ANA) competência para instituir normas de referência para a regulação dos serviços públicos de saneamento básico". Evidente, pois, que um dos propósitos principais da nova lei foi confiar àquela agência reguladora federal um papel fundamental: para além de regular a gestão de recursos hídricos no país, também regular (indiretamente, veremos) o saneamento básico.

Certo desenquadramento do novo diploma com o quadro constitucional brasileiro tem aí, desde logo, uma pista. Como uma entidade *federal*, a ANA, que pelo novo diploma fica rebatizada com o nome de "Agência Nacional de Águas *e Saneamento Básico*" (e não mais só "de Águas"), poderia regular um plexo de serviços públicos, os de saneamento básico, que, pela Constituição Federal, são de responsabilidade direta de Estados e Municípios? Só haveria duas alternativas. Para que isso fosse constitucionalmente possível, a União haveria de ter sido investida nalguma competência regulatória sobre a matéria (serviços públicos de saneamento básico), cujo exercício pudesse confiar a uma entidade de sua administração indireta, com todos os cuidados necessários – no caso, à denominada ANA. Ou, eis a segunda alternativa, seria necessário que algum ente da federação diretamente responsável pelos serviços públicos em questão (Estado ou Município) tivesse delegado à União encargos de regulação atinentes aos serviços sob sua responsabilidade, na forma do art. 241 da Constituição (ou seja, mediante convênio de cooperação ou consórcio público). Nesta segunda hipótese, a União, tendo recebido os encargos, poderia confiá-los à ANA. Em suma: ou bem a competência seria federal na origem, ou bem ela teria se federalizado por delegação (do seu exercício, naturalmente, sem jamais implicar uma renúncia).

Como não foi a União expressamente investida numa tal atribuição, nem ela a recebeu por delegação – é dizer, como não ocorreu nem uma coisa nem outra –, então o seu exercício (a regulação do saneamento básico no Brasil) por entidade de sua administração indireta (a ANA) violaria a Constituição. Eis o nítido desenquadramento entre a ideia de regulação dos serviços públicos de saneamento básico pela ANA e os ditames constitucionais, que nitidamente não estabelecem uma competência regulatória da União sobre a matéria.

Mas o "pulo do gato" para salvar a constitucionalidade da engenhosa ideia foi o uso de uma expressão: a ANA não ditará normas de regulação do saneamento básico no País; ditará, apenas, "normas de referência" sobre regulação do saneamento básico no País. Entendeu, cara leitora? Eu também não. Desconfiei à primeira vista e sigo desconfiado. E sinto que tenho boas razões para isso.

A expressão "normas de referência" é terminologia propensa a confusões. Não são normas – embora se lhes tenha emprestado o nome tão significativo, tão sagrado, para o Estado de Direito –, são proposições de futuras normas. São referências sem valor normativo, propostas pela agência federal para que os diretamente responsáveis por regular o saneamento básico (sejam Estados, sejam Municípios), aí sim, possam escolher entre adotá-las ou não. Fica a dúvida: se não são normas efetivamente, mas apenas normas em potência – que se traduzirão em normas, efetivamente, apenas *se e quando* forem adotadas, pelas *autoridades competentes*, na *forma da lei e do Direito* –, então por qual razão foram desde logo, por antecipação, qualificadas pelo que ainda não são? Por que a aposta – carrego o tom para argumentar aqui – numa meia-verdade? Quero dizer, por que o uso de uma expressão que, se por um lado traduz a verdade de que são meras "referências" dotadas de especial legitimidade (porquanto propostas por autoridade governamental), por outro lado enseja engano e confusão ao ditar que sejam "normas" e, assim, subliminarmente, sugerir que possam trazer em si desde logo a força e a legitimidade de normas jurídicas, de cumprimento obrigatório?

A escolha foi infeliz, penso respeitosamente. O uso contínuo da expressão "normas de referência" vai fazer com que nos acostumemos com a (falsa) premissa, o erro de partida, de que a Constituição Federal teria confiado à União (e esta, pela Lei 14.026/2020, delegado à ANA) uma competência regulatória na matéria. Goste-se ou não, não foi isso o que fez a Constituição.

E não alivia este pouco caso a argumentação de que, mais adiante, a mesma Lei 14.026, que elegeu chamar de "normas de..." proposições que não são normas, também introduziu o art. 4º-B na Lei 9.984/2000 para referir a "adoção" das normas de referência nacionais pelas "entidades reguladoras e fiscalizadoras" existentes no País. Sim, é um fato reconhecido pela nova lei a necessidade de que tais referências sejam *adotadas*, para que assim, de meras referências, passem a ser normas jurídicas. Está clara a previsão de voluntariedade (ainda que formal) em adotá-las daqueles que tenham a responsabilidade direta pelo saneamento básico no País. Mas a necessidade de futuras adoções voluntárias não elide a circunstância de que, enquanto elas não ocorram, não haverá normas ditadas pela ANA; logo, não convém, nem convinha, a sua denominação desde logo como "normas de referência", por não passarem de proposições (ainda que chanceladas por autoridade federal).

Melhor seria a adoção de expressões que simplesmente indicassem o assunto pelo que ele é – proposições, referências, guias de boas práticas, diretrizes, orientações, jamais normas.[1]

Além do emprego de terminologia ("normas de referência") que pode induzir os aplicadores a erro quanto à natureza das proposições de ANA, assumindo esse risco – e, portanto, errando de partida ao assumi-lo –, a Lei 14.026/2020 incide em outro erro de partida, creio mais preocupante, nessa mesma matéria. Trata-se do equívoco de, no tratamento endereçado à temática da competência para a regulação dos serviços públicos de saneamento básico, menoscabar a competência dos Estados, em favor de uma espécie de "federalização branca" da matéria. Refiro-me a uma "federalização branca" no sentido de não promovida aberta e diretamente, mas de maneira indireta e um tanto inconfessada.

Deveras, penso que a Constituição Federal tenha atribuído aos Estados-membros da federação um papel importante na articulação das funções públicas de interesse comum, dentre as quais frequentemente têm figurado as atinentes aos serviços públicos de saneamento básico, em regiões metropolitanas, aglomerações urbanas e microrregionais (art. 25, § 3º). Mesmo fora desses âmbitos regionais criados por leis complementares estaduais, a configuração eloquente de um interesse supralocal nos serviços de saneamento básico atrai a responsabilidade direta dos Estados, calcada na competência residual que a Constituição Federal lhes reservou (art. 25, § 1º); não predominando o interesse local, tampouco estando presente a responsabilidade federal, a consequência será a configuração de uma responsabilidade direta estadual pela sua prestação. Desmerecer este papel central do Estados, inclusive na promoção de maior grau de uniformidade regulatória do saneamento nesses espaços regionais (ou mesmo fora deles quando predominante o interesse supralocal), é menosprezar uma escolha constitucional. Esta escolha penso tenha sido pelo fortalecimento dos Estados na "questão metropolitana". Federalizar o que a Constituição confiou aos Estados me parece um descompasso com esta escolha.

Vale lembrar, a propósito, que antes da promulgação da Constituição de 1988, o principal diploma instituidor de regiões metropolitanas no País era federal – tratava-se da Lei complementar 14, de 8 de junho de 1973, que estabelecera, na forma do art. 164 da Carta de 1964,[2] e de uma só vez, oito regiões metropolitanas no Brasil (as de São Paulo, Belo Horizonte, Porto Alegre, Recife, Salvador, Curitiba, Belém e Fortaleza). Em contraponto direto a esta federalização do tema sob a ditadura, o art. 25, § 3º da Constituição de 1988 confiou aos Estados a competência, dantes da União, para instituir regiões

---

1. Tive a oportunidade de defendê-lo em audiência pública promovida pela Comissão Mista do Congresso Nacional a propósito da Medida Provisória n. 868, de 27 de dezembro de 2018, uma das precursoras da nova lei do saneamento básico, em 11 de abril de 2019. Ali já se encontrava a equivocada terminologia (aliás, como na antecessora MP n. 844, de 6 de julho de 2018), que também caducou. Mas meu apelo não logrou mudanças.
2. Dizia o preceito da Carta de 1967: "Art. 164. A União, mediante lei complementar, poderá para a realização de serviços comuns, estabelecer regiões metropolitanas, constituídas por municípios que, independentemente de sua vinculação administrativa, façam parte da mesma comunidade socioeconômica".

metropolitanas, aglomerações urbanas e microrregiões, mediante leis complementares estaduais.[3] E muitas dessas leis complementares estaduais têm previsto, exatamente, o saneamento básico como função pública de interesse comum, fixando as bases, nalguma medida, para formas de integração de seu planejamento, organização e execução. A "federalização branca" da atividade regulatória dos serviços públicos de saneamento básico prevista pela Lei 14.026/2020 parece desconsiderar esta opção constitucional por centralizar tais esforços, antes, nos Estados.

E a centralização nos Estados de algum grau de uniformização ou integração regulatória teria os seus pontos positivos, para além do respaldo constitucional. Ao mesmo tempo em que, sim, tal centralização nos Estados atacaria o problema da excessiva fragmentação regulatória (reduzindo-a, ao menos, sob a alçada de cada Estado), ela provavelmente teria mais condições de levar em conta as peculiaridades regionais do que uma entidade federal mais distante, atuando desde Brasília. O grau de acurácia, neste complexo desafio de equilibrar a necessária uniformização regulatória com o também necessário respeito a peculiaridades regionais, provavelmente seria maior nos Estados do que na União.

São esses dois, portanto, os que aqui avalio como erros de partida da Lei 14.026/2020 em matéria de competência para a regulação dos serviços públicos de saneamento básico no País: ao confiá-la à ANA (ainda que indiretamente, como uma produtora de proposições referenciais), federaliza indiretamente uma atribuição articuladora que a Constituição confiou, antes, aos Estados (art. 25, § 3º); e ao dizer serem "normas de..." o produto da atuação da ANA, faz acreditar que a competência federal na matéria seja produzir normas jurídicas de regulação, quando tal competência simplesmente não existe (o máximo que a União ou uma entidade federal poderia fazer é propô-los, mas a confusão soa conveniente para um projeto que, no espírito, se apraz com a federalização pura e simples do exercício da competência). Dito ainda em poucas palavras, o novo marco peca de partida por uma "federalização branca" da competência regulatória, em menoscabo aos Estados; e por apostar na paulatina assimilação e acomodação da ideia de que à União, por sua agência reguladora, compete produzir normas de regulação, quando seu papel deveria ser inequivocamente orientativo.

Olhemos a questão agora não exatamente pelo ângulo de como as competências estão distribuídas constitucionalmente, mas pelo ângulo de prestadores de serviços públicos de saneamento básico que o façam por delegação dos poderes públicos – os chamados concessionários. É sabido o desconforto que vivenciam com a necessidade de lidar com múltiplos reguladores, de distintos entes da federação. Mais do que um inconveniente, o problema pode ensejar insegurança jurídica, com falta de parâmetros regulatórios mais uniformes e variação insuportável para o prestador. É, portanto, um problema real e que precisa, sim, ser atacado. Discussões sobre distribuição de poder para prover saneamento básico na federação pouco importam se os problemas em vista dos quais tal poder deveria ser manejado ficarem de lado (como este da fragmentação

---

3. Diz a Constituição Federal de 1988: "Art. 25. [...] § 3º. Os Estados poderão, mediante lei complementar, instituir regiões metropolitanas, aglomerações urbanas e microrregiões, constituídas por agrupamentos de municípios limítrofes, para integrar a organização, o planejamento e a execução de funções públicas de interesse comum".

regulatória, que afeta os prestadores e redunda em piores serviços). Como tantos que se dedicam ao setor há tempos, sinto-me cansado do debate sobre quem tem o poder (a famosa "titularidade"...), embora não por entendê-lo desnecessário (sigo reputando-o relevante), mas por vê-lo um tanto descolado da primordial discussão sobre como resolver os problemas, os gargalos. O poder, não custa lembrar, sob o modelo de Estado adotado pela Constituição de 1988, que se pretende Social, Democrático, de Direito e Federativo, não é um fim em si mesmo, mas instrumento a serviço do povo. Deixemos então de lado a questão da "titularidade" (mais do que um poder, um dever-poder, uma verdadeira responsabilidade por prover serviços públicos de saneamento de forma adequada a toda a população) e aceitemos que, de alguma maneira, não cabe uma miríade de entes reguladores (atomizados em cada Município, quiçá...) cujos ditames sejam totalmente desarticulados entre si e de dificílimo cumprimento. Em suma, não importa o quão complexa pareça a distribuição constitucional de competências na matéria, há que se extrair dela solução capaz de endereçar os problemas, entre os quais figura, sim, certamente, o da excessiva fragmentação da regulação dos serviços. Dito de outra maneira, reconheçamos que o problema da fragmentação existe e precisa ser enfrentando. A questão que resta é: como resolvê-lo?

Defendo que a padronização preconizada pela Lei 14.026/2020 é um caminho adequado, mas não – eis a escolha que critico – a nível nacional; quer me parecer, apenas, que teria sido o bastante certo grau mais elevado de padronização ou uniformidade regulatória em âmbitos regionais, sob a coordenação dos Estados, nos termos do art. 25, § 3º da Constituição Federal. O problema seria assim enfrentado, nitidamente, dentro dos quadrantes constitucionais. E seria efetivamente enfrentado, é importante frisar. Mesmo a ANA, por declarações de seu atual diretor-presidente,[4] tem sido cautelosa ao reconhecer que peculiaridades regionais deverão ser consideradas na produção de suas "normas de referência nacionais", o que, de certo modo, é um reconhecimento importante do enorme desafio que tem pela frente: conjugar pretensão uniformizante a partir de referências nacionais com respeito a peculiaridades regionais. Estas peculiaridades regionais, segundo penso, seriam mais aquilatáveis pelos Estados do que desde a capital federal.

"Federalizar" o assunto foi uma maneira de forjar uma uniformidade para além da que parece ter sido a idealizada pelo constituinte, ao confiar um papel integrador, antes, aos Estados. Nem menciono o art. 30 da Constituição para a defesa (anacrônica) de uma regulação atomizada em todos os Municípios do país, porquanto há muito reconheço que as responsabilidades pelos serviços públicos de saneamento básico envolvem uma contínua necessidade de racionalizar o uso dos recursos econômicos (p.ex., do dinheiro público) e ambientais (p.ex., das águas) envolvidos, o que faz com que a pulverização da responsabilidade pelos Municípios se afigure, não raro, inadequada. Embora historicamente de interesse local, o saneamento passa por transformações – exatamente por imperativos de racionalização econômica e ambiental – que tendem a fazer predominar,

---

4. No *Webnar* intitulado "O papel da ANA na regulação do saneamento básico no Brasil", promovido em 10 de setembro de 2020 pela Comissão de Infraestrutura da Seção Paulista da Ordem dos Advogados do Brasil – OAB-SP, a qual tenho a honra de integrar.

nas circunstâncias concretas, o interesse supralocal, regional, metropolitano etc., deslocando-se, nesses casos, uma responsabilidade outrora municipal, baseada no art. 30 da Constituição, para o âmbito dos Estados, com esteio no art. 25.

2. QUAL O PAPEL DA UNIÃO?

Se, de partida, a Lei 14.026/2020 parece errar ao deitar as bases para uma "federalização branca" da regulação do saneamento, e, mais, faz uso infeliz da expressão "normas de referência nacionais" para designar proposições ainda não normativas, devemos concluir que tais equívocos resultam em inconstitucionalidades?

Ensaio aqui uma resposta a esta difícil pergunta, em partes.

Não creio que a terminologia legal revele, por si só, inconstitucionalidade, porquanto está claro que, a rigor, quem adotará as "normas de referência nacionais" ou não e as traduzirá em normas jurídicas locais serão os entes diretamente responsáveis pelo saneamento básico no País. Segundo a Lei 14.026/2020, a União, por meio da ANA, efetivamente não regula a matéria; apenas propõe as tais referências, que assim servem como diretrizes para a atuação de outros entes políticos da federação, no pleno exercício de suas competências constitucionais.

Enquadra-se, assim, a nova incumbência da ANA, ao menos à primeira vista, sob a competência constitucional da União para estabelecer diretrizes para o desenvolvimento urbano, inclusive saneamento básico.[5] O exercício de tal competência para o estabelecimento de diretrizes, no campo regulatório, lhe foi confiado pela União através dos ditames da Lei 14.026/2020.

Mas creio ser necessário discutir o alcance e os limites deste aparente amparo constitucional para a produção de "normas de referência nacionais", pela ANA, sobre regulação de serviços públicos de saneamento básico. Dois limites, ao menos, estão encerrados no próprio inciso XX do art. 21 da Constituição. Um deles advém da expressão "desenvolvimento urbano"; outro, da expressão "instituir diretrizes".

Quanto ao primeiro importa observar que o art. 21, XX da Constituição prevê a edição de diretrizes da União para o saneamento básico no contexto de uma política de desenvolvimento urbano – e não em qualquer contexto. Logo, quanto mais as "normas de referência nacionais" ser articulem com uma tal política, servindo-a claramente, mais nítida será a sua harmonia com a Constituição. Quanto ao segundo fator limitante da competência, chama a atenção a noção de "instituir diretrizes". Institui-las soa como algo distinto de simplesmente legislar – quer privativamente à maneira prevista no art. 22, quer concorrentemente à maneira prevista no art. 24, ambos da mesma Constituição.

Poder-se-ia cogitar de eventuais competências legislativas que, ainda assim, caberiam sob o manto da "instituição de diretrizes"; ao invés de fazer esta cogitação em abstrato, sinto que aqui seja o bastante reconhecer que, sob ela, parece caber, sim, e com tranquilidade, a propositura de referências nacionais. Tais referências coadunam-se bem

---

5. Nos exatos dizeres da Constituição Federal: "Art. 21. Compete à União: [...] XX – instituir diretrizes para o desenvolvimento urbano, inclusive habitação, saneamento e transportes urbanos;".

com a noção de diretrizes. Diretrizes, de regra, são parâmetros, padrões, com propósitos orientativos, embora não vinculantes. Não são normas jurídicas que, por natureza, se apresentam como vinculantes para seus destinatários, mas meras orientações. Sob a nova Lei 14.026/2020, a ANA encarna bem esse papel orientativo, consentâneo com um dos significados plausíveis para o comando inscrito no inciso XIX do art. 21 da Constituição Federal. Some-se a isso o fato de que, à União como aos Estados, ao Distrito Federal e aos Municípios, compete promover a melhoria das condições de saneamento básico no País, nos termos do art. 23, IX da mesma Constituição. Orientada para este fim previsto no inciso IX do art. 23, e calcada precisamente no inciso XX do art. 21, a competência da ANA – agência reguladora integrante da administração indireta federal – para instituir "normas de referência nacionais sobre serviços públicos de saneamento básico" tem mesmo amparo, ao menos à primeira vista, como dito, na Constituição.

Mas o papel orientativo no qual foi investida não se contém em si mesmo; flerta, ao fim e ao cabo, com uma pretensão de vinculação de seus destinatários. O § 2º do art. 4º-B introduzido na Lei da ANA (Lei 9.984/2000) não deixa dúvidas: ao impor-lhes a adoção das normas de referência nacionais para a regulação dos serviços públicos de saneamento básico, ditadas pela ANA, como requisito de acesso a recursos públicos federais, amarra Estados e Municípios às diretrizes nacionais. Veja-se:

Nova redação da Lei 9.984/2000, por determinação do art. 3º da Lei 14.026/2000

"Art. 4º-B. A ANA manterá atualizada e disponível, em seu sítio eletrônico, a relação das entidades reguladoras e fiscalizadoras que adotam as normas de referência nacionais para a regulação dos serviços públicos de saneamento básico, com vistas a viabilizar o acesso aos recursos públicos federais ou a contratação de financiamentos com recursos da União ou com recursos geridos ou operados por órgãos ou entidades da administração pública federal, nos termos do art. 50 da Lei 11.445, de 5 de janeiro de 2007.

§ 1º A ANA disciplinará, por meio de ato normativo, os requisitos e os procedimentos a serem observados pelas entidades encarregadas da regulação e da fiscalização dos serviços públicos de saneamento básico, para a comprovação da adoção das normas regulatórias de referência, que poderá ser gradual, de modo a preservar as expectativas e os direitos decorrentes das normas a serem substituídas e a propiciar a adequada preparação das entidades reguladoras.

§ 2º A verificação da adoção das normas de referência nacionais para a regulação da prestação dos serviços públicos de saneamento básico estabelecidas pela ANA ocorrerá periodicamente *e será obrigatória no momento da contratação dos financiamentos com recursos da União ou com recursos geridos ou operados por órgãos ou entidades da administração pública federal*". Itálico acrescentado.

Tendo em vista que dispensar, ou negligenciar, o acesso a esses recursos tão fundamentais em um contexto de escassez não é uma opção sensata, na prática o condicionamento previsto no § 2º do art. 4º-B é um claro estímulo a que Estados e Municípios abram mão de suas autonomias na especificação de normas regulatórias em nome do acesso a tais recursos. Terão necessariamente que "adotar" as normas de referência nacionais para acessá-los. Adotá-las ou não, assim, deixará de ser verdadeiramente uma faculdade, para tornar-se um imperativo. E esta é a lógica da Lei 14.026/2020, o desiderato nela imbuído. Sob o manto de "diretrizes" de facultativa adoção, há na essência uma pretensão de vincular aos ditames federais, ao máximo possível, os entes estaduais e municipais autônomos da federação (diz-se nesse sentido que "... a ANA zelará pela uniformidade regulatória do setor de saneamento básico e pela segurança jurídica na prestação e na regulação dos serviços...", conforme novo § 7º do art. 4º-A da Lei da ANA, ditado pela Lei 14.026/2020). Em suma: a roupagem é de facultatividade, mas a pretensão é de imposição de uma *uniformidade regulatória* nacionalmente ditada. Uma "federalização branca" (um tanto inconfessada e indireta) da regulação do saneamento básico tem, assim, como já dito, as suas bases lançadas pela Lei 14.026/2020.

A técnica não é nova no setor. Já foi adotada, de certa maneira, sob o PLANASA – Plano Nacional de Saneamento Básico, embora em um contexto no qual haviam sido escanteados os princípios federativo e democrático, sob a já mencionada ditadura, de triste memória. Só acessavam recursos federais, administrados por bancos federais, os prestadores que confiassem suas responsabilidades pelos serviços públicos de saneamento básico às esferas estaduais; os Estados somente se criassem as respectivas companhias estaduais de saneamento, chamadas "CESBs". O "modelo PLANASA" estruturou-se, portanto, sob esse ditame federal. Autonomia política e organizacional – um princípio caro sob a nova ordem federativa e democrática inaugurada em 1988, estampado no art. 18 da atual Constituição – não tinha eco sob aquele modelo, que, no entanto, viria a moldar o futuro do setor nas décadas porvir. Criaram-se as companhias estaduais, delegaram-se serviços de Municípios a âmbitos estaduais (com a incumbência de sua prestação recaindo exatamente sobre as CESBs) e forjou-se, assim, todo um modelo de organização dos serviços públicos de saneamento básico no País, a partir, exatamente, de uma regra motriz: a de condicionamento do acesso a recursos federais à adoção daquele modelo.

A velha técnica renasce com força sob a Lei 14.026/2020. Porém, há que se frisar e compreender, agora sob um regime federativo e democrático. Nele são intoleráveis usurpações federais, diretas ou veladas, de autonomia política e administrativa de Estados e Municípios. Sob o regime constitucional vigente, Estados e Municípios não podem ser coagidos, injustificadamente e de forma incontornável, a "adotar" parâmetros referenciais de normatização ditados pela União, quando a competência para produzir normas seja deles próprios. Diretriz federal não pode significar anulação local.

Penso que o princípio federativo tenha um peso na ordem constitucional vigente, a ser devidamente aquilatado em cada relação a ser estabelecida pela União com Estados, Municípios ou entidades de suas administrações indiretas. Este peso, seja qual ele for, deve ser suficiente para afastar pretensões puramente caprichosas da União, verificáveis quanto esta, através da ANA, pretenda forçar-lhes a uma regulação a partir de parâmetros nacionais uniformizantes sem que isso verdadeiramente se justifique nas circunstâncias concretas. Para maiores conclusões, confira-se a tópico seguinte.

Por hora penso seja importante observar, apenas, que a principal discussão sobre a constitucionalidade das novas atribuições da ANA, isto é, sobre se cabem, ou não, à luz da competência da União na matéria (de instituir diretrizes para o saneamento básico), deverá girar em torno da norma legal que impõe a adoção das referências nacionais ditadas pela ANA aos demais entes da federação que pretendam acessar recursos federais (§ 2º do art. 4º-B da Lei 9.884/2000, tal qual introduzido pelo art. 3º da Lei 14.026/2020).

Outras discussões terão lugar (p.ex., sobre saber se ao produzir esta ou aquela "norma de referência nacional" a ANA não estará materialmente exorbitando de suas atribuições para instituir diretrizes e invadindo, em violação à Constituição, esfera de competência regulatória alheia), mas como estes seus enunciados, os da ANA, por si sós não terão valor de norma jurídica, a principal discussão deverá ser a primeira, sobre saber da constitucionalidade de se impor a adoção local e regional das referências nacionais como requisito de acesso a recursos federais.

A seguir, procuro aprofundar um pouco essa discussão.

3. O CONDICIONAMENTO DO ACESSO A RECURSOS FEDERAIS À ADOÇÃO DAS REFERÊNCIAS NACIONAIS PARA A REGULAÇÃO DO SANEAMENTO DITADAS PELA ANA

Eis uma questão fundamental: pode a União, por intermédio da ANA, a pretexto de instituir diretrizes nacionais para a regulação dos serviços públicos de saneamento básico, condicionar o acesso a recursos federais destinados a financiá-los à imperativa adoção, por Estados e Municípios, das diretrizes regulatórias nacionais? Noutras palavras, pode condicionar o acesso a recursos federais, pelos interessados, à adoção das chamadas "normas de referência nacionais" em matéria de regulação? Simplificadamente, pode dizer que dá, empresta ou gere dinheiro, desde que os demais entes da federação regulem os serviços do jeito que ela quiser?

Tal tipo de condicionamento suscita dúvidas de constitucionalidade exatamente em razão do princípio federativo. E, como dito no tópico anterior, aquilatar o peso do princípio federativo em cada situação é o grande desafio.

Algum peso o princípio deve ter quando confrontado com a nova regra legal condicionante do acesso a recursos federais – a da parte final do § 2º do art. 4º-B da Lei 9.884/2000 –, mas terá o princípio um peso tal que, afinal, a mesma deva ser considerada desde logo proscrita, por inválida?

Penso ser difícil aceitar que qualquer condicionamento de acesso a recursos federais, por outros entes federativos, seja, *ipso facto*, inválido. Antes ao contrário: penso ser natural que o dispêndio de recursos federais, com o concurso de ação de outros entes da federação, se faça acompanhar da necessária observância, por esses outros entes (e por quem mais que porventura também os receba, como agentes da iniciativa privada), de condicionamentos próprios de política pública. A destinação de recursos federais é meio de concretização de política pública; por isso, recursos federais têm seu uso condicionado ao respeito a esses ditames.

Mas exatamente por isso penso também que os condicionamentos ao acesso a recursos federais não possam ser caprichosos. Precisam estar a serviço, como dito, de um legítimo propósito de política pública. E é aí que mora o perigo do § 2º do art. 4º-B, tal como introduzido na Lei 9.884/2000: ao impor que todo e qualquer acesso a recursos federais para o saneamento seja precedido da adoção dos parâmetros nacionais de regulação, negligencia situações em que tais parâmetros, tudo bem sopesado, não se justifiquem. Noutras palavras: impõe o condicionamento sempre, fazendo-o valer mesmo quando injustificável.

Parece-me que existe aí, realmente, um problema. Afinal, como justificar, p. ex., que se imponha uma barreira ao acesso a recursos federais por entes da federação que, no legítimo exercício de suas competências regulatórias, ocupem-se do desafio de promover certa "uniformidade regulatória do setor de saneamento básico" e "segurança jurídica na regulação dos serviços" em âmbito regional (em comunhão de propósitos com a ANA, que deve zelar por isso na forma do precitado § 7º do art. 4º-A introduzido na Lei 9.984/2000), mas ao mesmo tempo prefiram adotar métodos, técnicas e processos que julguem mais adequados às peculiaridades regionais do que alguns dos encontráveis nas referências nacionais? A barreira de acesso, nesse caso, será caprichosa, injustificável. Será uma barreira que, ao fim e ao cabo, servirá apenas para sujeitar os demais entes da federação à pura pretensão uniformizante da União.

Ao instituir um condicionamento geral de acesso a recursos federais, a nova lei faz tábula rasa de uma pluralidade de situações hipotéticas, como se todas pudessem e merecessem ser tratadas invariavelmente da mesmíssima maneira – subordinando-se a uma pretensão uniformizante da União. Ocorre que este desiderato uniformizante não é um fim em si mesmo; antes, é mecanismo para a promoção de segurança jurídica na regulação dos serviços. Tampouco diz respeito a uma matéria (a regulação do saneamento básico) da alçada federal; antes, desdobra-se sobre tema da alçada de outros entes da federação. São fatores relevantes, que convergem para a conclusão de que, a rigor, não seria recomendável a intransigência federal.

Melhor seria a previsão de que, ao invés de obrigatória em todos os casos de acesso a recursos federais, a adoção das normas de referência nacionais para a regulação da prestação dos serviços públicos de saneamento básico estabelecidas pela ANA o fossem, em verdade, apenas nos casos em que prevista na contratação dos recursos, ouvido previamente o ente da federação (ou entidade de sua administração indireta) contratante. Este procedimento de oitiva, para os fins da contratação do financiamento – portanto, de caráter mais cooperativo e negocial do que impositivo – permitiria o levantamento dos prós e contras, no caso concreto, da adoção das "normas de referência nacionais"; se ao cabo desse levantamento e negociação tal adoção restasse justificada, aí então a União poderia prevê-la expressamente como condição da contratação, fazendo-o mediante motivação explícita, clara e congruente (nos termos do art. 50, § 1º, da Lei 9.784/99, a Lei Federal de Processo Administrativo).

Isto compeliria a União a apresentar, em cada caso concreto, *motivação* suficiente e idônea para tal condicionamento. E faria sentido exatamente na perspectiva da dupla necessidade de promover-se, sim, maior grau de uniformidade regulatória e de segurança jurídica na regulação dos serviços no território nacional, mas ao mesmo tempo de respeitar-se a autonomia de Estados e Município para defenderem, em cada caso, a adoção de normas regulatórias outras, mais adequadas às peculiaridades regionais e locais implicadas no negócio.

Em conclusão, penso que o preceito condicionante – refiro-me ao § 2º do art. 4º-B da Lei 9.984/2000, nela introduzido pelo art. 3º da Lei 14.026/2020 – suscita, sim, dúvidas importantes sobre a sua constitucionalidade, a serem cedo ou tarde enfrentadas pelo STF,[6] pecando não exatamente pelo fato de condicionar o acesso a recursos federais à observância de determinadas exigências de política pública – o que penso ser em tese aceitável, normal –, mas pelo fato de fazê-lo de forma indiscriminada, fazendo prevalecer pretensão uniformizante a partir de parâmetros nacionais mesmo quando estes, em um caso qualquer, não se justifiquem.

4. UM POUCO MAIS SOBRE FEDERALIZAÇÃO DE COMPETÊNCIAS NO SETOR DE SANEAMENTO, COM MARGINALIZAÇÃO DO PAPEL DOS ESTADOS

Já foi citado o modelo de organização dos serviços públicos de saneamento básico no País sob o PLANASA, forjado a partir de ditames federais. É interessante notar como tem persistido, na legislação federal produzida já sob as primeiras décadas do século XXI, a estratégia de "federalização" do assunto, acompanhada de um fator agravante, que penso ser uma certa marginalização do papel dos Estados.

Sob a Constituição de 1988, a competência da União em matéria de saneamento básico assenta-se, sobretudo, na sua atribuição para instituir diretrizes, tal qual disposto no art. 21, XX (ao lado da competência comum à União e a todos os demais entes da federação para a promoção de melhorias nas condições de saneamento básico, conforme art. 23, IX). O alcance do que possa significar instituir diretrizes foi explorado e quiçá alargado com a edição da Lei 11.445/2007. Afinal, a instituição de diretrizes sobre saneamento pela União não reclama necessariamente, como já ponderado, a produção de lei (nem privativamente, como seria se a matéria estivesse arrolada sob o art. 22 da Constituição, nem concorrentemente com os Estados, como seria se a matéria estivesse arrolada sob o art. 24). Mesmo assim, editou-se uma lei federal. E esta foi editada com expresso intento de aninhar-se sob as asas do art. 21, XX, da Constituição; deveras, a Lei 11.445/2007 revelou de partida: "Art. 1º. Esta Lei estabelece as diretrizes nacionais para o saneamento básico e para a política federal de saneamento básico". Vê-se que ela logo bradou estar a estabelecer "diretrizes nacionais".

Algo se mostrou marcante no longo processo legislativo que culminou com a sua edição: houve intensos debates, depurando-se as minutas de anteprojetos e as proposições originais de algumas soluções que mais se prestavam a uma "federalização branca" dos serviços públicos de saneamento básico no País do que, efetivamente, a reservar à União um papel direcionador e cuidadoso com a autonomia de Estados e Municípios. A Lei 11.445/2007, assim, envolveu certa federalização do tema, com a instituição de firmes diretrizes nacionais e de uma política federal para o saneamento básico, mas houve certo consenso de que ela se cingiu aos quadrantes constitucionais.

O contraste com o acelerado e mal amadurecido processo legislativo que culminou com a edição da Lei 14.026/2020 é gritante. Neste, deflagrado a partir de duas medidas

---

6. Será interessante observar *se*, e, caso positivo, *como*, exatamente, se aproveita, sob o federalismo brasileiro, a doutrina norte-americana do *"pendenga Power"* da União. Se é verdade que o poder de gastar da União envolveria a capacidade de impor condicionamentos àqueles que pretendam fazer uso de recursos federais, tal poder não é ilimitado.

provisórias que vigoraram e caducaram, a ideia de federalizar a questão regulatória a partir de "normas de referência nacionais" ditadas pela ANA esteve presente desde sempre, sendo verificado já na primeira medida provisória (a de n. 844, de 2018). Não identifico tenha reverberado alguma discussão dos riscos envolvidos nessa ideia, especialmente do risco de incompatibilidade com o princípio federativo da ideia, algo mais específica, de imposição da adoção de referências nacionais para acesso a recursos federais. Esta ideia foi bem discutida e amadurecida?

Mas, colocadas as seguidas leis em perspectiva, é possível notar que certa proeminência da União já vinha sendo há muito ensaiada. Não há grande surpresa com a tentativa, nítida na Lei 14.026/2020, de solução dos problemas desde Brasília (ainda que quando isto tenha sido feito por medidas provisórias, sem qualquer debate prévio com o Congresso Nacional, o susto tenha sido maior). Só não foi maior esta proeminência do papel federal já sob a Lei 11.445/2007 a muito custo, isto é, sob muita resistência dos demais entes da federação durante o processo legislativo.

É preciso então recuperar o contexto. À época da edição da Lei 11.445/2007, alguns Estados ensaiavam assumir um papel mais consequente na organização, planejamento e prestação de serviços públicos de saneamento básico, calcados em Constituições Estaduais e leis complementares estaduais instituidoras de regiões metropolitanas mais ousadas do que no passado (casos dos Estados de São Paulo e Rio de Janeiro, p.ex.). Essas normas estaduais chamavam para si – isto é, para o âmbito estadual – a responsabilidade direta pelos serviços, por interpretação do art. 25 da Constituição Federal, tomando-o como um autorizativo para tanto. Em paralelo, sistemas normativos estaduais também estruturaram modelos em que, sob o art. 241 da Constituição Federal e expressas diretrizes da Lei 11.445/2007, Municípios passaram a delegar a regulação dos serviços aos Estados, assim como a prestação dos serviços às companhias estaduais (o Estado de São Paulo e a sua companhia estadual, a SABESP, fizeram isso, nitidamente, sendo também desta mesma época a instituição de uma agência reguladora estadual independente, a ARSESP). Mas este ensaio de uma responsabilização pelos serviços de saneamento básico, mais abrangente e consequente, por parte de Estados, não parecia ser exatamente o desejo das autoridades federais ocupantes do Poder Executivo na ocasião, notadamente no âmbito do então Ministério das Cidades. Isto ficou nítido quando editada a Lei 11.107, de 6 de abril de 2005, então denominada "Lei dos Consórcios Públicos", cujo processo de elaboração foi bastante influenciado pela discussão acerca da reorganização dos serviços de saneamento básico no País.[7] A Lei 11.107/2005 pouco se ocupou da forma de cooperação interfederativa por "convênio de cooperação" – ainda que igualmente prevista no art. 241 da Constituição, ao lado dos "consórcios públicos" –, então mais adequada à delegação de encargos de Municípios a Estados. Centrou-se, isto sim, na estruturação de instâncias regionais que, se bem sucedidas, concorreriam com uma maior envergadura estadual na matéria. Em suma, a Lei 11.107/2005, para além de outros pontos que não

---

7. Esta opção política também demonstrou-se pela contratação de quatro pareceres à época, de renomados juristas, pelo Ministério das Cidades, justamente na antessala da edição das Leis 11.107/2005 e 11.445/2007, cujo traço comum residia, *grosso modo*, numa certa crítica à ideia que Estados pudessem assumir maior protagonismo nas questões regionais, supralocais.

vem ao caso aqui assinalar, instrumentalizou uma preferência política pelos consórcios públicos, em detrimento do fortalecimento do papel dos Estados nas questões regionais ou supralocais. Dito ainda noutras palavras: na construção de espaços regionais de poder e integração em matéria de saneamento básico, a opção política então sinalizada não foi pelo fortalecimento do papel Estados, mas pelo fortalecimento dos consórcios públicos.

Tenho a impressão de que, com certa marginalização dos Estados, a lógica política (se é que se poderia chamá-la de "lógica") parecia ser a de que a União, teria, assim, maior ascendência sobre Municípios (quiçá até sobre Municípios consorciados com Estados).

Esta concepção de primazia do consórcio público (e indiretamente da influência federal sobre eles) parece ter influenciado a decisão o STF na ADI 1.842,[8] sobre a constitucionalidade de leis complementares cariocas que melhor definiam o papel de integração, no saneamento básico, a ser desempenhado pelo Estado do Rio de Janeiro (na Região Metropolitana do Rio de Janeiro e na Microrregião dos Lagos). Ali, a visão de uma "responsabilidade necessariamente compartilhada" pelo saneamento básico, mesmo no seio das regiões instituídas pelos Estados na forma do art. 25, § 3º, da Constituição, saiu fortalecida. Deveras, embora não corresponda ao que se poderia chamar de "jurisprudência" sobre a matéria, tal decisão do STF foi um precedente impactante, ao reconhecer ao Estado do Rio de Janeiro a competência para instituir regiões metropolitanas, aglomerações urbanas e microrregiões, desde que, todavia, tivesse saído de cena logo em seguida para ceder lugar a uma "gestão necessariamente compartilhada" de serviços públicos de interesse regional. A decisão parece ter minado, em certa medida, o movimento legislativo de Estados, como o Rio de Janeiro, que paulatinamente buscavam assumir um papel mais claro e assertivo na prestação de serviços públicos de saneamento básico.

O que venho de reconhecer, com esta recuperação de pontos nevrálgicos da história legislativa em matéria de saneamento básico em âmbito federal, pontuado pelo citado julgado do STF, é que certa proeminência do papel da União, com marginalização dos Estados, na questão regional, revelou-se: primeiro, sob a Lei 11.107/2005; um pouco menos sob a Lei 11.445/2007 (neste caso, a menor marginalização dos Estados deu-se, aparentemente, mais por força do debate legislativo e menos por opção de autoridades então investidas em órgão-chave do Executivo federal); e agora volta à tona, com grande ênfase, com a Lei 14.026/2020, que faz sua aposta na atuação indutora de uma uniformidade regulatória nacional a partir da ANA.

Um processo de federalização do saneamento básico, assim, manifestou-se pela reivindicação de um papel central pela União, na matéria, em sucessivos momentos, nos quais um traço comum se sobressaiu: a deslegitimação, pela própria União, dos Estados como instâncias privilegiadas de integração da organização, do planejamento e da execução de funções públicas relacionadas ao saneamento básico – seja na Lei 11.107/2005, seja agora na Lei 14.026/2020 (passando pela forma tentada, mas não consumada, na redação original da Lei 11.445/2007). Agora, com as alterações introduzidas também na Lei 11.445/2007 pela Lei 14.026/2020, a marginalização estadual se completa e se

---

8. ADI 1.842/RJ, rel. Min. Luiz Fux, redator p/o acórdão Min. Gilmar Mendes, j. 06.03.2013 (DJe 16.09.2013).

aprofunda. Ou bem há protagonismo municipal (com o reconhecimento de que serviços de saneamento podem seguir sendo tratados como de interesse local para os fins do art. 30 da Constituição), ou bem há ascendência federal (por intermédio das normas de referência nacionais a serem produzidas pela ANA). O que resta, exatamente, aos Estados, em matéria de saneamento básico, é matéria a merecer meditação específica.

Pergunta que fica é a seguinte: será que os persistentes esforços da União de federalização do saneamento básico, com marginalização dos Estados, resultarão em melhoria das condições de saneamento básico, que, afinal, é objetivo comum dos entes da federação na matéria (art. 23, IX, da Constituição)?

Capítulo III
O NOVO MARCO REGULATÓRIO E A MODELAGEM DE CONTRATUALIZAÇÃO NO SANEAMENTO BÁSICO

3
O PROCESSO DE CONTRATAÇÃO DAS EMPRESAS: LICITAÇÃO E CONTRATOS

José Carlos de Oliveira

Doutor e Mestre em Direito pela Universidade Estadual Paulista UNESP. Graduado em Direito pela Pontifícia Universidade Católica de Campinas – PUCCAMP; É Professor de Direito Administrativo na graduação e no programa de pós-graduação em Direito na FCHS/UNESP-Franca. Advogado/Consultor Jurídico.

Sumário: 1. Introdução. 2. A Administração Pública e sua vinculação ao conteúdo da legalidade. 3. A formalização dos contratos. 4. Cláusulas necessárias. 5. Alteração dos contratos – Reequilíbrio econômico-financeiro. 6. Inexecução dos contratos e os mecanismos de rescisão. 7. Conclusão. 8. Referências.

1. INTRODUÇÃO

A República Federativa do Brasil tem como fundamentos e objetivos a realização do interesse público. Assim, aponta-se que o cerne do princípio do interesse público está previsto nos artigos 1º e 3º da Constituição Federal, em especial no caso vertente, quando indica como fundamentos da República a cidadania e a dignidade da pessoa humana e, como objetivos, a garantia do desenvolvimento nacional e também a erradicação da pobreza e das desigualdades sociais.

O Marco Legal do Saneamento Básico entrou em vigor no mês de julho de 2020 e, dentre outras inovações legislativas, destaca-se a necessidade de padronização dos instrumentos negociais, em especial os contratos de concessão e das parcerias público-privadas nos serviços de saneamento, visando à efetividade dos fundamentos e dos objetivos da República, materializados na figura das políticas públicas, como a universalização do acesso à água potável e ao saneamento básico. A inovação legal promove um dos objetivos do desenvolvimento sustentável – alcançar o acesso universal e equitativo à água potável e segura para todos, e o saneamento básico - enfrentando o combate à pobreza e promovendo mecanismos sociais para a sua erradicação, de proteção ambiental, de proteção da saúde e outras de interesse social relevante, como os mecanismos de subsídios para as populações de baixa renda, destinadas à melhoria da qualidade de vida.

Dentre as novas regras para o setor, as metas de universalização, promoção do serviço adequado ao pleno atendimento aos usuários, a livre concorrência e a sustentabilidade refletem esses objetivos.

A nova normativa reafirma as competências reguladoras e fiscalizadoras das agências de regulação e, no âmbito federal, em especial a Agência Nacional de Águas e Saneamento (ANA) como autoridade competente para estabelecer normas de referência para a regulação dos serviços públicos de saneamento básico.

As normas de referência regulatórias estabelecerão parâmetros e condições para investimentos que permitirão garantir a manutenção dos níveis de serviços desejados durante a vigência do contrato. E, neste sentido, os contratos públicos deverão prever as metas de expansão dos serviços, de universalização, de qualidade e de eficiência, dentre outros.

Portanto, os contratos públicos de concessão e as parcerias público-privadas passarão por revisão de seus instrumentos para atender a esses novos objetivos e deverão prever, ainda, a efetivação das políticas ambientais, sociais e econômicas, como vetores para uma contratação pública sustentável – já que a sustentabilidade da contratação pública pode ser vista em suas diversas dimensões: sustentabilidade financeira, sustentabilidade ambiental e sustentabilidade social, entre outras.

No âmbito da modicidade tarifária, destaca-se a previsão da adoção de subsídios tarifários e não tarifários para os usuários que não tenham capacidade de pagamento suficiente para cobrir o custo integral dos serviços.

É neste sentido que se apresenta o procedimento licitatório e os contratos públicos, com o objetivo de promover a reflexão, voltado para a necessária evolução do instituto como instrumento de realização do interesse público no âmbito do saneamento básico.

2. A ADMINISTRAÇÃO PÚBLICA E SUA VINCULAÇÃO AO CONTEÚDO DA LEGALIDADE

Em se tratando de contratações, a Administração sujeita-se à licitação, cuja obrigatoriedade é imposta pela Constituição Federal e regulamentada pela Lei de licitações e contratos, e deve ser processada e julgada em estrita conformidade com os princípios básicos da Administração Pública, do processo licitatório e, com a observância dos princípios setoriais, previstos nas normas que regulam os serviços públicos de natureza econômica e, em especial, no Marco Legal do Saneamento Básico.

Assim, o processo licitatório, visando à contratação, destina-se a garantir a observância da isonomia, da proposta mais vantajosa, da promoção do desenvolvimento nacional sustentável e será processada e julgada em conformidade com os princípios norteadores da Administração Pública, da vinculação ao edital, ao julgamento objetivo e a outros correlatos. Sendo, ainda, vedado aos agentes públicos admitir, prever, incluir ou tolerar, nos atos de convocação, cláusulas ou condições que comprometam, restrinjam ou frustrem seu caráter competitivo e estabeleçam preferências ou distinções em face dos licitantes ou de qualquer outra circunstância impertinente ou irrelevante para o específico objeto do contrato. A Administração Pública está vinculada à observância dos princípios da legalidade e da finalidade, e o descumprimento das normas e dos princípios setoriais será motivo suficiente para a invalidação de todo o processo licitatório e, consequentemente, do eventual contrato.

A estrutura do processo licitatório, nos termos do parágrafo único do art. 4º da Lei de licitações, caracteriza ato administrativo formal. Com essa definição, pode-se afirmar que, em seu processamento, deve-se observar a competência, a forma, o motivo, o conteúdo e a finalidade, sem se descuidar da motivação, necessária para que cada ato decisório no âmbito do procedimento seja confrontado com a legalidade e com a finalidade, como interesse público.

O procedimento licitatório, além das exigências acima referidas, contempla o critério de julgamento, que, nos termos da própria lei de regência, deve ser objetivo, ou seja, precisa observar estritamente os critérios previamente estabelecidos no edital, para possibilitar o controle de legalidade e o conhecimento motivado a respeito dos direitos dos licitantes.

3. A FORMALIZAÇÃO DOS CONTRATOS

Não obstante o embate doutrinário a respeito da natureza jurídica dos contratos públicos, pode-se afirmar que ele é, essencialmente, contrato de adesão, pois é a Administração quem estabelece previamente as condições do negócio, e o licitante vencedor apenas manifesta sua concordância – sua manifestação de vontade, em face das regras previamente definidas e materializadas no instrumento contratual.

As exigências, no que concerne à formalização dos contratos, estão previstas no Art. 40, da Lei de licitações e contratos, cujo texto prevê a indicação obrigatória do objeto da licitação, com a descrição suscinta e clara; do prazo e das condições para execução do contrato; das sanções nos casos de inadimplemento, dos critérios de julgamento, de reajuste e de revisão e, em seus anexos, os projetos básico e/ou executivo, os orçamentos e planilhas e demais exigências. As leis das concessões, das parcerias público-privadas e as demais normas setoriais, igualmente, indicam a obrigatoriedade da previsão das cláusulas essenciais e demais normas reguladoras; portanto, as normas referidas complementam-se nas exigências de formulação de um instrumento contratual que reflita, com clareza e segurança jurídica, todas as obrigações inerentes ao concedente, ao concessionário ou parceiro público-privado, de forma a garantir a efetividade dos objetivos atualizados nas diversas legislações.

O Marco Legal do Saneamento Básico prevê que os contratos de prestação de serviços públicos de saneamento básico obrigatoriamente observarão cumprir o disposto no art. 175 da Constituição Federal. Além da necessária licitação, destaca-se, por oportuno, o parágrafo único desse artigo, em especial a exigência Constitucional a respeito do caráter especial do contrato e de sua prorrogação, bem como das condições de caducidade, fiscalização e rescisão; dos direitos dos usuários; da política tarifária e da obrigação de manter o serviço adequado. Portanto, a padronização dos instrumentos negociais de prestação de serviços públicos de saneamento básico, deverão contemplar as metas de qualidade, de eficiência e a universalização da cobertura dos serviços, bem como o estudo da matriz de risco e os mecanismos de manutenção do equilíbrio econômico-financeiro das atividades econômicas.

Estas exigências estão em plena conformidade com o referido preceito Constitucional. O Marco Legal do Saneamento Básico, depois de 25 anos da vigência da Lei de Concessões e permissões de serviços públicos, renova a tentativa de equalizar o problema do abastecimento de água potável e do saneamento básico que afeta a todos.

4. CLÁUSULAS NECESSÁRIAS

A Lei de concessões de serviços públicos, como norma reguladora do instituto, dispõe a respeito das regras específicas do processo licitatório e do contrato de concessão e, também, elenca as cláusulas essenciais e as cláusulas exorbitantes, quando define os critérios da intervenção e da extinção da concessão. No mesmo sentido, a Lei das parcerias público-privadas também define os critérios do processo licitatório e as cláusulas contratuais essenciais, com a complementação expressa das normas contratuais da Lei de licitações e contratos.

É nesse sentido que o Marco Legal do Saneamento Básico, exige, expressamente, sob pena de nulidade do contrato, a observância das cláusulas essenciais previstas na Lei de concessões, além da inclusão das metas, das possíveis fontes de receitas, da metodologia de avaliação referente aos bens reversíveis, da repartição de riscos e dos mecanismos de resolução de disputas. Todo esse arcabouço normativo deverá tornar realidade a universalização dos serviços de água potável e do saneamento básico.

A Lei de licitações e contratos, como norma de aplicação subsidiária, trata também das cláusulas essenciais e, aquelas outras, identificadas como exorbitantes em face da supremacia do interesse público que autoriza a Administração alterar unilateralmente o contrato, no sentido de compatibilizar o interesse público. No interior das cláusulas exorbitantes, destacam-se as prerrogativas que autorizam as modificações qualitativas, identificadas como aquelas que justificam a alteração do projeto ou de suas especificações para adequação técnica aos seus objetivos; e as alterações quantitativas, quando necessárias a modificação do valor contratual em face das atualização e/ou ampliação de seu objeto, observando os limites previstos na referida lei.

Ainda na análise das cláusulas exorbitantes, pode-se elencar o dever de fiscalização, realizado pelo gestor e pelo fiscal do contrato, visando acompanhar a realização do objeto contratado, em conformidade com o pactuado, conforme previsto no Art. 76 da Lei de licitações e contratos.

O gestor e o fiscal do contrato desempenham um trabalho preventivo, identificando com antecedência o descumprimento de obrigações contratuais, evitando assim – na medida do possível, prejuízos de difícil reparação e, em alguns casos, a instauração de procedimento sancionatório em face do levantamento prematuro dos problemas referentes ao descumprimento das obrigações contratuais.

Ainda no âmbito das cláusulas exorbitantes, a lei autoriza a ocupação provisória dos bens da contratada com a finalidade da proteção da continuidade dos serviços públicos; neste caso, em especial - quando envolver o interesse público e para garantir a prestação ininterrupta do serviço e a efetivação do princípio da continuidade. E, também, no âmbito dessas cláusulas, justifica-se a aplicação das sanções em face da inexecução total ou parcial ou o descumprimento reiterado das exigências corretivas, formuladas pelo gestor do contrato. Em todos os casos, em face da necessária observância do princípio da legalidade, exige-se da Administração Pública a efetivação dos princípios do contraditório e da ampla defesa.

Os contratos devem estabelecer, com clareza e precisão, as condições para sua execução, definindo os direitos, as obrigações e as responsabilidades das partes. E as cláusulas, identificadas como necessárias ou essenciais, nos termos do Art. 54 da Lei de licitações e contratos, preveem a obrigatoriedade da descrição do objeto e seus elementos característicos, regime de execução, preço, condições de pagamento, periodicidade do reajustamento de preços, critérios de atualização monetária, prazos, direitos e responsabilidades, penalidades, casos de rescisão e demais obrigações contratuais para a realização efetiva do objeto contratado, e sua inobservância implicará, obrigatoriamente, o reconhecimento da invalidade, decorrente da ofensa ao princípio da legalidade.

Em casos específicos, as cláusulas contratuais essenciais e as exorbitantes, elencadas nas Leis de licitações e contratos administrativos, nas concessões de serviços públicos, nas parcerias público-privadas e no Marco Legal do Saneamento Básico, deverão ser claras, coerentes e precisas, para garantir a segurança jurídica e viabilizar um efetivo controle de legalidade e de finalidade por parte das agências reguladoras, dos órgãos de controle, do Tribunal de Contas e da própria sociedade.

Em razão da objetividade, com os olhos voltados para as questões relacionadas com o Marco Legal do Saneamento Básico, enfatiza-se, como futuras cláusulas obrigatórias nos instrumentos contratuais: o sistema de avaliação do cumprimento das metas de ampliação e universalização, o atendimento aos indicadores de qualidade e aos padrões de potabilidade identificados na expressão – serviços adequados, como o pleno atendimento aos usuários, observados os princípios da regularidade, da continuidade, da eficiência, da segurança, da atualidade, da generalidade, da cortesia, da modicidade tarifária e da universalização – previstos no art. 6º da Lei de concessões e também no Marco Legal do Saneamento Básico. A avaliação do cumprimento efetivo dessas metas está reservada, para as agências reguladoras e pelos seus técnicos, capacitados para identificar o descumprimento das exigências contratuais e, eventualmente, subsidiar os processos sancionatórios, de intervenção e de caducidade da concessão.

Importante destacar, o uso da mediação e da arbitragem para a solução dos conflitos inerentes aos contratos, em especial aqueles de longa duração evitando-se, em casos especiais, a decretação da caducidade e/ou a aplicação de sanções que possam inviabilizar, de vez, a realização do pacto contratual.

Cumpre reforçar a exigência normativa para que os contratos relativos à prestação dos serviços públicos de saneamento básico deverão conter, expressamente, sob pena de nulidade, as cláusulas essenciais – previstas no art. 23 da Lei de concessões além das seguintes disposições: as metas de expansão, as possíveis fontes de receitas alternativas, complementares ou acessórias, bem como as provenientes de projetos associados, a metodologia de cálculo de eventual indenização relativa aos bens reversíveis não amortizados, a repartição de riscos, incluindo os referentes a caso fortuito, força maior, fato do príncipe e a álea econômica extraordinária.

E, ainda, o Marco Legal do Saneamento Básico condiciona os contratos à comprovação da capacidade econômico-financeira da contratada com vistas a viabilizar a universalização dos serviços. Tal exigência, possibilitará à Administração Pública a segurança necessária para que o contratado cumpra, no decorrer do contrato, as obrigações a que se sujeitou.

5. ALTERAÇÃO DOS CONTRATOS – REEQUILÍBRIO ECONÔMICO-FINANCEIRO

A alteração contratual decorre da constatação da inadequação técnica pactuada e dependerá da comprovação que as exigências adotadas no edital e no contrato inicial não são as mais adequadas. A repactuação contratual, para ser lícita, no âmbito das prerrogativas da Administração, deve ser demonstrada de forma técnica, indicando a melhor solução para atendimento das finalidades contratadas. Como o instrumento de alteração unilateral do contrato é ato administrativo complexo, obriga-se a perfeita congruência lógica entre o motivo e o conteúdo da alteração, devidamente motivados com vistas ao atendimento do interesse público.

Tendo em vista as consequências e a relevância das possíveis modificações contratuais, atenta-se para o fato de que é plenamente justificável a alteração de comum acordo, neste caso, uma vez que a Administração não poderia impor significativa mudança no modo de execução inicialmente pactuado sem prévia anuência do contratado. A nova legislação oferece, portanto, a possibilidade de repactuação ou, em sua impossibilidade, a licitação e a contratação de parte necessária para o cumprimento das novas metas de universalização.

A alteração contratual exige a análise do risco assumido pelo contratado e a avaliação da necessidade da repactuação do equilíbrio econômico-financeiro, de acordo com o Art. 37, XXI, da Constituição Federal, com igual previsão na lei de concessões e nos demais instrumentos legais. Importante lembrar, que a recomposição do equilíbrio econômico-financeiro não tem lugar naquelas situações em que, comprovadamente, o desequilíbrio é derivado de conduta culposa do contratado ou esteja no âmbito do risco do negócio.

Assim, não será possível a recomposição da equação econômico-financeira nos casos em que a proposta oferecida pelo licitante esteja subavaliada ou, da mesma forma, naqueles casos em que a variação ou as alegações genéricas de aumento de preços de fornecedores também não possuem, por si só, a possibilidade de ensejar o direito ao reequilíbrio econômico-financeiro do instrumento contratual, uma vez que, neste caso, a situação enquadra-se em evento previsível, cujo risco do negócio é assumido como usual no contrato, conforme dispõem a doutrina e a jurisprudência consolidada do Tribunal de Contas da União.

Ainda no tema do Art. 65 da Lei de licitações, o reajuste é um elemento necessário aos editais de licitação de contratos de longa duração. Isso porque não se mostra justo exigir do contratado que suporte os efeitos da inflação durante anos, sem que haja a devida reposição do valor da moeda ou a revisão do contrato, sempre que a Administração exigir o cumprimento de novas metas e novos investimentos e, também, naqueles casos em que fatos imprevisíveis possam onerar demasiadamente a relação contratual.

As normas de referência, a cargo da Agência Nacional de Águas e Saneamento exigirão a repactuação e a padronização dos instrumentos negociais em vigência, especialmente para atender aos novos objetivos, dentre os quais: os indicativos padrões de qualidade; a regulação tarifária; as metas de universalização; e também, as metodologias de cálculo de indenizações em razão dos investimentos realizados e não amortizados ou depreciados.

Dentre as competências da ANA, encontra-se a regulação dos princípios identificadores da prestação adequada dos serviços, como: os princípios da regularidade, da continuidade, da eficiência, da segurança, da atualidade, da generalidade, da cortesia, da modicidade tarifária, da universalização dos serviços e do pleno atendimento aos usuários. Esses princípios complementam aqueles elencados no Art. 6º da Lei n. 8.987/95 que também identificam os serviços adequados. A preocupação se renova, não em face da regulação objetiva desses princípios, mas no que concerne à capacidade das agências reguladoras em implementar esses princípios em face da teoria da captura – econômica, política e administrativa, da assimetria de informações e da indevida intromissão do Poder Judiciário no mérito da decisão administrativa, que em muitas ocasiões, ultrapassam o limite do controle de legalidade.

Os contratos de prestação dos serviços públicos de saneamento básico deverão definir metas de universalização que garantam o atendimento de 99% da população com água potável e de 90% da população com coleta e tratamento de esgotos até 31 de dezembro de 2033, e a revisão dos contratos que não possuírem as referidas metas terão até 31 de março de 2022 para viabilizar essa inclusão.

Os atuais contratos firmados por meio de procedimento licitatório com metas diversas, permanecerão inalterados nos moldes licitados, e o titular do serviço buscará alternativas para atingir as metas acima definidas, inclusive promovendo uma licitação complementar para atendimento dos novos objetivos, ou o aditamento do contrato em vigor, com o eventual processo de reequilíbrio econômico-financeiro, definido em comum acordo com a contratada.

6. INEXECUÇÃO DOS CONTRATOS E OS MECANISMOS DE RESCISÃO

O Art. 78 da Lei de licitações e contratos elenca as causas que dão ensejo à rescisão do contrato. Ocorrida a inexecução por parte do contratado, resta à Administração a alternativa da rescisão unilateral e, de forma a prestigiar o princípio da continuidade do serviço público, a possibilidade de assunção imediata do objeto do contrato, no estado em que se encontrar, bem como a ocupação e a utilização do local, instalações, equipamentos, material e pessoal empregado na execução do contrato.

A inexecução total ou parcial do contato acarretará, a critério do poder concedente, a declaração de caducidade da concessão, precedida da verificação da inadimplência da concessionária em processo administrativo, assegurado o direito de ampla defesa e o conhecimento prévio do descumprimento contratual, nos termos do Art. 38 da Lei de concessões. Importa aqui, lembrar que mesmo instaurado o processo administrativo de caducidade, resta ainda para a Administração a possibilidade de escolher uma outra opção, não tão traumática como a decretação da caducidade.

Os parâmetros para determinação de caducidade do contrato, em face do descumprimento das obrigações contratadas, deverão apontar objetivamente os casos de sua aplicação, com a necessária notificação do concessionário, concedendo-lhe prazo razoável para a correção e, ainda, como decorrência do processo de caducidade, a previsão da intervenção e, não sendo possível o cumprimento das obrigações contratuais, o início do processo administrativo de caducidade. No elenco dos critérios para a decretação da caducidade, um dos elementos importantes deve ser a identificação dos bens reversíveis, o pagamento das multas contratuais bem como as condições de pagamento dos investimentos não amortizados. A decretação da caducidade é uma medida traumática, não só para a empresa, mas em especial para a agência reguladora em face da inexistência de processos metodológicos suficientes para identificar os bens reversíveis, a quantificação dos valores necessários para atualizá-los e os cálculos para estimar a depreciação e a amortização dos investimentos.

O controle social, como importante instrumento de acompanhamento da execução das obrigações contratadas, é auxiliado pelo conjunto de mecanismos e procedimentos que garantam à sociedade informações, representação técnica e participação nos processos de formulação de políticas, de planejamento e de avaliação relacionados com os serviços públicos de saneamento. Esse controle desempenha também importante papel fiscalizatório, em especial, no formato das consultas e audiências públicas.

A ampliação do controle social dos serviços públicos de saneamento básico incluirá a participação de órgãos colegiados de caráter consultivo, nacional, estaduais, distritais e municipais. E, nesse sentido, para minimizar os efeitos da captura regulatória, os grupos ou as comissões de trabalho, com a participação das entidades reguladoras e fiscalizadoras e das entidades representativas dos Municípios, atuam auxiliado na elaboração das normas, visando a sua adequação, com os objetivos elencados no Marco Regulatório do Saneamento Básico.

7. CONCLUSÃO

A lei de concessões de serviços públicos inaugurou, de forma oficial, a transferência da gestão desses serviços para a iniciativa privada, quando se esperava – naquela época – a solução dos problemas envolvendo os serviços públicos de natureza econômica. Passados 25 anos daquela lei, o Marco Legal do Saneamento Básico traz novas propostas de repactuação contratual para viabilizar a universalização, o cumprimento de metas, a modicidade tarifária, dentre outras políticas no sentido de atender aos objetivos do desenvolvimento sustentável.

Entretanto, a história das concessões no Brasil demonstra que o poder público não dispõe de poder suficiente para exigir o cumprimento das normas contratuais. A assimetria de informações e a captura econômica, política e jurídica impactam significativamente no sentido de postergar as determinações legais e contratuais. Nesse sentido, imaginava-se que haveria, em pouco tempo, a estatização desses serviços, o "retorno do pêndulo"; mas, com o passar do tempo, conclui-se que o sistema regulatório está evoluindo, no sentido de alcançar a efetividade da governança regulatória, a segurança jurídica, a transparência e a conformidade.

Um sopro de alento paira nas boas intenções da nova legislação. A previsão de metas, a participação social, a formação técnica e os critérios identificadores dos bens reversíveis, as definições objetivas do reequilíbrio econômico-financeiro e a definição dos critérios de caducidade, poderão sinalizar para a efetivação dos objetivos traçados no Marco Legal do Saneamento Básico. É o que a sociedade espera.

8. REFERÊNCIAS

CASSAGNE, J.C. *La intervencion administrativa*. Buenos Aires: Abeledo Perrot, 1994.

CORREIA, J.M.S. *Legalidade e autonomia contratual nos contratos administrativos*. Coimbra: Almedina, 1987.

DELGADO, J.F.M. *La extinción de la concessión de servicio público*. Madri: Laley, 1992.

ESTORNINHO, M.J. *Curso de direito dos contratos públicos*. Coimbra: Almedina, 2013.

GONÇALVES, P.C. *Reflexões sobre o Estado Regulador e o Estado Contratante*. Coimbra: Editora Coimbra, 2013.

HUALDE, A.P. *Servicios públicos y organismos de control*. Buenos Aires: Lexisnexis, 2006.

MORENILLA, J.M.S. *La actividad de la administración y el servicio público*. Granada: Comares, 1998.

OLIVEIRA, J.C. *Concessões de serviços públicos*: edição histórica dos 25 anos do marco regulatório. São Paulo: Cultura Acadêmica, 2020.

OLIVEIRA, J. C. *Licitações e contratos públicos*: consórcios, convênios e parcerias. São Paulo: Cultura Acadêmica, 2020.

OTERO, P. *Legalidade e Administração Pública*. Coimbra: Almedina, 2003.

SALOMONI, J.L. *Teoria general de los servicios públicos*. Buenos Aires: Ad-Hoc, 1999.

2
O CONTRATO DE PROGRAMA

Wladimir António Ribeiro

Graduado em Direito pela Universidade de São Paulo (1990) e Mestre em ciências jurídico-políticas pela Universidade de Coimbra (2002). Foi consultor do governo federal na elaboração da Lei de Consórcios Públicos (2005), da Lei Nacional de Saneamento Básico (2007) e de seu Regulamento (2010). Advogado do escritório Manesco, Ramires, Perez, Azevedo Marques.

Sumário: I. Uma reminiscência. II. Introdução. III. Contrato de programa: uma análise estrutural. 1. Introdução. 2. Natureza jurídica. 3. Partes. 4. Objeto. 5. Forma. IV. Contrato de programa na prestação de serviços públicos. 1. Introdução. 2. Formas de prestação de serviço público. 3. O contrato de programa como instrumento de prestação direta. V. O contrato de programa no saneamento básico. 1. Introdução. 2. É constitucional se vedar a prestação no regime de gestão associada de serviços públicos? 3. Extensão da vedação do uso do contrato de programa. VI. Conclusões.

I UMA REMINISCÊNCIA

Em abril de 2004, durante os trabalhos de consultoria desenvolvidos junto ao Governo Federal para a elaboração da atual Lei de Consórcios Públicos, recebemos a visita de Cavallo Perin, Professor de Direito Administrativo da Universidade de Turim. Dentre diversas atividades – que incluiu um jantar com o Professor Eros Grau, então Ministro do Supremo Tribunal Federal, onde em realidade se iniciou o diálogo adiante referido –, estivemos em evento promovido pela Faculdade de Direito da Universidade de São Paulo, ao lado dos Professores Floriano de Azevedo Marques e Gilberto Bercovici. Após, Cavallo Perin e sua esposa, a Dra. Gabriela Racca, e eu, fomos almoçar no tradicional Restaurante Itamarati, no mesmo Largo de São Francisco. Conversamos longamente, em uma agradável tarde. Foi quando deixei claro que eu percebia uma lacuna no direito brasileiro, pois ausente instituto destinado a disciplinar as relações de cooperação intergovernamental que não se limitavam à transferência de recursos financeiros, lacuna que era ainda mais grave no caso de cooperação mediante a delegação da prestação de serviços públicos de saneamento básico. A meu ver, o Brasil, por meio da Emenda Constitucional 19, de 1998, no que alterou a redação do artigo 241 da Constituição, havia adotado o modelo italiano da *gestione associata di servizi pubblici*, porém o desenho precisaria ser completado, com a previsão de instituto semelhante ao *accordo di programma* do direito italiano. Porém, minha resistência era a designação *accordo* que, no âmbito do direito brasileiro, denotava fragilidade, incompatível com a segurança jurídica para a cooperação intergovernamental que envolvesse investimentos relevantes, cuja amortização demanda razoável período. Cavallo Perin fez uma longa explicação, incursionando pela teoria do direito, esclarecendo a resistência da doutrina italiana em reconhecer a figura do contrato na Administração Pública, porque incompatível com o conceito de indisponibilidade do interesse público. Além disso, contrapôs este entendimento com a doutrina alemã e italiana – inclusive a de Tulio Ascarelli, que também foi Professor, na Faculdade de Direito, ali, do outro lado do Largo de São Francisco. Concluiu que esta falsa divisão entre contratos e acordos (ou convênios), não se justificava, porque a oposição de interesses não é intrínseca ao contrato (considerado como instituto jurídico). Neste momento compreendi que não cabiam inovações. Como o legislador constitucional havia adotado o regime italiano da gestão associada de serviços públicos, era o caso de se prever o seu natural instituto complementar, com pequena inovação de nomenclatura, para torná-lo mais adequada à sua própria natureza jurídica. Estava batizado o *contrato de programa*, que dezesseis anos depois, é o tema deste artigo.[1]

II INTRODUÇÃO

O *contrato de programa* é um contrato da Administração Pública, regido pelo Direito Público, que possui como partes contratantes órgãos ou entidades integrantes da Administração Pública de entes da Federação diferentes, ou de natureza interfederativa, para a coordenação de atividades na realização de específicos objetivos que se traduzem como exercício de competências comuns ou privativas, desde que não se resumam na mera transferência de recursos financeiros.

A maior parte da disciplina legal desse tipo contratual está disposta no artigo 13, da Lei 11.107, de 6 de abril de 2005[2], que inclusive o prevê como *condição de validade* de obrigações constituídas no âmbito da prestação de serviços públicos em regime de cooperação intergovernamental[3].

---

1. O mencionado estudo do Professor Tullio Ascarelli é "O contrato plurilateral", publicado pela primeira vez em 1945 na obra *Problemas das Sociedades Anônimas e Direito Comparado*, da qual nos utilizamos da 2ª edição, com prefácio do Professor Waldemar Ferreira, São Paulo, Saraiva, 1969, p. 255-312. Registre-se que, na doutrina brasileira, é dominante hoje o entendimento de compreender como contratos também os ajustes em que os interesses não se contrapõem, como, por exemplo, faz Odete Medauar: "A dificuldade de fixar diferenças entre contrato, de um lado, e convênio e consórcio, de outro, parece levar à mesma categoria, a contratual" (*Direito Administrativo moderno*. 14. ed. São Paulo: Ed. RT, 2010, p. 238-239). Curioso que, também na doutrina brasileira, há aqueles que resistem, mesmo com o texto legal expresso, e insistem em designar o instituto como *acordo de programa*, como no caso do Professor Diogo de Figueiredo Moreira Neto, que, sob a forte influência de determinada corrente da doutrina alemã, considera o *consórcio*, o *convênio* e o *"acordo de programa"* não como contratos, mas como *atos administrativos complexos* (v.g., v. *Curso de Direito Administrativo*. 16. ed., rev. e atual. Rio de Janeiro: Forense, 2014, p. 479). Neste último tema, importante a análise realizada por Alexandra Leitão que muito bem distingue o conceito dos *contratos interadministrativos* dos *atos administrativos complexos*, inclusive afirmando que "a assimilação do contrato interadministrativo ao ato complexo é tributária de uma visão pouco pluralista da Administração Pública" (*Contratos interadministrativos*. Coimbra: Almedina, 2011, p. 138). Registre-se que, na doutrina brasileira, é Ana Carolina Hohmann quem melhor percebeu a grande identidade entre o contrato de programa brasileiro e o *accordo di programma* italiano, realizando interessante comparação entre estes dois institutos (*O contrato de programa na Lei federal n. 11.107/05*. Rio de Janeiro: Lumen Juris, 2016, p. 171 e ss.
2. Apesar de esta lei ser conhecida como "Lei de Consórcios Públicos", não cuida apenas dos *consórcios públicos*, mas, também, da *gestão associada de serviços públicos* que, por seu turno, como previsto pela redação atual do artigo 241 da Constituição Federal, pode se desenvolver sem *consórcio público*, que pode ser, para este fim, substituído pelo *convênio de cooperação entre entes federados*. Com isso, a mais precisa designação seria "Lei de Consórcios Públicos e da Gestão Associada de Serviços Públicos" ou, de forma mais sintética, "Lei das Parcerias Público-Públicas".
3. O artigo 2º, inciso XVI, do Decreto 6.017, de 17 de janeiro de 2007 – que regulamentou a Lei 11.107/2005, apesar de afirmar que conceitua o contrato de programa, na realidade apenas ressalta sua obrigatoriedade na constituição de obrigações no campo da prestação de serviços públicos em regime de cooperação federativa, como se pode verificar de

Apesar da forma singela e objetiva em que aqui descrito, a compreensão do contrato de programa é desafiadora e, infelizmente, trata-se de instituto que não vem obtendo a atenção merecida da doutrina que, em geral, o confunde com outros. Um primeiro objetivo deste texto é o de realizar *análise estrutural*, de forma a caracterizar o contrato de programa como instituto jurídico específico.

O segundo objetivo é o de compreender as características que o contrato de programa possui *no âmbito da prestação de serviços públicos*. Adianta-se que, neste específico caso, o contrato de programa possui por papel disciplinar uma das formas de *prestação direta* de serviços públicos – advertindo-se que a prestação direta se caracteriza pela prestação em nome e interesse apenas dos usuários, em geral representados pela Administração Pública. Daí porque o contrato de programa, no âmbito europeu, é designado como "contratado de provisão doméstica dos serviços" (*in house providing contract*), não sendo, portanto, instrumento para a *prestação indireta* de serviços públicos, que, por imposição constitucional, deve se efetivar somente pelos institutos da *concessão* ou da *permissão*[4].

Por fim, o terceiro e último objetivo do presente estudo é o de analisar os impactos trazidos pela Lei 14.026, de 15 de julho de 2020, nos contratos de programa que tenham por objeto a prestação de serviços públicos de saneamento básico.

III CONTRATO DE PROGRAMA: UMA ANÁLISE ESTRUTURAL

1. INTRODUÇÃO

Neste tópico, seguindo o método das ciências lógico-formais, será identificada a *natureza jurídica* do contrato de programa e, a seguir, os seus elementos constituintes, a saber: *partes*, *objeto* e *forma*.

2. NATUREZA JURÍDICA

O *contrato de programa* é um dos *contratos da Administração*, inclusive porque todas as suas partes são, necessariamente, órgãos ou entidades da Administração Pú-

---

seu texto: "contrato de programa: instrumento pelo qual devem ser constituídas e reguladas as obrigações que um ente da Federação, inclusive sua administração indireta, tenha para com outro ente da Federação, ou para com consórcio público, no âmbito da prestação de serviços públicos por meio de cooperação federativa". Como técnico que orientou a redação deste dispositivo, faço aqui o meu *mea culpa*, reconhecendo que o conceito regulamentar é insuficiente, por apenas se limitar a um determinado uso do contrato de programa. Daí porque o conceito adotado neste artigo, bem mais técnico, que é fruto não só do aprofundamento das reflexões, mas, também, do saudável e imprescindível debate crítico, que sempre colabora para o aperfeiçoamento do conhecimento. Observe que este foco, tanto no texto legal como no regulamentar, em apenas um dos muitos usos que pode ter o contrato de programa, influenciou boa parte da doutrina, porque dificulta uma compreensão mais adequada e ampla do instituto. Celso Antonio Bandeira de Mello, apesar de ser o doutrinador que de forma mais profunda compreendeu o alcance e o regime jurídico do contrato de programa, foi um dos autores negativamente influenciados pela deficiência do texto regulamentar: "*Contratos de programa* são avenças entre pessoas de Direito Público ou entre elas e pessoas jurídicas da Administração indireta, como condição de validade das recíprocas obrigações, tendo por objeto a 'gestão associada em que haja a prestação de serviços públicos ou a transferência total ou parcial de encargos, serviços pessoal ou de bens necessários à continuidade dos serviços transferidos" (*Curso de Direito Administrativo*. 32. ed. São Paulo: Malheiros, 2015, p. 688).

4. Não se desconhece o debate da prestação de serviços públicos mediante *autorização*, que, pelas limitações deste texto, não será aqui analisado.

blica. E a compreensão dos *contratos da Administração*, na doutrina administrativista anterior, costumava se derivar em duas possibilidades: (i) *contrato de Direito Privado* celebrado pela Administração Pública, e (ii) *contrato administrativo*[5]. Como se vê, o Direito Administrativo considerava que os contratos celebrados pela Administração Pública, e que não são regidos pelo "Direito Privado"[6], são, por mera exclusão, *contratos administrativos*[7].

Já *contrato administrativo*, nos termos da legislação, é entendido como o ajuste em que seja parte órgão ou entidade da Administração Pública, no qual haja acordo de vontades para a formação de vínculo e a estipulação de obrigações recíprocas[8], o que faz boa parte da doutrina compreender que, neles, "os *interesses* e *finalidades* visados pela Administração e pelo contratado são contraditórios e opostos"[9].

Doutro lado, nota marcante e distintiva do regime jurídico dos contratos administrativos é a presença das chamadas *cláusulas exorbitantes,* como bem ilustra Hely Lopes Meirelles: "O que caracteriza o contrato de direito público é a intervenção da Adminis-

---

5. Extremamente útil quanto a este ponto é a lição de Maria Sylvia Zanella Di Pietro: "A expressão contratos da Administração é utilizada, em sentido amplo, para abranger todos os contratos celebrados pela Administração Pública, seja sob regime de direito público, seja sob regime de direito privado. E a expressão contrato administrativo é reservada para designar tão somente os ajustes que a Administração, nessa qualidade, celebra com pessoas físicas ou jurídicas, públicas ou privadas, para a consecução de fins públicos, segundo regime de direito público. Costuma-se dizer que, nos contratos de direito privado, a Administração se nivela ao particular, caracterizando-se a relação jurídica pelo traço da horizontalidade e que, nos contratos administrativos, a Administração age como poder público, com todo o seu poder de império sobre o particular, caracterizando-se a relação jurídica pelo traço da verticalidade" (*Direito Administrativo*. 32. ed. Rio de Janeiro: Forense, 2019, p. 293). Para a mesma posição evoluiu o pensamento de Hely Lopes Meirelles (v., por ex., a 15ª edição de seu *Direito Administrativo Brasileiro*, última por ele mesmo revisada. São Paulo: Ed. RT, 1990, p. 187 e ss.), bem como – porém em roupagem bem mais complexa, é a defendida por Diogo de Figueiredo Moreira Neto (*Curso de Direito Administrativo*, 11. ed. Rio, Forense, 1998, p. 116 e ss.). Também a posição reconhecida como dominante por Celso Antônio Bandeira de Mello: "Nem todas as relações jurídicas travadas entre Administração e terceiros resultam de atos unilaterais. Muitas delas precedem de acordos de vontade entre o Poder Público e terceiros. A estas últimas costuma-se denominar "contratos". Dentre eles distinguem-se, segundo a linguagem doutrinária corrente: a) contratos de Direito Privado da Administração; b) "contratos administrativos". Os primeiros regem-se quanto ao conteúdo e efeitos pelo Direito Privado e os segundos reger-se-iam pelo Direito Administrativo. Assim, como exemplos dos primeiros têm-se a compra e venda de um imóvel, a locação de uma casa para nela instalar uma repartição pública etc. Exemplificam os segundos a concessão de serviço público, o contrato de obra pública, a concessão de um bem público." (*Curso de Direito Administrativo*. 28. ed. São Paulo: Malheiros, 2011, p. 620-621).
6. Tenha-se em conta que o "Direito Privado" quando utilizado pela Administração Pública, por incrível que isso possa parecer, não é o mesmo "Direito Privado" dos particulares, porque temperado por normas de Direito Público, daí a expressão alemã *"Verwaltungsprivatrecht"* – "Direito Privado Administrativo" (sobre o tema, v. ESTORNINHO, Maria João. *Requiem pelo Contrato Administrativo*. Coimbra: Almedina, 1990, p. 174 e ss.).
7. Importante se frisar que essa classificação era a utilizada pelo Direito Administrativo anterior, sendo que os administrativistas atuais evoluíram para classificação mais abrangente e precisa tendo em vista a realidade atual. Por todos v. ALMEIDA, Fernando Dias Menezes de. *Contrato Administrativo*. São Paulo: Quartier Latin, 2012.
8. Art. 2º, parágrafo único, Lei 8.666, de 21 de junho de 1993.
9. DI PIETRO. Op. cit., p. 297. Citemos um exemplo: no caso de contrato de prestação de serviços, o seu interesse é receber os serviços, e o do contratado, receber o preço pelos serviços – sendo que, em geral o contratante deseja os melhores serviços pelo preço que paga, e o contratado almeja o maior preço pelo serviço que executa – vê-se, assim, o significado de dizer que, apesar de complementares, os interesses das partes contratantes são opostos. Já os sócios de uma empresa possuem o mesmo interesse no sucesso do empreendimento, do qual repartem os lucros – pelo que o contrato social se diferencia do primeiro exemplo, uma vez que, apesar de contrato, os interesses não são opostos. Justamente neste tema da teoria dos contratos é a grande contribuição de Ascarelli, na obra aqui já referida.

tração na relação jurídica bilateral com supremacia de vontade sobre a outra parte, para fixar as condições em que quer contratar"[10].

Contudo, tais classificações são insuficientes para caracterizar o *contrato de programa*. Não se trata de contrato típico do Direito Privado, utilizado extraordinariamente pela Administração Pública, mesmo com adaptações em seu regime jurídico. Também não se configura como contrato com interesses opostos ou, ainda, em que se podem admitir cláusulas exorbitantes. Sobre este último aspecto, relevante trazer aqui trecho de estudo que alhures publicamos:

> Observe-se que, justamente por estas características, o contrato de programa, apesar de ser contrato de direito público, pois tanto suas partes como seu objeto são desta natureza, *não é* contrato administrativo.
>
> Isso porque a característica marcante do contrato administrativo são as chamadas cláusulas exorbitantes, por meio das quais a parte pública, na defesa do interesse público, possui poderes inclusive de alterar unilateralmente determinadas cláusulas contratuais, desde que recomposta a equação econômico-financeira que configura a remuneração do privado contratado. Porém, no caso do contrato de programa, não há parte privada, pois sua característica essencial é que ele é celebrado entre duas Administrações Públicas, formaliza uma parceria público-pública. Nos dois polos do contrato de programa está o interesse público, pelo que não faz sentido que um interesse público seja superior ao outro. Apesar de contrato de direito público, o regime é de isonomia de tratamento e de poderes contratuais, lembrando o contrato privado.[11]

Observe-se que não só o contrato de programa, mas, também, os demais contratos previstos pela Lei de Consórcios Públicos não se caracterizam quer como contratos da Administração regidos pelo Direito Privado, quer como contratos administrativos: no *contrato de consórcio público* evidente que os interesses não são opostos, e no *contrato de rateio* inviável se cogitar cláusulas exorbitantes.

Veja-se, assim, que a Lei de Consórcios Públicos inaugurou o reconhecimento, no direito brasileiro, de *contratos de Direito Público que não se confundem com os contratos*

---

10. *Direito Administrativo*. 2. ed. São Paulo: Ed. RT, 1966, p. 227. Merece destaque o que Di Pietro afirma sobre o tema: "Quando a Administração celebra contratos administrativos, as cláusulas exorbitantes existem implicitamente, ainda que não expressamente previstas; elas são indispensáveis para assegurar a posição de supremacia do Poder Público sobre o contratado e a prevalência do interesse público sobre o particular" (Op. cit., p. 299). Importante consignar que não se trata de um poder ilimitado, uma vez que, seguindo a antes citada obra de Hely Lopes Meirelles, "No exercício de tal poder, a Administração só encontra restrições de suas ordens: 1ª) as alterações unilaterais do contrato só podem abranger as cláusulas referentes à *forma de prestação do serviço* ou de *execução da obra* (e não as cláusulas que estabeleçam condições econômicas e financeiras); 2ª) as alterações não podem ir ao ponto de modificar o próprio objeto do contrato. O princípio básico do poder de alteração unilateral dos contratos administrativos é o de que toda modificação imposta à outra parte, de modo a causar-lhe prejuízo obriga a Administração a indenizar, a fim de restabelecer o equilíbrio econômico inicialmente previsto pelos contratantes" (p. 239). Sobre o tema das cláusulas exorbitantes, merece registro profundo e crítico estudo publicado por MOREIRA NETO, Diogo de Figueiredo. O futuro das cláusulas exorbitantes nos contratos administrativos. In: ARAGÃO, Alexandre; MARQUES NETO, Floriano de Azevedo. *Direito Administrativo e seus novos paradigmas*. Belo Horizonte: Editora Fórum, 2008, p. 571-592.
11. Contributo para a compreensão dos aspectos jurídicos da gestão financeira dos consórcios públicos. In: CARNEIRO, José Mario Brasiliense; BRITO, Eder dos Santos. *Consórcios intermunicipais e políticas públicas regionais*. São Paulo: Oficina Municipal/*Konrad Adenauer Stiftung*, 2019, p. 32. Merece registro aqui também o entendimento de Hohmann, para quem o poder de alterar unilateralmente os contratos "desnaturaria a essência cooperativa do contrato de programa: implicaria a existência de subordinação entre as partes e colidiria com o princípio da igualdade entre os entes federativos (op. cit., p. 195).

administrativos. Em suma: contrato de Direito Público constitui *gênero* em que, ao lado do subgênero *contratos administrativos*, há o subgênero dos *contratos internacionais* e, ainda, o subgênero dos *contratos interadministrativos* – dentre os quais se situa a espécie *contrato de programa*[12]. Exemplifiquemos de forma gráfica:

Como conclusão, importante apontar que, além da ausência de cláusulas exorbitantes, e do consequente reconhecimento de isonomia entre as partes contratantes, outro aspecto de natureza prática dos *contratos de programa*: a ausência de equação econômico-financeira, o que é inclusive evidenciado pela legislação: "o contrato de programa deverá atender à legislação de concessões e permissões de serviços públicos e, *especialmente no que se refere ao cálculo de tarifas e de outros preços públicos, à de regulação dos serviços a serem prestados*"[13].

Como os objetivos de ambas as partes contratantes é atender ao interesse público, alcançando os objetivos almejados por um determinado programa executado de forma intergovernamental, não há propriamente sinalagma, pelo que os aspectos econômicos podem se resumir à reunião dos recursos possíveis e necessários para se atingir os objetivos da cooperação. A princípio, uma parte não tem o direito de ser remunerada em razão do que fez no interesse da outra parte, justamente porque os interesses são comuns. Daí porque a remuneração, no dispositivo legal mencionado, está *fora do contrato*, reservado à atividade regulatória, aqui compreendida *lato sensu*, e que deve analisar os aspectos de política pública e definir a forma que os recursos necessários à consecução dos objetivos (ou programa) devem ser reunidos.

Com isso, especialmente no caso de o contrato de programa possuir como objeto a prestação de serviços públicos, não há que se falar em *regulação contratual,* mas tão somente, em *regulação discricionária* – típica da prestação direta de serviços públicos[14].

---

12. Registre-se que Di Pietro já registrava que, no gênero contrato de Direito Público, se situavam os contratos internacionais (op. cit., p. 295), bem como que a doutrina já reconhece a designação *contratos interadministrativos*, tanto assim que Alexandra Leitão possui obra exatamente com este título (Coimbra: Editora Almedina, 2011). Também merece destaque aqui, no campo da doutrina brasileira, a análise que Hohmann realiza dos contratos interadministrativos. Op. cit., p. 60-92.
13. Art. 13, § 1º, I, da Lei 11.107/2005.
14. Os debates sobre este tema têm se circunscrito aos economistas e àqueles que estudam políticas públicas, apesar de suas evidentes repercussões jurídicas. Para uma introdução ao tema, v. Gómez-Ibañez, José A. *Regulating Infrastructure*, Cambridge/London: Harvard University Press, 2003.

3. PARTES

As partes dos *contratos de programa* necessariamente são órgãos ou entidades de entes federativos diferentes ou, ainda, entidade de natureza interfederativa – como nos casos dos consórcios públicos, das regiões metropolitanas, das aglomerações urbanas ou das microrregiões[15]. Este é um elemento estrutural do *contrato de programa* porque, sem ele, evidentemente ele não seria *contrato interadministrativo*, podendo se confundir com o *contrato administrativo*, perdendo a sua natureza jurídica específica[16].

Contudo, a Lei de Consórcios Públicos prevê uma limitação: a de que entidades da Administração indireta *não podem* ser partes do contrato de programa, salvo se tal circunstância for expressamente prevista em *contrato de consórcio público* ou em *convênio de cooperação entre entes federados*[17]. Evidentemente que os mencionados consórcio e convênio devem ter sido validamente celebrados, o que impõe atender aos requisitos previstos no artigo 241 da Constituição Federal, dentre os quais se destaca o de terem sido disciplinados por lei editada no âmbito de cada ente da Federação cooperante[18].

Outro aspecto sobre as partes do contrato de programa diz respeito à revogação, realizada pela Lei 14.026, de 15 de julho de 2020, do § 6º do artigo 13 da Lei de Consórcios Públicos, que possuía a seguinte redação: "O contrato celebrado na forma prevista no § 5º deste artigo será automaticamente extinto no caso de o contratado não mais integrar a

---

15. Refere-se aqui às regiões metropolitanas, aglomerações urbanas e microrregiões instituídas de forma a se revestirem de natureza de autarquia interfederativa ou, como se afirma na jurisprudência do STF – Supremo Tribunal Federal, de entidade intergovernamental (sobre o tema, v. o voto do Ministro Joaquim Barbosa no julgamento da Ação Direta de Inconstitucionalidade 1.842-RJ).
16. O requisito de que sejam órgãos ou entidades de entes federativos diferentes, ou de natureza interfederativa, é porque, do contrário, o *contrato interadministrativo* não seria da espécie *contrato de programa*, mas o *contrato de desempenho* (ou de gestão) previsto no artigo 37, § 8º, da Constituição Federal e, para a órbita da Administração Federal, regulamentado pela Lei 13.934, de 11 de dezembro de 2019.
17. V. art. 13, § 5º, da Lei 11.107/2005. Observe-se que a exigência não se aplica às entidades de integração previstas pelo art. 25, § 3º, da Constituição Federal (regiões metropolitanas, aglomerações urbanas e microrregiões), porque não são entidades da Administração indireta, pelo que podem celebrar contrato de programa mesmo sem expressa previsão em contrato de consórcio público ou em convênio de cooperação entre entes federados.
18. Eis o texto do artigo 241 da Constituição Federal, na redação da Emenda Constitucional 19, de 1998: "A União, os Estados, o Distrito Federal e os Municípios *disciplinarão por meio de lei* os consórcios públicos e os convênios de cooperação entre os entes federados, autorizando a gestão associada de serviços públicos, bem como a transferência total ou parcial de encargos, serviços, pessoal e bens essenciais à continuidade dos serviços transferidos" (destacou-se). A Lei 14.026, de 15 de julho de 2020, alterou a Lei 11.445, de 5 de janeiro de 2007, para acrescentar em seu artigo 8º um § 4º com a seguinte redação: "Os Chefes dos Poderes Executivos da União, dos Estados, do Distrito Federal e dos Municípios poderão formalizar a gestão associada para o exercício de funções relativas aos serviços públicos de saneamento básico, ficando dispensada, em caso de convênio de cooperação, a necessidade de autorização legal". Obviamente que a lei federal não está isentando a União, Estados, Distrito Federal e Municípios de atender ao requisito, previsto no texto constitucional, de disciplinar mediante lei o *convênio de cooperação entre entes federados*, especialmente quando tenha por objeto autorizar a *gestão associada de serviços públicos*. O que o comando legal afirma é que não há que se confundir essa *disciplina*, que pode ser abstrata e genérica, como próprio das leis, da *autorização legislativa*, na qual, muitas vezes, se exige que se encaminhe ao Poder Legislativa a *minuta do convênio de cooperação*, assumindo a atividade do Poder Legislativo mais a feição de controle prévio de atos de gestão do Poder Executivo do que, propriamente, atividade legislativa. Ou seja, como afirma o artigo 31, § 4º, do Decreto 6.017/2007, que regulamentou a Lei de Consórcios Públicos, "o convênio de cooperação não produzirá efeitos entre os entes da Federação cooperantes que não o tenham disciplinado por lei", porém o requisito da *disciplina por lei* não pode se confundir com o requisito, esse sim até abusivo, da *autorização legislativa*.

administração indireta do ente da Federação *que autorizou a gestão associada* de serviços públicos por meio de consórcio público ou de convênio de cooperação". Importante compreender exatamente o significado dessa revogação.

Evidentemente, uma vez que é estrutural ao contrato de programa que suas partes sejam exclusivamente órgãos ou entidades da Administração Pública, que a privatização de uma empresa pública ou sociedade de economia mista, por desnaturar a sua condição de entidade da Administração Pública, levará à extinção do contrato de programa – do contrário estar-se-ia admitindo o *non sense* de *contrato interadministrativo* que tenha como uma das partes um particular.

A revogação do § 6º do artigo 13 da Lei 11.107/2005 em nada alterou este aspecto. Com isso, se, após prévia licitação, houve alienação do controle de empresa pública ou de sociedade de economia mista que detinha contrato de programa, este contrato será extinto e, se o procedimento licitatório previu, e todos os requisitos forem cumpridos, haverá a celebração de *novo contrato*, que em nada se ligará ao contrato anterior – salvo se as novas partes contratantes, expressamente, cederem direitos e obrigações oriundos do contrato então extinto.[19]

Com isso, qual seria o alcance da revogação do § 6º do artigo 13 da Lei 11.107/2005? Relembre-se seu texto: "O contrato celebrado na forma prevista no § 5º deste artigo será automaticamente extinto no caso de o contratado não mais integrar a administração indireta do ente da Federação que autorizou a gestão associada de serviços públicos por meio de consórcio público ou de convênio de cooperação". Veja: afirma-se que caso a entidade tenha mudado o seu controle, de forma direta ou indireta, *para outro ente da Federação* (portanto, continuando entidade da Administração Pública), o contrato de programa seria extinto. E isso, com a revogação, não ocorrerá.

Exemplifiquemos. No caso de *gestão associada* entre Município localizado no território do Estado do Paraná e o próprio Estado do Paraná – autorizada em contrato de consórcio público ou em convênio de cooperação entre entes federados –, no interior da qual o Município tenha celebrado *contrato de programa* com sociedade de economia mista controlada pelo Estado do Paraná, caso a sociedade de economia mista fosse *federalizada*, passando para o controle da União, direta ou indiretamente (por exemplo, pelo BNDES – Banco Nacional de Desenvolvimento Econômico e Social), antes da revogação do § 6º do artigo 13 da Lei de Consórcios Públicos o contrato de programa seria extinto; com a revogação, ele permanecerá vigente. Não se trata, portanto, de permitir a hipótese, absurda, de contrato de programa em que uma das partes seja pessoa que não possui vínculo com a Administração Pública.

---

19. O § 1º do art. 13 da Lei 14.026/2020 adota exatamente esta orientação, ao afirmar que, no caso de alienação do controle de empresa pública ou sociedade de economia mista, seus contratos de programa serão *substituídos* por contratos de concessão previamente licitados, e não *convertidos* em contratos de concessão, porque esta última hipótese é juridicamente inviável. Veja-se seu texto: "Art. 13. (...) Caso a transição referida no inciso V do caput deste artigo exija a *substituição* de contratos com prazos distintos, estes poderão ser reduzidos ou prorrogados, de maneira a convergir a data de término com o início do contrato de concessão definitivo, observando-se que: I – na hipótese de redução do prazo, o prestador será indenizado na forma do art. 37 da Lei nº 8.987, de 13 de fevereiro de 1995; e II – na hipótese de prorrogação do prazo, proceder-se-á, caso necessário, à revisão extraordinária, na forma do inciso II do caput do art. 38 da Lei 11.445, de 5 de janeiro de 2007. (...)".

Por fim, importante se ter em conta que o contrato de programa nem sempre será bilateral, podendo ser integrado por diversos órgãos e entidades, na conformidade de o programa de interesse público a ser executado atrair diversas partes. Por exemplo, em algumas situações poderá integrar o contrato de programa a entidade responsável pela regulação dos serviços, caso o contrato lhe preveja direitos e obrigações.

4. OBJETO

O objeto do *contrato de programa* é a coordenação de atividades dos órgãos ou entidades públicas, de entes federativos diferentes ou interfederativos, na realização de específicos objetivos de interesse público, desde que estes não se resumam na mera transferência de recursos financeiros. Logo, "assevere-se que a prestação de serviços públicos em regime de gestão associada não é o único objeto possível do contrato de programa"[20]. Esta *coordenação* pode se realizar de duas maneiras: (i) por meio de *associação*; e (ii) por meio de *delegação*.

No caso de *associação*, cada parte executa parcela do objeto contratual, em cooperação com a outra, na busca de um resultado de interesse comum. É a hipótese mais comum dos contratos de programa celebrados entre consorciado e consórcio público.

Já na hipótese de *delegação*, um ente federativo ou entidade interfederativa delega a outro ente, ou a uma entidade interfederativa, o *exercício* de determinada competência. Insista-se que a delegação é da execução, não da competência em si que, outorgada pela Constituição ou pela lei, não poderá, evidentemente, ser mercadejada por meio de negócio jurídico.[21]

O objeto do contrato de programa deve ser específico, para que possa ao menos ser identificável. Não se admitem fórmulas genéricas, como "todas as atividades que sejam relevantes para a promoção do interesse público mediante a cooperação interfederativa", porque seria atribuir uma competência, transformando a estrutura contratual em uma entidade política, desnaturando-a como instrumento para mera execução de competências. Importante lembrar que a expressão "programa", que integra o nome do contrato, comunica a fixação de metas e de resultados mensuráveis, para inclusive permitir a identificação dos recursos que serão mobilizados.[22]

Na hipótese de o objeto configurar *delegação* do exercício de competências, há aspectos a considerar. Caso a competência que se pretende executar seja *competência comum*, há que se atender as exigências fixadas pelas leis complementares previstas pelo

---

20. HOHMANN. Op. cit., p. 197.
21. Como ensina Carlos S. Barros Júnior, fundamentado em lição de Zanobini: "Acrescenta o citado autor ser supérfluo recordar que, falando de poderes e funções, entende referir-se unicamente ao poder de *exercício*, porque os poderes como tais não podem, por nenhum título, ser transferidos pelos entes públicos a outros sujeitos.". ("A concessão de serviço público". *Revista da Faculdade de Direito*, Universidade de São Paulo, 68(1), 1973, p. 250).
22. "Programa é o instrumento de organização da atuação governamental que articula um conjunto de ações que concorrem para a concretização de um objetivo comum preestabelecido, visando à solução de um problema ou ao atendimento de determinada necessidade ou demanda da sociedade (*Manual de Contabilidade Aplicada ao Setor Público*, 8. ed. Brasília: Secretaria do Tesouro Nacional do Ministério da Fazenda, 2018, p. 72).

parágrafo único do artigo 23 da Constituição Federal[23], ou pela disciplina da política pública executada em regime de cooperação interfederativa (por exemplo, no caso das saúdes, as normas que disciplinam o Sistema Único de Saúde – Sus).

Contudo, caso se trate de *competência privativa* (por exemplo, a prestação de serviço público de abastecimento de água e de esgotamento sanitário), o exercício por outro ente descaracterizaria a distribuição constitucional de competências. Um estaria delegando o que seria sua *exclusiva obrigação* executar, e o outro estaria executando algo que *não é* de sua atribuição.

Compreendendo o federalismo de forma apenas dual, ou estanque, o máximo que caberia a um ente federativo seria fornecer recursos financeiros e técnicos para que o outro ente federativo, com sua própria estrutura administrativa, executasse a competência que lhe cabe.

Contudo, o Brasil adotou o modelo *cooperativo* de federalismo de forma alargada, prevendo não só as competências comuns, naturalmente cooperativas[24], mas também a possibilidade de exercício associado ou por delegação de competência, *desde que cumpridos alguns requisitos*. Tais requisitos são os previstos na redação atual do artigo 241 da Constituição Federal: "A União, os Estados, o Distrito Federal e os Municípios disciplinarão *por meio de lei os consórcios públicos e os convênios de cooperação entre os entes federados*, autorizando a gestão associada de serviços públicos, bem como a transferência total ou parcial de encargos, serviços, pessoal e bens essenciais à continuidade dos serviços transferidos".

Com isso, em primeiro lugar, a cooperação deve ser *disciplinada por meio de lei* de cada um dos entes federativos cooperantes, de forma a que a legislação de cada um deles reconheça a possibilidade, de um lado, de determinada competência ser exercida, em regime de cooperação, por outro ente da Federação e, doutro lado, deste outro ente da Federação utilizar seus recursos e estrutura administrativa para executar competência que não lhe pertence, mas cujo exercício lhe foi delegado[25].

Em segundo lugar, a cooperação federativa, no interior da qual está se efetivando a delegação do exercício de competências, deve ser formalizada mediante os instrumentos de outorga previstos no artigo 241 da Constituição Federal, quais sejam: *contrato de consórcio público* ou *convênio de cooperação entre entes federados*, que podem ser utilizados para a delegação do exercício de competências que não envolva a *prestação de serviços públicos* em regime de cooperação federativa, uma vez que esta última depende, ainda, de contrato de programa, como da dicção do *caput* do artigo 13 da Lei 11.107/2005.

---

23. "Art. 23. (....). Parágrafo único. Leis complementares fixarão normas para a cooperação entre a União e os Estados, o Distrito Federal e os Municípios, tendo em vista o equilíbrio do desenvolvimento e do bem-estar em âmbito nacional".
24. Como demonstra o acima citado texto do parágrafo único do artigo 23 da Constituição Federal, em que se menciona expressamente a *cooperação entre a União, e os Estados, o Distrito Federal e os Municípios* Relembra-se que o artigo 23 da Constituição é o dispositivo que, em seu *caput*, enumera as competências comuns.
25. Importante relembrar que, no âmbito da Administração Pública, esta deve fazer apenas o que está previsto em lei – é o que se designa por *princípio da legalidade* (artigo 37, *caput*, da Constituição Federal). Por isso, é necessária lei que expressamente atribua a competência – o que costuma ser sintetizado na célebre expressão *pas de competence sans texte*.

Em suma: na parte em que a delegação de exercício de competência envolver a prestação de serviços públicos, deve haver também a celebração de *contrato de programa*, que pode possuir como partes entidades de direito público ou privado dos entes da Federação cooperantes, se previsto nos mencionados instrumentos de outorga.

Como se observa, são muitos e variados os objetos do contrato de programa, inclusive em razão de sua condição de instrumento de cooperação federativa, não se limitando estes objetos, inclusive na prática quotidiana, a apenas disciplinar a prestação de serviços públicos remunerados por taxa ou tarifa.

Os consórcios públicos, cujo número vem crescendo no país, conforme as políticas públicas de cunho regional se desenvolvem, atestam isso, com a crescente utilização de contratos de programa para disciplinar a cooperação em serviços de saúde, em criação de infraestruturas para a proteção da mulher vítima da violência, no campo da política ambiental, na conservação e construção de estradas, na manutenção de escolas rurais, na aquisição de medicamentos, na disciplina da delegação do exercício de atividades regulatórias, nas atividades de melhoria da gestão territorial e urbanística, dentre muitas outras. Contudo, há algumas atividades que, por limitações expressas da legislação, não podem ser objeto de contrato de programa. Vamos aqui nos referir a duas delas.

A primeira é a atividade de mera transferência de recursos financeiros, porque, neste caso, o *contrato de programa* se confundiria com outros instrumentos, que possuem exigências legais específicas – como o *convênio de repasse de recursos*, disciplinado pelo artigo 116 da Lei 8.666/93, ou, em algumas situações, o *contrato de rateio*, previsto no artigo 8º da Lei de Consórcios Públicos. Observe-se que a vedação é de contrato de programa *apenas* para transferência de recursos financeiros, pelo que, evidentemente, se houver outros objetos, o contrato de programa pode disciplinar aspectos econômicos e financeiros com eles conexos[26].

A segunda hipótese é a prevista no art. 13, § 3º, da Lei de 11.107/2005: "é nula a cláusula de contrato de programa que atribuir ao contratado o exercício dos poderes de planejamento, regulação e fiscalização dos serviços por ele próprio prestados". O sentido da vedação é evidente: garantir que a função de planejamento, como as funções de regulação e de fiscalização, sejam exercidas de forma independente, de forma a que

---

26. Como afirmamos em outra oportunidade: "(...) apresentam-se em relação ao contrato de programa duas questões: (i) *em quais hipóteses, na relação consórcio e ente da Federação consorciado, seria cabível o contrato de programa?* e (ii) *por meio do contrato de programa podem ser constituídas obrigações financeiras com natureza jurídica de transferência ou de pagamento?* A primeira questão possui resposta simples. Caso as obrigações financeiras integrem negócio jurídico que envolva outras obrigações, formando um conjunto indissociável, evidente que tanto o contrato administrativo simples, como o contrato de rateio serão insuficientes. Exemplifiquemos. Imagine a viabilização de um serviço de saúde animal, mediante a cessão de uso de imóvel, móveis – inclusive veículos –, e pessoal, além, a cada mês, mediante determinado critério (que pode configurar, a depender do caso, tanto transferência, como pagamento), a aplicação de recursos financeiros. Como se vê, a mera entrega de dinheiro não basta. Há outras obrigações que, simultaneamente, devem ser adimplidas. Em situações complexas como esta é que se prevê o contrato de programa celebrado entre ente da Federação consorciado e o consórcio público. Ou seja, não há sobreposição com os contratos administrativos simples, ou com os contratos de rateio, antes estudados." (RIBEIRO, Wladimir Antonio. Contributo para a compreensão dos aspectos jurídicos da gestão financeira dos consórcios públicos. In: CARNEIRO, José Mario Brasiliense; BRITO, Eder dos Santos. *Consórcios intermunicipais e políticas públicas regionais*. São Paulo: Oficina Municipal/*Konrad Adenauer Stiftung*, 2019, p. 32-33).

se orientem pelos interesses da política pública, sem eventual indevida influência dos interesses específicos do prestador dos serviços[27].

Por fim, como conclusão deste tópico, a definição do objeto é o que define o prazo do contrato de programa. Caso o contrato seja *por prazo*, isso é evidente – uma vez que o prazo integra o próprio objeto contratual –, já na hipótese de *contrato por escopo*, o prazo deve ser o suficiente para a execução do escopo, ou para a amortização dos investimentos para tanto necessários. Inclusive, como se denota, a depender do objeto, poderá até haver hipótese de contrato de programa celebrado por prazo indeterminado[28].

5. FORMA

As exigências de *forma* do contrato de programa se classificam em duas: as *gerais*, aplicáveis a todos os contratos de programa, e as *específicas*, aplicáveis quando o contrato de programa possua determinado objeto.

No campo das *exigências gerais,* os contratos de programa adotam as mesmas dos demais contratos celebrados pela Administração Pública, sendo as principais a *forma escrita* e a *publicidade* – esta última, derivada do princípio constitucional da publicidade, compreendida tanto no sentido de que seu extrato deve ser publicado como, também, que deve se franquear a qualquer pessoa o acesso ao seu inteiro teor e, ainda, se não houver sigilo justificado, aos detalhes de sua execução.

Quanto às *exigências específicas*, por se vincularem ao objeto do contrato de programa, inviável sistematizá-las de forma exaustiva. Justamente por sua estreita vinculação ao objeto do contrato, algumas já foram expostas no tópico anterior. Por exemplo, no caso de o objeto do contrato de programa ser a prestação de serviços públicos há, antes, que se autorizar a *gestão associada de serviços públicos* mediante um dos seguintes instrumentos de outorga: (i) *contrato de consórcio público* ou (ii) *convênio de cooperação entre entes federados*. Observe-se que tais instrumentos se configuram como atos-condição, pelo que a sua ausência impede a celebração do contrato de programa, porém, o desfazimento posterior dos mesmos instrumentos em nada prejudica o contrato já celebrado[29].

---

27. Neste passo, Odete Medauar e Gustavo Justino de Oliveira esclarecem que "operar a transferência de poderes de planejamento, regulação e fiscalização dos serviços, da parte contratante para a parte contratada, equivale a descaracterizar o compartilhamento de atividades que qualifica a associação de entes personalizados para a prestação de um serviço público"(*Consórcios Públicos*: comentários à Lei 11.107/05. São Paulo: Ed. RT, 2006, p. 108).
28. Os conceitos de *contrato por prazo* e de *contrato por escopo* são clássicos do direito dos Contratos da Administração Pública, e podem ser assim sintetizados: há contratos em que o prazo constitui o seu objeto, pelo que se extinguem com o seu mero transcurso, e há contratos vinculados à execução de um escopo, pelo que o transcurso do prazo sem a execução do escopo não ocasiona a extinção do contrato, que permanece, mas a mera inexecução da obrigação – o que pode configurar inadimplência, caso o atraso tenha ocorrido de forma injustificada. André Laubadère deixa clara essa distinção: "1.011. D'une manière générale le contrat administratif, comme tout contrat, prend normalement fin lorsque les obligations respectives des parties ont été intégralement exécutées; cette exécution resulte, selon les cas, de la réalisation de l'objet du contrat, soit de l'expiration de as durée" (*Contrats Administratifs*, v. III, Paris: Librarie Générale de Droit et de Jurisprudence, 1956, p. 141). Sobre o tema, na doutrina brasileira, paradigmática é a obra de FIGUEIREDO, Lúcia Valle. *Extinção dos contratos administrativos*. São Paulo: Malheiros, 1998.
29. Tanto é assim, que o art. 13, § 4º, da Lei 11.107/2005, estipula que "o contrato de programa continuará vigente mesmo quando extinto o consórcio público ou o convênio de cooperação que autorizou a gestão associada de

Ainda no campo das *exigências específicas,* cabe também mencionar que, no caso de o contrato de programa ter por objeto a *transferência total ou parcial de encargos, serviços, pessoal e bens essenciais à continuidade dos serviços transferidos,* o seu instrumento, sob pena de nulidade, deve prever as cláusulas necessárias arroladas no art. 13, § 2º, da Lei 11.107/2005. Já os contratos de programa que tenham por objeto a prestação de serviços públicos em regime de gestão associada, deverão possuir as cláusulas previstas no artigo 33 do Decreto 6.017/2007, e, caso o serviço público prestado seja de saneamento básico, deverão atender ao disposto na Lei 11.445, de 5 de janeiro de 2007 e, ainda, na legislação e na regulação local desses serviços[30].

Fundamental se ter em conta que o descumprimento das exigências formais, sejam gerais ou específicas, pode ter variadas consequências. Caso o descumprimento ou o cumprimento inválido seja de um ato-condição, ou de algo a que a legislação preveja expressamente como consequência a nulidade, o contrato será inválido. Em outras hipóteses, a consequência é apenas a *ineficácia,* aperfeiçoando-se o contrato com a adoção, mesmo serôdia, da providência.

Há também a possibilidade de que o vício formal seja convalidável, permitindo pronta correção, ou tenha por consequência nulidade ou ineficácia de aspectos parciais, restritos a um período, obrigação, ou cláusula, sem macular o conjunto, o que somente se pode identificar caso a caso, em razão da enorme variedade de requisitos formais, de sua importância para o Direito e das peculiaridades das relações disciplinadas. Porém, sempre a iluminar a matéria, há o princípio do *pas de nullité sans grief* – ou seja, caso não seja consequência normativa explícita, a nulidade só se reconhece se comprovadamente o vício jurídico tenha causado prejuízo.

IV CONTRATO DE PROGRAMA NA PRESTAÇÃO DE SERVIÇOS PÚBLICOS

1. INTRODUÇÃO

Este artigo integra uma coletânea não sobre cooperação federativa, mas sobre as inovações trazidas à disciplina dos serviços públicos de saneamento básico, pela Lei 14.026, de 15 de julho de 2020, sendo que muitas das inovações se referem ao uso do contrato de programa.

A opção deste texto foi a de primeiro delinear o regime jurídico do contrato de programa. Realizado isso, este capítulo cuidará de compreender o contrato de programa no âmbito da prestação de serviços públicos, reservando-se o capítulo subsequente para, propriamente, analisar os impactos da Lei 14.026/2020 nos contratos de programa que tenham por objeto a prestação de serviços públicos de saneamento básico.

---

serviços públicos". Sobre a noção de ato-condição, v. Duguit, León. L. *Leçons de Droit Public Général.* Paris: E. de Boccard Éditeurs, 1926, p. 75 e ss.

30. Neste ponto, Marcelo Harger é muito preciso ao afirmar que, além da disciplina nacional, o contrato de programa "deverá também obedecer a legislação estadual e municipal acerca do tema quando houver (...)" (*Consórcios Públicos na Lei 11.107/05.* Belo Horizonte: Fórum, 2007, p. 180).

2. FORMAS DE PRESTAÇÃO DE SERVIÇO PÚBLICO

Em termos constitucionais, a prestação de serviços públicos pode se realizar de duas formas: *prestação direta* e *prestação indireta* – apesar de o texto constitucional mencionar apenas a primeira, sendo a prestação em alternativa à ela designada apenas por seus instrumentos, ou seja, como a realizada mediante concessão, permissão (e, por vezes, autorização)[31].

Adotando-se o critério do texto constitucional, toda a prestação de serviço público que não se realize mediante concessão, permissão ou – em alguns casos – autorização, é *prestação direta*. Contudo, tenha-se em conta que a expressão "concessão" abarca muitas situações diferentes porque, como afirma Floriano de Azevedo Marques Neto, ela se trata de "um gênero bastante amplo de arranjos contratuais para delegação, aos particulares, do exercício de uma atividade ou de um direito especial com vistas a atingir objetivos públicos"[32].

---

31. A Constituição Federal afirma isso em quatro dispositivos diferentes: (i) no *caput* do artigo 175: "Art. 175. Incumbe ao Poder Público, na forma da lei, diretamente ou sob regime de concessão ou permissão, sempre através de licitação, a prestação de serviços públicos."; (ii) no artigo 30, V: "Art. 30. Compete aos Municípios: (...) V – organizar e prestar, diretamente ou sob regime de concessão ou permissão, os serviços públicos de interesse local, incluído o de transporte coletivo, que tem caráter essencial; e (iii) no artigo 21, XI, "Art. 21. Compete à União: (...) XI – explorar, diretamente ou mediante autorização, concessão ou permissão, os serviços de telecomunicações, nos termos da lei, que disporá sobre a organização dos serviços, a criação de um órgão regulador e outros aspectos institucionais; e (iv) no art. 21, XI: "Art. 21. Compete à União: (...) XII – explorar, diretamente ou mediante autorização, concessão ou permissão: a) os serviços de radiodifusão sonora, e de sons e imagens; b) os serviços e instalações de energia elétrica e o aproveitamento energético dos cursos de água, em articulação com os Estados onde se situam os potenciais hidroenergéticos; c) a navegação aérea, aeroespacial e a infraestrutura aeroportuária; d) os serviços de transporte ferroviário e aquaviário entre portos brasileiros e fronteiras nacionais, ou que transponham os limites de Estado ou Território; e) os serviços de transporte rodoviário interestadual e internacional de passageiros; f) os portos marítimos, fluviais e lacustres;". Como se vê, a Constituição Federal menciona a prestação direta e, doutro lado, a prestação mediante concessão, permissão ou autorização, identificando, portanto, estas últimas hipóteses, com a prestação indireta. Curioso é que, apesar de a locução prestação direta ser a utilizada na Constituição Federal, a doutrina não costuma utilizar essa classificação, aliás, tampouco é sistemática nesta matéria – exemplifiquemos com duas das maiores autoridades em regime jurídico de serviços públicos. Alexandre Santos de Aragão, classifica as *formas de prestação de serviços públicos* da seguinte maneira: (1) a prestação centralizada; (2) a prestação descentralizada, sendo que nesta última compreende as (2.a.) concessionárias com participação societária estatal minoritária; (3) a concessão; (4) a permissão; (5) as autorizações contratuais; (6) o arrendamento; (7) a franquia pública; (8) o credenciamento; (9) os contratos de gestão; (10) os termos de parceria com OSCIPs; (11) a gerência privada de estabelecimentos públicos; (12) os convênios; (13) os consórcios públicos; (14) os termos de colaboração, os termos de fomento e os acordos de cooperação com organizações da sociedade civil (*Direito dos serviços públicos*. 4. ed. rev. e atual. Belo Horizonte: Fórum, 2017, p. 421-577). Já Floriano de Azevedo Marques Neto, classifica as formas de prestação de serviço público da seguinte forma: (1) a desconcentração; (2) a descentralização; (3) a concessão; (4) a permissão; (5) a autorização; (6) o consórcio público; (7) o contrato de gestão; (8) os termos de parceria com OSCIP; e (9) formas *sui generis*, onde estão arroladas as autorizações de natureza contratual, o arrendamento portuário, a franquia pública, o credenciamento, a gerência privada de estabelecimentos públicos, a locação de ativos (Formas de prestação de serviço público. In: DI PIETRO. *Tratado de Direito Administrativo*. São Paulo: Thomson Reuters/Revista dos Tribunais, 2014, v. 4, p. 147-172).

32. *Concessões*. Belo Horizonte: Fórum, 2016, p. 172. Merece destaque frase de Otto Mayer que Marques Neto cita em epígrafe: "A concessão (*Veileihung*) é uma instituição geral de direito público que tem aplicações em muitos sentidos" (op. cit., p. 173). Apesar de a Constituição Federal prever apenas a prestação direta de serviços públicos e, doutro lado, a sua prestação mediante concessão e permissão (e, em alguns casos, autorização), a delegação de atribuições públicas aos particulares pode ser realizar, especialmente em atividades que não configuram serviço público *stricto sensu*, de diversas formas – sobre o tema v. o famoso estudo de Guido Zanobini "L'esercizio privato delle publiche funzione e l'organizzazione degli enti pubblici. *Scritti varii di diritto pubblico*. Milão: Giuffrè, 1955, p. 87-125.

O que em realidade identifica a *prestação direta* é o fato de que nela o Poder Público, às vezes representado pelos próprios cidadãos, presta os serviços sem outro objetivo que a própria boa prestação dos serviços, logo, distinguindo-a da mera exploração de atividade econômica[33].

Com isso, por exemplo, não é o fato de o prestador dos serviços ser uma empresa pública (portanto, que integra a Administração Pública) que caracteriza a prestação do serviço público como direta. Isso porque a empresa pública pode tanto prestar os serviços por ser *longa manus* do ente da Federação titular dos serviços, caracterizando a *prestação direta* descentralizada, como, ainda, em razão de ter se sagrado vitoriosa em licitação e celebrado contrato de concessão, prestar os serviços neste específico regime, que caracteriza *prestação indireta*, situação na qual o objetivo da obtenção do lucro é natural[34].

Em resumo, de um lado, na *prestação indireta*, temos a prestação ou (i) por concessão (que engloba variados formatos); (ii) por permissão; e – matéria polêmica no Direito Administrativo – (iii) por autorização; e, na prestação *indireta* temos a prestação (i) por órgão ou entidade que integra a administração do titular, ou por formas a esta equiparadas, a saber: (ii) por órgão ou entidade de outro ente da Federação, ou de natureza interfederativa (hipóteses onde é obrigatória a disciplina por contrato de programa); e (iii) por entidade da sociedade civil ou dos próprios usuários (neste último caso configurando a *autogestão de serviço público*). Sintetiza-se de forma gráfica:

---

33. Sobre a distinção entre *exploração de atividade econômica* e *prestação de serviços públicos* v. a obra seminal de BANDEIRA DE MELLO. *Prestação de serviços públicos e administração indireta*. São Paulo: Ed. RT, 1973. Secundamos aqui a fala de Eros Grau, onde constata que "lastimavelmente, a doutrina, nesse tempo todo, dormiu sobre tal afirmação", e que são "profundamente ricas as consequências que se extrairão da retomada da distinção que Celso Antonio Bandeira de Mello já havia feito" (In: BANDEIRA DE MELLO, Celso Antonio (Coord.). *Curso de Direito Administrativo*. São Paulo: Ed. RT, 1986, p. 103). Zanobini se notabilizou por analisar este tema também em razão dos interesses envolvidos, pelo que classifica as entidades que exercem funções públicas em dois grandes grupos: (i) as que atuam no exclusivo interesse público, como é, por exemplo, o caso das autarquias; e (ii) e as que agem com duplo interesse, no interesse público, pelo fato de a atividade ser de interesse geral, e no interesse particular de lucro (op. cit., p. 89-90). Observe-se que o jurista italiano compreende que é possível a uma entidade privada agir exclusivamente em favor da coletividade, como organização sem fins lucrativos, o que poderia lhe permitir exercer poderes e estar subordinada a controles próprios do Poder Público (*ib.*). Com este fundamento, por exemplo, é de se concluir que a prestação de serviço público pelos próprios usuários, organizados em associação ou cooperativa, caracteriza *prestação direta*.
34. Registre-se a fala de Eros Grau, proferida no regime constitucional anterior: "A empresa estatal deve ter lucro? Bom, ela não apenas deve, como ela tem lucro assegurado. Todas elas têm lucro assegurado. O art. 167 da Constituição assegura às empresas concessionárias do serviço público tarifas que permitam a justa remuneração do capital. Ora, justa remuneração do capital é lucro. É apenas um lucro administrado, um lucro que é previamente definido e controlado pelo Estado." (In: BANDEIRA DE MELLO, Celso Antonio (Coord.). *Curso de Direito Administrativo*. São Paulo: Ed. RT, 1986, p. 115). Importante compreender que Grau apenas afirma que, da natureza de concessionária (e concessão denota *prestação indireta*) decorre como natural obter o lucro, sendo que as tarifas devem permitir isso – contudo, evidentemente, que o lucro efetivo depende de a concessionária ser bem gerida, porque tarifas que prevejam remuneração de capital não significam que se trata de atividade sem risco ou, ainda, que as ineficiências do prestador devam ser automaticamente transferidas aos usuários do serviço público.

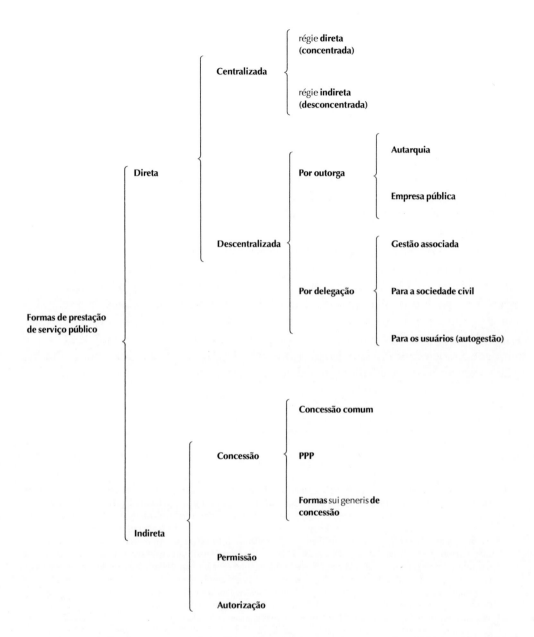

A prestação direta *centralizada* ocorre quando "os entes da Federação prestam os serviços públicos por seus próprios órgãos, ou seja, por sua Administração Direta, cumulando as posições de titular e de prestador do serviço"[35]. Contudo, a "Administração Direta poderá prestar o serviço desconcentradamente, caso em que continuará sendo a prestadora do serviço público, fazendo-o, contudo, através de um órgão seu especializado e destacado para a função"[36]. Adotamos acima as expressões *régie* direta e

---

35. ARAGÃO. Op. cit., p. 422.
36. Id., Ib., p. 422.

régie indireta porque informam aspecto muito relevante, de haver ou não a segregação contábil e administrativa, o que nem sempre implica em se caracterizar o prestador como um órgão específico no âmbito da Administração Direta.

Haverá a prestação direta *descentralizada* caso o ente da Federação titular do serviço, ou a entidade interfederativa que exerça essa titularidade, crie uma pessoa jurídica com a finalidade específica de prestar o serviço público, ou delegue a prestação mediante ato ou contrato administrativo[37]. Como ensina Hely Lopes Meirelles: "Há *outorga*, quando o Estado cria uma entidade e a ela transfere, *por lei*, determinado serviço público ou de utilidade pública; há *delegação*, quando o Estado transfere, por contrato (...) ou por ato unilateral (...), unicamente a execução do serviço, para que o delegado o preste ao público em seu nome e por sua conta e risco (...)"[38].

As formas de *prestação direta* descentralizada *mediante delegação* são três, conforme o destinatário da delegação: (i) *órgão ou entidade de outro ente da Federação*, quando haverá a *gestão associada*, prevista no artigo 241 da Constituição Federal e que, nos termos do artigo 13 da Lei 11.107/2005, deve ser obrigatoriamente disciplinada por contrato de programa – sendo este contrato o tema do presente estudo –; (ii) *entidades da sociedade civil*, que pode se revestir de várias formas, como, por exemplo a do termo de parceria celebrado com as OSCIPs – organizações da sociedade civil de interesse público[39]; e (iii) *os próprios usuários*, em geral organizados em associações ou cooperativas, caracterizando a *autogestão do serviço público*.

Nessa última hipótese de prestação direta, no caso dos serviços públicos de saneamento básico, especialmente os prestados em localidades rurais, o artigo 10, § 1º, da Lei 11.445, de 5 de janeiro de 2007 – Lei Nacional de Saneamento Básico (LNSB), previa que obrigatoriamente a delegação deveria se efetivar mediante ato administrativo específico: a *autorização*. Contudo, a Lei 14.026/2020 revogou este § 1º, pelo que o titular poderá optar, mediante sua legislação, por qual forma efetivará a delegação.

Como não é objetivo deste estudo analisar, de forma exaustiva, todas as formas de prestação de serviço público e seu respectivo regime jurídico, mas apenas caracterizar as formas principais (*prestação direta* e *prestação indireta*), para permitir a melhor com-

---

37. Neste aspecto a doutrina oscila. Por exemplo, Hely Lopes Meirelles compreendia os serviços descentralizados como somente os que "a Administração Pública realiza através de entes autônomos (...), vinculados à entidade central, mas com independência administrativa e financeira" (*Direito Administrativo brasileiro*. 2. ed. São Paulo: Ed. RT, 1966, *p.* 281), para, em edições mais recentes de seu conhecido manual, passar a defender que *serviço descentralizado* é todo aquele que o Poder Público transfere a sua titularidade, ou, simplesmente, a sua execução, por *outorga* ou *delegação*, a autarquias, entidades paraestatais, empresas privadas ou particulares individualmente (*Direito Administrativo brasileiro*. 15. ed. – última atualizada e revisada pelo próprio autor, São Paulo: Ed. RT, 1990, p. 299). Evidentemente que, neste entendimento, haverá prestação direta *descentralizada por outorga;* prestação direta *descentralizada por delegação* e, ainda, que a prestação indireta sempre será prestação *descentralizada por delegação*.
38. *Direito Administrativo brasileiro*. 15. ed. – última atualizada e revisada pelo próprio autor, São Paulo: Ed. RT, 1990, p. 299. Observe-se que, por não ter sido ainda introduzido no direito brasileiro, a citada obra não menciona o contrato de programa – apesar de o Professor Hely ser conhecido defensor da cooperação federativa na prestação de serviços públicos. Aliás, a edição anterior do seu manual deixa este aspecto mais claro: "Assim, são serviços delegados os executados por entes paraestatais, ou por concessionários e permissionários, como os que uma entidade estatal comete a outra para sua execução" (*Direito Administrativo brasileiro*. 2. ed. São Paulo: Ed. RT, 1966, p. 281).
39. V. Rodapé 30 deste artigo, *in fine*.

preensão do regime jurídico do contrato de programa, quando este possua por objeto a prestação de serviços públicos *stricto sensu*, remetemos o leitor que deseja se aprofundar no regime jurídico da *prestação indireta* às variadas e profundas obras que cuidam do tema – que é um dos mais estudados do Direito Administrativo, servindo-se das referências bibliográficas utilizadas neste tópico.

3. O CONTRATO DE PROGRAMA COMO INSTRUMENTO DE PRESTAÇÃO DIRETA

Do antes exposto, evidenciado que o *contrato de programa* é instrumento para disciplinar *uma* das formas de *prestação direta* de serviços públicos, qual seja: a que se situa no âmbito da *gestão associada de serviços públicos,* prevista pela atual redação do artigo 241 da Constituição Federal. E disso derivam consequências.

A principal delas é que a *prestação de serviço público* não pode se confundir com a *mera exploração de atividade econômica*, ou seja, não pode ter como objetivo principal a remuneração de capital. Não há, portanto, que se confundir o *contrato de programa* com o *contrato de concessão,* no qual os interessados competem em licitação pelo direito de obterem lucro pela prestação de serviço público. Neste passo, Marçal Justen Filho é enfático: "somente se configura a concessão quando houver delegação dos serviços públicos para a iniciativa privada. A atribuição da prestação do serviço para uma entidade sob controle estatal, como regra geral, descaracteriza uma concessão"[40].

A opinião de Justen Filho parece indicar que seria inviável a uma empresa estatal ser concessionária. Entendemos o contrário. Caso a empresa venha a disputar licitação e, sagrando-se vitoriosa, venha a celebrar contrato de concessão, nada impede que seja *concessionária de serviço público*. O essencial é que esta sua atuação, no campo da mera exploração da atividade econômica, competindo com os privados, se realize sem privilégios. Mas, sem dúvida que, na hipótese mencionada, haverá *contrato de concessão* e não *contrato de programa*[41].

Aliás, a jurisprudência do Supremo Tribunal Federal reconhece que, mesmo em face de prestação de serviço público, a entidade estatal dela encarregada tanto pode se situar no regime público reconhecido ou equiparado à prestação direta de serviço público, como pode se configurar prestação indireta, na qual o serviço público é objeto de *mera exploração de atividade econômica*, com o fito do lucro. Mencionemos aqui dois exemplos.

O primeiro é o que ficou assentado no julgamento do Agravo Regimental tirado da Suspensão de Tutela Antecipada 26/PE, no qual o Supremo Tribunal Federal firmou entendimento de que sociedade de economia mista estadual, prestadora de serviço público, que, *in casu*, exercia esta atividade como *mera exploração de atividade econômica*, com fito de lucro, não pode fazer uso do instrumento da suspensão de tutela antecipada,

---

40. *Curso de Direito Administrativo.* 13. ed. São Paulo: Thomson Reuters/Revista dos Tribunais, 2018, p. 678.
41. De forma explícita, mas não conclusiva, Bandeira de Mello questiona a possibilidade de uma empresa pública de um ente da Federação explorar, como mera atividade econômica, a prestação de serviço público de titularidade de outro ente da Federação (*Curso de Direito Administrativo.* 32. ed. São Paulo: Malheiros, 2015, p. 744, nota de rodapé 23).

que a legislação prevê como instrumento à disposição do Poder Público para a defesa do interesse público, não de interesse privado de entidade a qual controla[42].

O segundo exemplo se constitui, *de um lado*, nos diversos julgados do STF que reconhecem às empresas estatais prestadoras de serviço público a imunidade tributária[43], e, *doutro lado*, quando firmou o entendimento de que havendo serviço público sob o regime de exploração de atividade econômica, com intuito de lucro, mesmo o prestador se caracterizando como empresa estatal não há a imunidade. No julgamento, foi fixada a seguinte tese de repercussão geral: "Sociedade de economia mista, cuja participação acionária é negociada em Bolsas de Valores, e que, inequivocamente, está voltada à remuneração do capital de seus controladores ou acionistas, não está abrangida pela regra de imunidade tributária prevista no art. 150, VI, 'a', da Constituição, unicamente em razão das atividades desempenhadas"[44].

Aliás, a previsão do artigo 24, XXVI, da Lei 8.666, de 21 de junho de 1993, relativa à dispensa de licitação para a celebração de contrato de programa, somente pode ser compreendida dentro deste contexto, de prestação direta, sem objetivo também de lucro, o que a distingue da hipótese da concessão, em que a licitação é obrigatória nos termos do art. 175, *caput*, da Constituição Federal[45].

Nihil novi sub sole.[46] Em regime de prestação direta, por exemplo, o serviço público de abastecimento de água executado por autarquia municipal, inviável gerar excedentes econômicos para reforçar o orçamento municipal, com o objetivo de sustentar outras despesas públicas, que nada digam respeito àquele serviço público. Isso sempre foi considerado como desvio de finalidade. Na realidade, o entendimento do STF apenas reafirma sólido e consolidado entendimento do Direito Público brasileiro.

No âmbito europeu a orientação é a mesma. Naquele âmbito, como já dito, o *contrato de programa* é conhecido como "contrato para a provisão doméstica dos serviços" (*in house providing contract*), denotando a sua natureza de prestação direta. Inclusive, a

---

42. STF, Pleno, AgReg na STA 26/PE, Redator para o Acórdão: Min Eros Grau, j. 15.3.2006, vencido o Min. Presidente.
43. Dentre os quais destacamos: (i) RE 765.930/DF, decisão monocrática do Min Dias Toffoli de 20.2.2015, transitada em julgado, que reconheceu imunidade tributária à CAESB – Companhia de Saneamento Básico do Distrito Federal; (ii) ACO 2.757/RJ, que reconheceu imunidade tributária para a CEDAE – Companhia Estadual de Águas e Esgotos do Rio de Janeiro, Min. Rel. Luiz Fux, j. 11.5.2017. v.u.; .(iii) RE 253.472/SP, Rel. Min. Joaquim Barbosa, j. 1.2.2011, no qual se reconheceu imunidade tributária para a Companhia Docas do Estado de São Paulo – CODESP; (iv) ARE 944.558, Rel. Min. Rosa Weber, j. 20.9.2016, no qual se reconheceu a imunidade tributária para a Companhia Brasileira de Trens Urbanos – CBTU; (v) ACO 2.243/AL, Rel. Min. Dias Toffoli, j. 27.5.2016, que reconheceu imunidade tributária para a Companhia de Saneamento de Alagoas – CASAL; (vi) AC 1.851/QO, Rel. Min. Ellen Grace, j. 17.6.2008, em que se reconheceu a imunidade tributária para a Companhia de Águas e Esgotos de Rondônia – CAERD; (vii) ACO 2.730 AgR, Rel. Min. Edson Fachin, j. 3.4.2017, que se reconheceu imunidade tributária para a Companhia Santense de Saneamento – CESAN.
44. STF, Pleno, Tema de Repercussão Geral 508, RE 600.868-SP, Redator do Acórdão Min. Luiz Fux, Sessão Virtual de 14.8.2020 a 21.8.2020, v.u.
45. Daí porque Celso Antonio Bandeira de Mello afirmar que "contratos de programa só podem ser meios de colaboração desinteressada entre sujeitos que se associem. Logo, ou estarão em causa interesses comuns dos associados ou estará em pauta uma forma de colaboração desprendida entre eles na qual, então, mais não se admite que o simples ressarcimento de despesas que onerem a parte prestadora da atividade ou serviço alheio que fica a seu cargo. Eis, pois, que a dispensa de licitação prevista no art. 24, XXVI, da Lei 8.666, só pode dizer respeito a caso em que esteja em causa colaboração desinteressada ou atividade de interesse comum" (*Curso de Direito Administrativo*. 32. ed. São Paulo: Malheiros, 2015, p. 688-689).
46. "Não há nada de novo debaixo do Sol", Eclesiastes 1:9.

partir do *caso Teckal*[47], a Jurisprudência do TJCE – Tribunal de Justiça das Comunidades Europeias fixou a orientação de que, nesta forma de prestação de serviço, o ente titular (contratante) deve exercer sobre o prestador (contratado) "controle análogo ao que exerce sobre os seus próprios serviços" e, também, que esse prestador "deve realizar o essencial da sua atividade para o(s) titular(es)".

Ao lado desses critérios, longamente debatidos pela doutrina e jurisprudência europeias, a questão da forma de exploração (geradora ou não de excedente econômico – ou seja, de lucro –), como no caso brasileiro, é vital para configurar o uso legítimo ou ilegítimo do contrato de programa (*in house providing contract*), inclusive porque obter contrato, sem licitação, com finalidade de lucro, evidentemente viola os direitos das empresas privadas de disputarem o acesso a este mesmo contrato, questão muito relevante porque a União Europeia, relembre-se, se originou e continua sendo uma união sobretudo econômica[48].

V O CONTRATO DE PROGRAMA NO SANEAMENTO BÁSICO

1. INTRODUÇÃO

Chega-se à última parte deste estudo, no qual, como conclusão, o antes exposto é agora confrontado com a Lei 14.026, de 15 de julho de 2020, a qual, no que se refere especificamente ao contrato de programa, modificou a Lei Nacional de Saneamento Básico e a Lei de Consórcios Públicos da seguinte forma:

Lei Nacional de Saneamento Básico – LNSB (na redação da Lei 14.026/2020)

Art. 10. A prestação dos serviços públicos de saneamento básico por entidade que não integre a administração do titular depende da celebração de contrato de concessão, mediante prévia licitação, nos termos do art. 175 da Constituição Federal, *vedada a sua disciplina mediante contrato de programa, convênio, termo de parceria ou outros instrumentos de natureza precária*.

Lei de Consórcios Públicos (na redação da Lei 14.026/2020)

Art. 13. (...)

§ 8º Os contratos de prestação de serviços públicos de saneamento básico deverão observar o art. 175 da Constituição Federal, *vedada a formalização de novos contratos de programa para esse fim*.

A matéria será analisada nos tópicos seguintes, mas irresistível deixar de anotar a curiosa redação do acrescido § 8º do artigo 13 da Lei 11.107, de 2005. Isso porque o texto do artigo parece afirmar que o uso do contrato de programa seria incompatível com o previsto no artigo 175 da Constituição Federal, o que não corresponde à verdade.

---

47. Acórdão do TJCE de 18 de novembro de 1999, proferido no Processo C-107/98 (*Teckal SRL vs. Comune di Viano e Azienda Gas Acqua Consorziale – AGAC – di Reggio Emilia*). Disponível em: [http://eur-lex.europa.eu].

48. Para uma análise mais profunda, v. LEITÃO, Alexandra. *Contratos interadministrativos*. Coimbra: Almedina, 2011, p. 336-358. Ainda sobre o tema, didáticas e acessíveis ao leitor brasileiro, as seguintes obras: COMBA, Mario. Treumer, Steen (Eds.). *The In-House Providing in European Law*, Copenhagen: DFOF Publishing, 2010; e GARCÍA, Juan José Pernas. *Las operaciones in house y el Derecho comunitario de contratos públicos* – análisis de la jurisprudencia del TJCE. Madrid: Iustel, 2008.

Como visto acima, um dos usos do contrato de programa é disciplinar a prestação direta de serviço público, e o artigo 175 prevê expressamente que o Poder Público pode prestar os serviços públicos *diretamente*. Não há conflito.

Contudo, o *mau uso* do contrato de programa, sem licitação, para prestar serviço público *em regime de exploração de atividade econômica*, com intuito de lucro, esse sim viola o disposto no artigo 175 da Constituição Federal, porque este regime de prestação de serviços exige a forma de concessão ou de permissão, com prévia licitação, inclusive para não configurar concorrência desleal de ente público com os privados, já que disputam no mercado o acesso ao excedente econômico.

Em realidade, esse mau uso do contrato de programa de há muito deveria ser coibido, por meio da atuação da autoridade de defesa da concorrência. Inerte essa autoridade, o legislador tenta corrigir o problema, porém de forma inadequada, violando a autonomia municipal – como se verá mais à frente deste texto. Apesar de o objetivo do dispositivo ser louvável, a forma como ele se encontra vazado compromete a sua constitucionalidade, porque a pretexto de coibir abusos de fato existentes, não se pode violar direitos assegurados pela Constituição.

2. É CONSTITUCIONAL SE VEDAR A PRESTAÇÃO NO REGIME DE GESTÃO ASSOCIADA DE SERVIÇOS PÚBLICOS?

A modificação do *caput* do artigo 10 da Lei 11.445, de 5 de janeiro de 2007 – Lei Nacional de Saneamento Básico (LNSB) afirma que a prestação desses serviços pode se efetivar apenas de duas formas: (i) por *órgão ou entidade que integra a administração do titular*, e (ii) mediante *concessão*. E, expressamente, veda a utilização do contrato de programa.

Ora, ao se prever tão somente aquelas duas formas, todas as outras possíveis foram excluídas, inclusive a prevista expressamente pelo artigo 241 da Constituição Federal: a *gestão associada de serviços públicos*. Isso porque a prestação de serviço público no regime de *gestão associada*, forma de prestação direta dos serviços públicos implica prestador que seja órgão ou entidade de ente da Federação que *não seja* titular dos serviços e, tampouco, configura concessão (que é forma de *prestação indireta*).

Em face da nova redação do *caput* do artigo 10 da Lei 11.445/2007 como se efetivar a prestação de serviços públicos em regime de *gestão associada*? Qualquer das formas possíveis para essa forma de prestação, repita-se, prevista constitucionalmente, ficou inviabilizada, seja pelo atual contrato de programa, seja por qualquer outro instrumento de delegação, configurado em contrato interadministrativo ou em ato administrativo.

A União possui por competência *instituir diretrizes para o saneamento básico* (art. 21, XX, CF), pelo que lhe cabe disciplinar, para a promoção desta política pública, como os instrumentos de atuação previstos na Constituição Federal podem ser utilizados pelo Município, estabelecendo, no máximo, e de forma razoável e justificada, requisitos e condicionantes. Mas extrapola evidentemente de seu papel proibir o Município de utilizar instituto previsto na Constituição como forma de prestação de serviços públicos.

Imaginemos a mesma questão, porém ideologicamente ao reverso. Imagine-se que um governo de extrema-esquerda editasse lei que proibisse os Municípios de se utilizarem do *contrato de concessão*, inviabilizando que a prestação dos serviços públicos de saneamento básico se realize por privados (*rectius:* em regime de exploração de atividade econômica). Seria esta lei constitucional?

Como se vê, a nova redação do *caput* do artigo 10 da Lei 11.445, de 2007, ao vedar a prestação no regime de gestão associada de serviços públicos prevista na nova redação do artigo 241 da Constituição Federal, viola a autonomia que o sistema constitucional brasileiro reconhece aos Municípios. Isso porque, ao invés de disciplinar as formas de prestação dos serviços públicos de saneamento básico, a lei federal está escolhendo e impondo ao Município quais formas ele pode adotar, vedando forma que expressamente a Constituição lhe faculta.

Importante ressaltar que a autonomia municipal significa o *direito de pensar diferente*. Ou seja, a maioria política no nível nacional pode ser diferente da maioria política no nível municipal, originando governos com orientações diferentes. Porém, é o governo municipal quem deve fazer as escolhas relativas às matérias de competência local, o que deve ser respeitado pelo nível federal, que não pode utilizar de sua competência legislativa de instituir diretrizes para tolher, ou mesmo suprimir, o exercício da autonomia pelo ente da Federação competente para realizar essa escolha[49].

3. EXTENSÃO DA VEDAÇÃO DO USO DO CONTRATO DE PROGRAMA

Afora a questão, grave, da inconstitucionalidade de se proibir que o Município opte pela prestação de serviços públicos de saneamento básico no regime de *gestão associada* previsto no artigo 241 da Constituição Federal, de se ver que, em se considerando a norma em vigor, há que se perguntar a extensão da vedação do uso do contrato de programa.

Em primeiro lugar, a vedação é apenas para que o contrato de programa discipline a *prestação de serviços públicos de saneamento básico*.

Com isso, não é atingida a prestação de outros tipos de serviços públicos, como os de mobilidade urbana ou de iluminação pública, por exemplo.

Além desse aspecto, de se ver que apenas a *prestação* dos serviços públicos de saneamento básico foi atingida. Por esta razão, a delegação e o exercício das funções de

---

49. Sobre o tema, veja-se o que em outra oportunidade consignamos: "3. A autonomia municipal como direito de pensar diferente. A autonomia municipal, como já dissemos, refere-se ao fato de se reconhecer a uma comunidade local o exercício do poder público para fazer frente a tudo o que diga a seu peculiar interesse. Em consequência, reconhece-se que há interesses específicos do Município, que atendam à orientação que pode divergir da adotada pelo Estado ou pela União. Dizer que o Município possui autonomia significa dizer que ele pode ser diferente. E isso implica possuir uma compreensão democrática e plural do que é o interesse público. Nos regimes autoritários, normalmente centralizadores, comum que se tente justificar os sacrifícios das autonomias, coletivas ou individuais, porque necessários para proteger ou promover 'o interesse público', sempre entendido de forma monolítica. Mas a realidade não é esta, especialmente quando se vive em sociedades plurais. Na companhia de Floriano de Azevedo Marques Neto, há de se entender que – em realidade – o que existe são os interesses públicos, ou seja, a expressão deve ser entendida no plural e não no singular, e que as hipóteses de conflito e colisões são naturais. (RIBEIRO, Wladimir Antonio. A autonomia municipal como princípio federativo. *Revista Jurídica da Confederação Nacional de Municípios*, n. V, 2017, p. 75. Disponível em: [https://www.cnm.org.br/cms/biblioteca/V%20Revista%20Juridica%202017%20(1).pdf]. Acesso em: 09.09.2020.

regulação destes mesmos serviços, inclusive prevista por diversas vezes na redação atual da Lei 11.445/2007, pode ser disciplinada mediante contrato de programa – até porque, por se referir à cooperação federativa em matéria de serviços públicos, é objeto que se subordina ao regime previsto pelo artigo 241 da Constituição Federal.

Em segundo lugar, a nova redação do artigo 10 da Lei 11.445/2007, deixa claro que o proibido é a utilização do contrato de programa que possa ser substituído por contrato de concessão. Bom lembrar que o contrato de concessão, apesar de ser instituto com muita variabilidade, não possui campo de aplicação exatamente equivalente ao do contrato de programa. Por exemplo, o contrato de programa, como se disse acima, pode ser utilizado para delegar o exercício de funções regulatórias, que envolvem poderes de autoridade; o contrato de concessão, não[50].

Além disso, o contrato de programa pode ser utilizado como instrumento de organização inclusive para viabilizar uma concessão – e, neste uso, não há como ser substituído por um contrato de concessão. Veja-se o exemplo de contrato de programa entre Município consorciado e consórcio público, por meio do qual se disciplina a gestão associada dos serviços públicos de manejo de resíduos sólidos urbanos, especialmente sobre as características dos serviços (que pode variar de Município consorciado para Município consorciado), inclusive sua remuneração e as garantias de pagamento, ou mesmo o acesso a bens vinculados ao serviço. O consórcio público, com fundamento nestes contratos de programa, ao depois, será permitido celebrar contrato de concessão, após prévia licitação, ou, mesmo, poderá prestar os serviços com sua estrutura administrativa (porque se trata de entidade que integra a administração do titular), com ou sem eventuais particulares terceirizados mediante contratos regidos pela Lei 8.666/1993.

Repete-se: a dicção do texto legal é de vedar o *contrato de programa* quando substituível pelo contrato de concessão. Nas hipóteses em que o contrato de programa não é opção ao contrato de concessão, porque possui objeto que é inviável ao contrato de concessão, a vedação não alcança esta situação e o contrato de programa pode ser utilizado, mesmo que em tema de interesse de serviços públicos de saneamento básico.

VI CONCLUSÕES

Costumamos, em palestras e eventos, para demonstrar os graves danos que o abandono do método científico provoca ao conhecimento jurídico, contar a seguinte anedota: "o conhecimento lógico-formal não deve apenas se limitar em estabelecer classificações como 'caixinhas' e verificar em qual delas os fenômenos do mundo devem se reportar. Imaginemos um biólogo que chegou pela primeira vez à Austrália e viu o ornitorrinco: um animal que é mamífero, porém também ovíparo e, ainda por cima, peçonhento. Evidentemente que tal fenômeno não se enquadrava em qualquer das classificações

---

50. Mário Masagão, ao se referir às características das atividades cuja execução podem ser delegadas por meio de concessão, afirma que estas são apenas aquelas que "independem do exercício de coação sobre os cidadãos", e depois complementa: "A ausência de coação é necessária, porque só no Estado se supõe existir a imparcialidade imprescindível ao seu bom uso. Se este fosse transferido à pessoa de direito privado, instalar-se-ia novo Estado dentro do Estado" (*Curso de Direito Administrativo*. 6. ed. rev. e atual. São Paulo: Ed. RT, 1977, p. 271).

então existentes. O biólogo então revisitou a sua classificação, para nela incorporar este novo dado da realidade. Mas se ao invés de um biólogo fosse um jurista? A solução seria simples, porque este apenas concluiria: o ornitorrinco é um animal inconstitucional".

Isso ilustra como é valioso o adágio *sine ira et studio*.[51] Acreditamos que a análise serena, científica e sistemática estabelecida neste texto para o contrato de programa deve ter despertado ao leitor várias descobertas, como a de que *não se trata de contrato administrativo*, apesar de ser contrato da Administração regido pelo Direito Público, ou a de que, no caso de ter por objeto a prestação de serviço público, configura *prestação direta* – que não pode possuir também por objetivo o lucro –, não podendo ser entendida, portanto, prestação indireta, pelo que equivocado o compreender como uma forma exótica (e concorrencialmente desleal) de contrato de concessão.

Este estudo, apesar de sintético, possui uma mensagem principal: não fazer a leitura dos *institutos novos* apenas como *novas roupagens* de institutos antigos. É necessário executar a análise sistêmica, para se compreender a evolução do Direito que esclarece o novo instituto, obtendo a sua compreensão adequada, que nunca é completa, porque a evolução não para, até porque o nosso leitor está desafiado ao debate crítico e, assim, a contribuir com a produção do conhecimento.

VII REFERÊNCIAS

ALMEIDA, Fernando Dias Menezes. *Contrato Administrativo*. São Paulo: Quartier Latin, 2012.

ARAGÃO, Alexandre Santos de. *Direito dos serviços públicos*. 4. ed., rev. e atual. Belo Horizonte: Fórum, 2017.

ASCARELLI, Tullio. *Problemas das Sociedades Anônimas e direito comparado*. 2. ed. São Paulo: Saraiva, 1969.

BANDEIRA DE MELLO, Celso Antonio. *Prestação de serviços públicos e administração indireta*. São Paulo: Ed. RT, 1973.

BANDEIRA DE MELLO, Celso Antonio. *Curso de Direito Administrativo*. 28. ed. São Paulo: Malheiros, 2011.

BANDEIRA DE MELLO, Celso Antonio. *Curso de Direito Administrativo*. 32. ed. São Paulo: Malheiros Editores, 2015.

COMBA, Mario. TREUMER, Steen (Eds.). *The In-House Providing in European Law*. Copenhagen: DFOF Publishing, 2010.

DI PIETRO, Maria Sylvia Zanella. *Direito Administrativo*. 32. ed. Rio de Janeiro: Forense, 2019.

DUGUIT, León. L. *Leçons de Droit Public Général*. Paris: E. de Boccard Éditeurs, 1926.

ESTORNINHO, Maria João. *Requiem pelo contrato administrativo*. Coimbra: Almedina, 1990.

FIGUEIREDO, Lúcia Valle. *Extinção dos contratos administrativos*. São Paulo: Malheiros, 1998.

---

51. Esta expressão latina significa que o conhecimento deve ser produzido de forma neutra, sem preconceitos ou parcialidades. Em geral é traduzida como "sem raiva ou paixão", e foi cunhada pelo historiador romano Tácito, no início de seus *Anais* (1.1.), que entendia que assim, de forma racional e objetiva, deveria ser realizada a análise dos fatos históricos.

GARCÍA, Juan José Pernas. *Las operaciones in house y el Derecho comunitario de contratos públicos* – análisis de la jurisprudencia del TJCE. Madrid: Iustel, 2008.

GÓMEZ-IBAÑEZ, José A. *Regulating Infrastructure*, Cambridge/London: Harvard University Press, 2003.

GRAU, Eros Roberto. Prestação de serviço público e ordem econômica. In: BANDEIRA DE MELLO, Celso Antonio (Coord.). *Curso de Direito Administrativo*. São Paulo: Ed. RT, 1986.

HARGER, Marcelo. *Consórcios Públicos na Lei 11.107/05*. Belo Horizonte: Fórum, 2007.

HOHMANN, Ana Carolina. *O contrato de programa na Lei federal 11.107/05*. Rio de Janeiro: Lumen Juris, 2016.

JUSTEN FILHO, Marçal. *Curso de Direito Administrativo*. 13. ed. São Paulo: Thomson Reuters/Revista dos Tribunais, 2018.

LAUBADÈRE, Andre. *Contrats Administratifs*. Paris: Librarie Générale de Droit et de Jurisprudence, 1956. v. III.

LEITÃO, Alexandra. *Contratos interadministrativos,* Coimbra: Almedina, 2011.

MARQUES NETO, Floriano de Azevedo. Formas de prestação de serviço público. In: DI PIETRO, Maria Sylvia. *Tratado de Direito Administrativo*. São Paulo: Thomson Reuters/Revista dos Tribunais, 2014. v. 4.

MARQUES NETO, Floriano de Azevedo. *Concessões*. Belo Horizonte: Editora Fórum, 2016.

MASAGÃO, Mário. *Curso de Direito Administrativo*. 6. ed., rev. e atual. São Paulo: Ed. RT, 1977.

MEDAUAR, Odete. *Direito Administrativo moderno*. 14. ed. São Paulo: Ed. RT, 2010.

MEDAUAR, Odete. OLIVEIRA, Gustavo Justino de. *Consórcios Públicos*: Comentários à Lei 11.107/05. São Paulo: Ed. RT, 2006.

MEIRELLES, Hely Lopes. *Direito Administrativo*. 2. ed. São Paulo: Ed. RT, 1966.

MEIRELLES, Hely Lopes. *Direito Administrativo brasileiro*. 15. ed. São Paulo: Ed. RT, 1990.

MOREIRA NETO, Diogo de Figueiredo. *Curso de Direito Administrativo*. 11. ed. Rio de Janeiro: Forense, 1998.

MOREIRA NETO, Diogo de Figueiredo. O futuro das cláusulas exorbitantes nos contratos administrativos. In: ARAGÃO, Alexandre; MARQUES NETO, Floriano de Azevedo. *Direito Administrativo e seus novos paradigmas*. Belo Horizonte: Editora Fórum, 2008.

MOREIRA NETO, Diogo de Figueiredo. *Curso de Direito Administrativo*. 16. ed., rev. e atual. Rio de Janeiro: Forense, 2014.

RIBEIRO, Wladimir António. A autonomia municipal como princípio federativo. *Revista Jurídica da Confederação Nacional de Municípios*, n. V, 2017, p. 75. Disponível em: [https://www.cnm.org.br/cms/biblioteca/V%20Revista%20Juridica%202017%20(1).pdf]. Acesso em: 09.09.2020.

RIBEIRO, Wladimir António. Contributo para a compreensão dos aspectos jurídicos da gestão financeira dos consórcios públicos. In: CARNEIRO, José Mario Brasiliense; BRITO, Eder dos Santos. *Consórcios intermunicipais e políticas públicas regionais*. São Paulo: Oficina Municipal/*Konrad Adenauer Stiftung*, 2019.

ZANOBINI, Guido. L'esercizio privato delle publiche funzione e l'organizzazione degli enti pubblici. *Scritti varii di diritto pubblico*. Milão: Giuffrè, 1955.

3
REMUNERAÇÃO DOS SERVIÇOS

Eduardo Isaías Gurevich

Graduado em Direito pela Universidade São Paulo em 1989. L.L.M. em Direito Internacional pela University of Pacific, McGeorge School of Law, Estados Unidos. Há mais de 30 anos atua com Direito Público e Infraestrutura, prestando assessoria jurídica tanto para entes públicos e organismos internacionais quanto para empresas privadas. Tem atuado como consultor jurídico em concessões e PPPs em diversos setores da infraestrutura, tais como rodovias, aeroportos, portos, energia, mobilidade urbana, iluminação pública, entre outros, tendo atuação de grande destaque especialmente na área de saneamento básico. Em saneamento básico, tem atuado nos mais relevantes projetos do Brasil, assessorando municípios, entes públicos, associações, financiadores e empresas privadas.

Vanessa Rosa

Graduada em Direito pela Universidade Federal da Bahia em 1996. MBA em PPPs e Concessões pela Fundação Escola de Sociologia e Política de São Paulo – FESPSP / London School of Economics – LSE, CP³P-F: Certified PPP Professional da APMG International/Banco Mundial – certificação profissional em Concessões e PPPs. Há 25 anos atua com Direito Público, Infraestrutura e Direito Ambiental, prestando assessoria jurídica tanto para entes públicos e organismos internacionais quanto para empresas privadas, nos mais diversos setores. Em saneamento básico, tem atuado nos mais relevantes projetos do Brasil, assessorando municípios, entes públicos, associações, financiadores e empresas privadas.

Sumário: 1. Introdução. 2. As formas de remuneração dos serviços públicos de saneamento básico. 3. Os desafios da remuneração dos serviços públicos de saneamento básico. 4. Os regimes contratuais de prestação dos serviços públicos de saneamento básico. 5. Subsídios e apoios federativos para a sustentabilidade econômico-financeira. 6. Conclusão. 7. Referências.

1. INTRODUÇÃO

Um dos pilares do Marco Legal do Saneamento Básico é a busca pela eficiência e pela sustentabilidade econômico-financeira, previstas, desde a publicação da Lei 11.445, em 2007[1], como princípios fundamentais dos serviços públicos de saneamento básico. Está também orginalmente previsto em tal Lei que as normas de regulação, que são condição de validade dos contratos, estabeleçam as condições de sustentabilidade econômico-financeira da prestação dos serviços, inclusive com sistemas de cobrança e composição de taxas e tarifas e políticas de subsídios[2].

---

1. Art. 2º, VII: Os serviços públicos de saneamento básico serão prestados com base nos seguintes princípios fundamentais: [...] eficiência e sustentabilidade econômico-financeira; [...].
2. Art. 11. São condições de validade dos contratos que tenham por objeto a prestação de serviços públicos de saneamento básico: [...] III – a existência de normas de regulação que prevejam os meios para o cumprimento das

Na realidade, todavia, como é de amplo conhecimento, o setor de saneamento básico ainda apresenta muitas assimetrias e gargalos que comprometem as pretendidas eficiência e sustentabilidade e, consequentemente, afetam seu desenvolvimento e o atingimento de metas, existindo grande pulverização de normas e agências reguladoras e disparidades expressivas entre diversos regimes contratuais (com impactos, também, na remuneração dos serviços).

Num mercado de monopólio natural, em que já não há competição no serviço, a clareza e a efetividade de regras de competição para o serviço e de práticas regulatórias e contratuais que promovam a convergência de ações e a real concretização dos princípios fundamentais estabelecidos tornam-se imprescindíveis.

Nesse sentido, muitas das alterações do Marco Legal do Saneamento Básico trazidas pela Lei 14.026/2020 denotam um esforço no sentido de corrigir essas fragilidades, sendo que muitas das novas regras dizem respeito à promoção eficaz da sustentabilidade econômico-financeira dos serviços, abordando direta ou indiretamente o relevante tema da remuneração dos prestadores. Sem remuneração adequada, não há eficiência operacional nem recursos suficientes e bem utilizados visando o propósito maior – que é o atingimento das metas, com a diminuição, o quanto possível, do enorme déficit no saneamento básico do país.

2. AS FORMAS DE REMUNERAÇÃO DOS SERVIÇOS PÚBLICOS DE SANEAMENTO BÁSICO

Desde 2007, quando promulgado, o Marco Legal do Saneamento Básico previa expressamente a remuneração do prestador e a cobrança pelos serviços, sendo que a Lei 14.026/2020 trouxe algumas mudanças relevantes quanto aos aspectos econômicos do setor.

Anteriormente, para os serviços de abastecimento de água e esgotamento sanitário, estavam previstas como forma de remuneração, "preferencialmente", tarifas e outros preços públicos. A Lei 14.026/2020 incluiu nesse rol também as taxas, alteração esta que amplia as modalidades de remuneração de tais serviços (artigo 29, I, da Lei 11.445/2007).

Entretanto, vale mencionar que já é prática corrente, inclusive com entendimentos jurisprudenciais consolidados, de que serviços de água e esgoto são comumente remunerados mediante tarifa, inclusive quando o prestador é uma empresa estatal ou

---

diretrizes desta Lei, incluindo a designação da entidade de regulação e de fiscalização; [...].

§ 2º Nos casos de serviços prestados mediante contratos de concessão ou de programa, as normas previstas no inciso III do caput deste artigo deverão prever:

[...]

IV – as condições de sustentabilidade e equilíbrio econômico-financeiro da prestação dos serviços, em regime de eficiência, incluindo:

a) o sistema de cobrança e a composição de taxas e tarifas;
b) a sistemática de reajustes e de revisões de taxas e tarifas;
c) a política de subsídios;
[...]

mesmo uma autarquia. Infere-se, portanto, que possivelmente a previsão de cobrança dos referidos serviços por meio de taxa não trará impactos significativos, embora seja uma nova alternativa a ser usada, se necessário, para assegurar a sustentabilidade econômico-financeira da prestação.

Quanto aos serviços de limpeza urbana, houve uma alteração sutil: anteriormente, a redação da Lei 11.445/2007 previa a remuneração de tais serviços por "taxas ou tarifas e outros preços públicos", sendo que, com a Lei 14.026/2020, o dispositivo passou a prever como modalidades "taxas, tarifas e outros preços públicos" (artigo 29, II). É possível que a finalidade tenha sido viabilizar modelos em que parte dos serviços sejam remunerados por tarifa e parte por taxa – por ex., a coleta sendo realizada diretamente pelo município mediante cobrança de taxa especificamente para essa etapa do manejo de resíduos sólidos, e o tratamento e a destinação final sendo realizadas por concessionária privada, por meio da cobrança de tarifa a remunerar tão somente essa outra etapa.

Quanto aos serviços de manejo de águas pluviais, cuja prestação ainda não se estruturou adequadamente em muitos municípios, a Lei 14.026/2020 incluiu, entre as formas de remuneração, as tarifas, sendo que anteriormente previa apenas tributos, inclusive na forma de taxa (artigo 29, III, da Lei 11.445/2007). Vislumbra-se, com essa inclusão, que há um propósito de melhor estruturar tais serviços, inclusive pelo regime de concessão e cobrança de tarifa pelo prestador.

Outra alteração importante diz respeito à inclusão do termo "disponibilização" nas definições dos serviços públicos de abastecimento de água, esgotamento sanitário, limpeza urbana e manejo de resíduos sólidos (artigo 3º, I, "a", "b" e "c", da Lei 11.445/2007) – ou seja, tais serviços se configuram não apenas pelas atividades relativas à operação das infraestruturas e instalações, mas também por sua disponibilização, o que tem impacto direto na remuneração do prestador, que poderá cobrar não só pelo serviço prestado, mas também pelo disponibilizado.

Esse ponto é reforçado expressamente na nova redação do *caput* do artigo 45, que assim versa: "As edificações permanentes urbanas serão conectadas às redes públicas de abastecimento de água e de esgotamento sanitário disponíveis e sujeitas ao pagamento de taxas, tarifas e outros preços públicos decorrentes da disponibilização e da manutenção da infraestrutura e do uso desses serviços".

Ou seja, essa alteração visa assegurar a remuneração do prestador mesmo na hipótese (muito comum especialmente no setor de esgotamento sanitário, como se sabe) de existir a infraestrutura, ter sido feito o investimento, haver gastos com operação e manutenção, e o usuário não se conectar à rede, o que naturalmente ocasiona um desequilíbrio na remuneração esperada e devida. A Lei 14.026/2020 buscou trazer mais segurança jurídica e econômico-financeira ao prestador, assegurando a cobrança pela disponibilização das redes públicas, ainda que não usadas por mera liberalidade do usuário (sendo que o pagamento não o exime da obrigação de conexão).

À luz dessas alterações, verifica-se claramente que as alterações no Novo Marco do Saneamento Básico visam ampliar as formas de remuneração o quanto possível, para que a cobrança pelos serviços seja efetivamente implementada.

3. OS DESAFIOS DA REMUNERAÇÃO DOS SERVIÇOS PÚBLICOS DE SANEAMENTO BÁSICO

Por outro lado, não basta apenas cobrar pelos serviços – é preciso fazê-lo com critérios objetivos e fundamentados, que propiciem concretamente a modicidade tarifária, a execução dos investimentos necessários, a eficiência na operação e a recuperação dos custos necessários para o atingimento das metas e níveis de serviço adequado.

Também nesse sentido a Lei 14.026/2020 buscou trazer dispositivos e mudanças que consolidem esse caminho. Por ex., o *caput* do artigo 30 da Lei 11.445/2007 anteriormente versava que "[...] a estrutura da remuneração e cobrança dos serviços **poderá** levar em consideração os seguintes fatores: [...]" (grifo nosso), sendo que tais fatores são aqueles referentes a categorias de usuários, padrões de uso ou qualidade, quantidade mínima de consumo ou utilização dos serviços, capacidade dos consumidores, entre outros[3].

Após a alteração do Marco Legal do Saneamento Básico, o supratranscrito *caput* passou a dispor que "a estrutura de remuneração e cobrança dos serviços **considerará** os seguintes fatores" (grifo nosso). Ora, a mudança redacional é sutil, mas seu sentido é fundamental. Isto porque muitas vezes se estabeleceu estruturas de cobrança (inclusive ainda vigentes no país) em que os valores das taxas e tarifas não obedecem necessariamente a critérios econômico-financeiros, fazendo com que a remuneração do prestador seja insuficiente para uma real eficiência e aprimoramento dos serviços – não por outra razão que os índices de cobertura de água e esgoto e de encerramento dos lixões ainda são lastimáveis.

Portanto, passa-se a exigir a observância dos fatores previstos, não se tratando mais de prerrogativa, mas de obrigação. As estruturas tributárias e tarifárias relativas aos serviços públicos de saneamento básico, portanto, devem, doravante, ser estabelecidas de modo a contemplar importantes parâmetros socioeconômicos e promover, ao final, a sustentabilidade econômico-financeira efetiva da prestação.

A previsão dessa exigência contempla a necessidade imperiosa de corrigir rotas que historicamente foram adotadas no setor, em muito contribuindo para o grande déficit acumulado da atualidade. Para os serviços de água e esgoto, muitas vezes, pelas mais diversas razões, as tarifas foram fixadas sem correlação com os custos de capital e operacionais incorridos ou necessários para o aprimoramento da prestação, favorecendo de imediato tarifas módicas para o usuário, mas que não cobriam as necessidades de investimento e de operação adequada (com grandes prejuízos para a população como um todo).

---

3. Art. 30. Observado o disposto no art. 29 desta Lei, a estrutura de remuneração e de cobrança dos serviços públicos de saneamento básico considerará os seguintes fatores:

    I – categorias de usuários, distribuídas por faixas ou quantidades crescentes de utilização ou de consumo;

    II – padrões de uso ou de qualidade requeridos;

    III – quantidade mínima de consumo ou de utilização do serviço, visando à garantia de objetivos sociais, como a preservação da saúde pública, o adequado atendimento dos usuários de menor renda e a proteção do meio ambiente;

    IV – custo mínimo necessário para disponibilidade do serviço em quantidade e qualidade adequadas;

    V – ciclos significativos de aumento da demanda dos serviços, em períodos distintos; e

    VI – capacidade de pagamento dos consumidores.

Daí resultou uma significativa deterioração de sistemas e infraestruturas, sem manutenção apropriada e muito menos ampliação e inovação tecnológica. Desse descasamento entre remuneração auferida e necessidades reais decorreram sérios problemas que ainda perduram, com consequências gravosas para toda a população, especialmente quanto a saúde pública, meio ambiente e desenvolvimento socioeconômico.

No setor de abastecimento de água e esgotamento sanitário, pode-se mencionar, por exemplo, os alarmantes índices de perdas físicas de água e também os danos ambientais por lançamentos de esgoto não tratado *in natura*, ambos decorrentes da falta de investimento nos sistemas de água e esgoto – o que, por sua vez, decorre de estruturas remuneratórias insuficientes e falhas.

Outro ponto que merece menção, por também refletir claramente a correlação entre remuneração e adequação do serviço, diz respeito aos serviços públicos de limpeza urbana e manejo de resíduos sólidos.

Historicamente há uma dificuldade arraigada no país em criar uma cultura de cobrança por tais serviços, havendo uma percepção cristalizada de que o orçamento municipal deve suportá-los com os recursos gerais do Tesouro, sem responsabilidade de o usuário (poluidor-pagador) arcar com a parcela dos serviços de que usufrui.

No que se refere aos serviços de limpeza urbana, há discussões diversas acerca da sua natureza indivisível e inespecífica, o que poderia inviabilizar, em tese, a cobrança de taxas ou tarifas diretamente do usuário pela prestação do serviço em si. Neste artigo, não entraremos a fundo nessa discussão tão pontual, embora valha a reflexão quanto ao planejamento orçamentário e fiscal dos municípios no sentido de prover tais serviços com eficiência e sustentabilidade com os recursos de que dispuser.

Quanto aos serviços públicos de manejo de resíduos sólidos, todavia, podemos ir mais adiante, uma vez que já se pacificou o entendimento de que são passíveis de serem cobrados de forma específica e individualizada – logo, mediante taxa ou tarifa. No entanto, o que se vê é que em grande parte dos municípios brasileiros essa cobrança simplesmente não é realizada, sendo que os custos incorridos permanecem sendo cobertos por recursos orçamentários gerais advindos, por ex., da cobrança não vinculada de impostos (os quais deixam de ser gastos para outras funções públicas de relevância, como educação e saúde).

Ademais, na parcela dos municípios em que a cobrança é efetuada (em geral por meio de taxas), quase em sua totalidade os valores cobrados não correspondem ao que seria efetivamente necessário para que a prestação dos serviços fosse sustentável da perspectiva econômico-financeira.

Resulta dessa ausência de cobrança e remuneração que os recursos direcionados a tais serviços são insuficientes e, por conseguinte, a maior parte dos municípios não conseguiu cumprir a meta de encerramento de lixões em 2014, prazo inicialmente previsto, tendo sido prorrogado posteriormente. Atualmente, uma parcela relevante de municípios ainda não erradicou seus lixões – e, note-se, mesmo aqueles que já destinam seus resíduos sólidos urbanos para aterros sanitários regulares, em geral apenas efetuam a coleta e a destinação final, com poucas ações consistentes relativas à triagem e ao tratamento de tais resíduos, o que poderia gerar não apenas valor econômico relevante para o lixo, como também menor quantidade de rejeitos dispostos nos aterros, aumentando sua vida útil e diminuindo seu impacto ambiental.

Em relação a esses desafios acima mencionados – diretamente relacionados com as falhas de remuneração pela prestação dos serviços públicos e todos os problemas daí decorrentes –, as alterações do Marco Legal do Saneamento Básico também buscam criar soluções e caminhos.

Nesse sentido, cumpre ressaltar o destaque que a Lei 14.026/2020 deu ao tema das perdas de água – que é, por um lado, consequência da falta de investimento no sistema e, por outro, causa de aumento de custo para o prestador, afetando sua remuneração. Foram incluídos como princípios fundamentais dos serviços públicos de saneamento básico as seguintes atividades: "redução e controle das perdas de água, inclusive na distribuição de água tratada, estímulo à racionalização de seu consumo pelos usuários e fomento à eficiência energética, ao reúso de efluentes sanitários e ao aproveitamento de águas de chuva" (artigo 2º, XIII, da Lei 11.445/2007).

Passou a ser obrigatório, a partir da Lei 14.026/2020, que os contratos relativos a serviços de saneamento básico (especialmente no tocante ao abastecimento de água) estabeleçam metas de redução de perdas na distribuição de água tratada (artigos 10-A, I, e 11-B da Lei 11.445/2007), devendo o cumprimento de tais metas ser acompanhado anualmente pelo ente regulador anualmente (artigo 11-B, § 2º, da Lei 11.445/2007), sendo que a redução progressiva de perdas deve ser tratada expressamente nas normas de regulação (artigos 12, IV, 23, XIV, e 43, § 2º, da Lei 11.445/2020). E mais, também as políticas federais deverão contemplar a matéria, daí se inferindo a importância que as alterações do Marco Legal de Saneamento Básico deram à questão.

Outro ponto de destaque da Lei 14.026/2020 concerne à cobrança pelos serviços de limpeza urbana e manejo de resíduos sólidos, cuja insuficiência é um problema crônico no país, conforme mencionado acima. Como mecanismos de incentivo e mesmo de imposição dessa cobrança, a referida Lei fixou o prazo de 12 (doze) meses para que o titular dos serviços proponha instrumento de cobrança, caso contrário se configurará renúncia de receita, com as implicações da Lei de Responsabilidade Fiscal.

O novo prazo para o encerramento de lixões (31 de dezembro de 2020) também poderá ser prorrogado na hipótese de os municípios terem, até tal prazo, elaborado plano intermunicipal ou municipal de gestão integrada de resíduos sólidos e "disponham de mecanismos de cobrança que garantam a sustentabilidade econômico-financeira" (artigo 54, *caput*, da Lei 12.305/2010).

Por outro lado, a Lei 14.026/2020 ampliou os critérios para a cobrança de taxas ou tarifas da prestação dos serviços de limpeza urbana e de manejo de resíduos sólidos, passando a dispor sobre parâmetros antes não legalmente previstos, como o consumo de água como base de cálculo. Ademais, previu também a possibilidade de cobrança conjunta na fatura de outros serviços públicos, o que expande também as alternativas para reduzir e/ou prevenir altos índices de inadimplência.

Todas essas disposições trazidas pela Lei 14.026/2020 ao Marco Legal do Saneamento Básico representam inequivocamente a preocupação em assegurar aos prestadores a remuneração adequada, de modo a propiciar os investimentos e melhorias necessárias (e muitas urgentes) nos sistemas e infraestruturas e em sua operação, de forma equilibrada e racional para o usuário, para o próprio prestador, bem como para o orçamento público, que deve ser desonerado de gastos que podem ser devidamente remunerados por meios de cobrança próprios.

4. OS REGIMES CONTRATUAIS DE PRESTAÇÃO DOS SERVIÇOS PÚBLICOS DE SANEAMENTO BÁSICO

Como é sabido, atualmente há inúmeras formas jurídicas de relação entre o titular e o prestador dos serviços, inclusive a ausência de qualquer instrumento em alguns casos de maior precariedade, o que impacta na estruturação de uma remuneração que preserve a necessária correlação entre valores cobrados e recuperação de custos.

Entre as vias existentes, há a prestação direta dos serviços pela administração pública municipal, a contratação por meio da Lei 8.666/93 (por, no máximo, cinco anos, com restrições de escopo), prestação por meio de contratos de programas (muito comum em água e esgoto, com as companhias estaduais) e contratos de concessão e parceria público-privada (com empresas privadas). Há ainda outras formas menos comuns de relação jurídica, tais como contratos de subdelegação e de locação de ativos.

Não é matéria deste artigo a análise dessas diversas relações contratuais, mas é importante mencioná-las uma vez que se relacionam com a cobrança e a remuneração dos serviços. Em geral, a prestação direta pela administração pública ou por meio de contratações no regime da Lei 8.666/93 muitas vezes são arcadas por recursos do orçamento municipal, conforme já mencionado anteriormente, especialmente no setor de limpeza urbana e resíduos. No caso de água e esgoto, os prestadores públicos geralmente cobram tarifas dos usuários, mas por meio de estruturas muitas vezes pouco criteriosas, ocasionando defasagem de remuneração.

Quanto à prestação por contratos de programa com companhias estaduais (ainda prevalentes no setor de água e esgoto, sendo que a Lei 14.026/2020 veda novas contratações dessa natureza), é remunerada por tarifa, mas a estrutura de cobrança e remuneração muitas vezes também carece de critérios objetivos e eficazes de sustentabilidade econômico-financeira.

Por outro lado, note-se que a regulação desses contratos de programa geralmente é do tipo discricionária, uma vez que não houve competição original que determinasse uma equação econômico-financeira do contrato que sanasse as falhas de mercado do monopólio natural do setor. Desse modo, as revisões tarifárias para considerarem os custos incorridos e sua recuperação devem ser feitas pelas agências reguladoras (como é comum, por exemplo, com a ARSESP – Agência Reguladora de Saneamento e Energia do Estado de São Paulo e a SABESP – Companhia de Saneamento Básico do Estado de São Paulo).

Contudo, há que se atentar que esse tipo de regulação discricionária demanda entes reguladores bem capacitados e aptos para estruturar corretamente o contrato sob a perspectiva econômico-financeira e de remuneração, o que por vezes não existe na prática, dada a grande heterogeneidade de agências de saneamento, com grandes disparidades entre elas.

Nos contratos de concessão, em que há competição na origem do contrato (por meio de licitação), os licitantes apresentarão suas propostas (e as respectivas estruturas de remuneração e recuperação de custos) de forma mais criteriosa, não apenas para, de um lado, oferecerem vantajosidade ao contratante público, mas também para assegurar o equilíbrio econômico-financeiro basilar do contrato, que servirá de referência ao longo de todo o prazo da prestação dos serviços.

Também por essa razão a Lei 14.026/2020 retirou do Marco Legal de Saneamento Básico a possibilidade de celebração de novos contratos de programa, estabelecendo um regime contratual por meio de competição entre os prestadores, o que, entre outras consequências, trará critérios mais objetivos e fundamentados para as estruturas de remuneração que serão propostas e contratadas. Em última instância, pretende-se também prestigiar e fomentar a sustentabilidade econômico-financeira dos serviços, com eficiência (gerada pela competição), recuperação dos custos e realização de investimentos.

Ainda acerca da relação entre regimes contratuais e remuneração, vale mencionar também que, nos contratos de concessão na modalidade comum, o prestador privado é remunerado integralmente por tarifas pagas pelos usuários (além de eventuais receitas acessórias), responsabilizando-se pela gestão comercial dos serviços e sua respectiva cobrança. É uma forma de desonerar completamente o orçamento público, liberando recursos do erário antes usados com a prestação de serviços de saneamento para outras atividades de relevante interesse público, como saúde, educação e segurança pública, por ex.

Nesses casos, a sustentabilidade econômico-financeira dos serviços é alcançada no âmbito do próprio contrato de concessão, ficando a cargo da concessionária privada buscar o recebimento de sua remuneração, assim como a eficiência na prestação, de modo a cumprir satisfatoriamente os compromissos e objetivos assumidos. O propósito de manter sua Taxa Interna de Retorno – TIR e de não sofrer penalizações previstas no contrato são incentivos reais para que a estrutura tarifária seja equilibrada e a cobrança aos usuários se realize eficazmente, para preservação da remuneração.

Em outros tipos de concessão – especificamente as parcerias público-privadas (PPPs) –, pode haver cobrança de tarifas diretamente aos usuários pela concessionária (na modalidade de PPP patrocinada), mas parte da remuneração do prestador será advinda do contratante público, que deverá pagar a contraprestação pecuniária (geralmente mensal, podendo ser variável de acordo com o desempenho da concessionária). Na modalidade PPP administrativa, a totalidade da remuneração advirá da contraprestação pecuniária paga pelo contratante público, sendo que este, e não a concessionária, cobrará as tarifas ou taxas diretamente dos usuários (ou usará recursos orçamentários não vinculados para o pagamento de tal contraprestação).

Existem PPPs administrativas (sem recebimento de tarifas diretamente pela concessionária privada) atualmente vigentes e em execução no país, especialmente no setor de esgotamento sanitário e, sobretudo, em manejo de resíduos sólidos. Neste último setor, saliente-se que as contraprestações pecuniárias em PPPs em geral são suportadas por recursos orçamentários não vinculados (advindos de impostos), não havendo taxas ou tarifas que as sustentem.

Um dos propósitos das alterações no Marco Legal do Saneamento Básico é o de transformar essa realidade, propiciando a cobrança pelos serviços de limpeza urbana e manejo de resíduos sólidos e a possibilidade de concessões em todas as modalidades, inclusive a comum, com cobrança direta de tarifas, pela concessionária privada, aos usuários finais.

Cumpre mencionar, ainda, que os serviços públicos de drenagem e manejo das águas pluviais urbanas ainda são prestados, em geral, pelas administrações púbicas, sem regimes contratuais mais complexos ou estrutura de remuneração consolidada. Com as novas alterações do Marco Legal do Saneamento Básico, possibilitando expressamente a prestação de tais serviços mediante cobrança de tarifa, espera-se que haja desenvolvimento e aprimoramento no setor, com remuneração adequada do prestador, inclusive sob regime de concessão.

5. SUBSÍDIOS E APOIOS FEDERATIVOS PARA A SUSTENTABILIDADE ECONÔMICO-FINANCEIRA

Outro ponto que merece destaque quanto à Lei 14.026/2020 refere-se a subsídios e apoios federativos, especialmente da União, para a sustentabilidade econômico-financeira dos serviços públicos de saneamento básico.

Os subsídios tarifários e não tarifários já estavam previstos originalmente na Lei 11.445/2007 e se mantêm como relevante instrumento de desenvolvimento do setor. Anteriormente, porém, tal Lei fazia menção a subsídios para usuários e localidades de baixa renda, sendo que, com as alterações introduzidas pela Lei 14.026/2020, os subsídios passaram a ser referidos apenas para usuários de baixa renda (inclusive porque se pretende utilizar outros mecanismos, como a prestação regionalizada, para enfrentar o desafio de tais localidades e municípios de pequeno porte).

Outra mudança que deve ser mencionada concerne à exclusão, pela Lei 14.026/2020, da admissibilidade de subsídios diretos, destinados a usuários determinados, e de subsídios entre localidades. Doravante, portanto, só são possíveis subsídios indiretos (destinados ao prestador do serviço), tarifários ou fiscais (integrando a estrutura de remuneração) ou internos a cada titular ou entre titulares (na hipótese de prestação regionalizada).

O *caput* do artigo 29 da Lei 11.445/2007 passou a prever expressamente também os subsídios como instrumento para sustentabilidade econômico-financeira dos serviços, quando esta não puder ser alcançada por meio de remuneração pela cobrança, "vedada a cobrança em duplicidade de custos administrativos ou gerenciais a serem pagos pelo usuário". E, em seu § 2º, prevê que "Poderão ser adotados subsídios tarifários e não tarifários para os usuários que não tenham capacidade de pagamento suficiente para cobrir o custo integral dos serviços", extinguindo-se a anterior previsão de tais subsídios para localidades sem escala econômica suficiente (incentivando, assim, outras soluções para estes casos).

Verifica-se, portanto, que os subsídios permanecem como mecanismo relevante para dar sustentação à prestação dos serviços em hipóteses em que a remuneração pela cobrança, por si só, não seja suficiente. Busca-se, no entanto, estabelecer diretrizes que tragam mais racionalidade e transparência na utilização de subsídios, evitando-se a continuidade de sua utilização entre municípios atendidos por um mesmo prestador, por vezes praticados sem total transparência e sem favorecer efetivamente aquele que deveria (e deve) ser o real beneficiário – ou seja, o usuário de baixa renda.

Além dos subsídios, outro mecanismo que o Marco Legal do Saneamento Básico prevê para propiciar a sustentabilidade econômico-financeira dos serviços é o apoio federativo, especialmente da União, sendo que a Lei 14.026/2020 traz novas diretrizes para a Política Federal de Saneamento Básico, algumas delas com impacto direto ou indireto nos custos e na remuneração dos serviços, tais como a redução progressiva e controle de perdas de água, já referida anteriormente.

Além disso, estão previstas ações no sentido de robustecer a regulação do setor, favorecer a competição e incentivar o atingimento de metas, inclusive por meio de alocação de recursos federais e concessão de financiamentos com recursos da União ou de entidades federais, desde que atendidos determinados requisitos.

6. CONCLUSÃO

Infere-se, das inovações trazidas ao Marco Legal do Saneamento Básico pela Lei 14.026/2020, que há um propósito evidente de corrigir algumas rotas e tornar mais efetivas antigas previsões ainda não implementadas satisfatoriamente no país – entre elas, disposições relativas à remuneração da prestação dos serviços públicos de saneamento básico, de forma a criar incentivos reais para a cobrança justa, sustentável e uniforme pelos prestadores, sejam públicos ou privados.

Os desafios são muitos, mas a relevância do tema é inequívoca e foi destacada de diversas formas, conforme abordado acima. Espera-se que os mecanismos previstos sejam aplicados e se mostrem eficazes, especialmente para que as diversas metas (agora contempladas com ênfase no Marco Legal do Saneamento Básico e obrigatórias para todos os contratos e prestadores) sejam plenamente alcançadas, transformando positivamente o cenário do saneamento básico do país.

7. REFERÊNCIAS

A Sustentabilidade Financeira dos Serviços de Serviços de Manejo Sólidos – Modelos de Cobrança ao Redor do Mundo 2019 – EY. Disponível em: [https://selur.org.br/wp-content/uploads/2020/08/RELATORIO_EY-e-SELURB_Modelos-de-Cobran%C3%A7a-ao-Redor-do-Mundo-1.pdf]. Acesso em: 18.09.2020.

ARAÚJO, Flávia Camargo e BERTUSSI, Geovana Lorena. Saneamento Básico no Brasil: Estrutura Tarifária e Regulação. Disponível em: [http://repositorio.ipea.gov.br/bitstream/11058/9864/1/ppp_51_saneamento.pdf]. Acesso em: 14.08.2020.

Caderno Temático 5 – Cobrança Específica para os Serviços de Resíduos Sólidos – Plano Nacional de Saneamento Básico – PLANSAB. Disponível em: [https://www.mdr.gov.br/images/stories/ArquivosSNSA/Arquivos_PDF/plansab/5-CadernotematicoCobrancaespecificaparaosservicosderesiduossolidosurbanos.pdf]. Acesso em: 10.08.2020.

Diagnóstico Anual de Drenagem e Manejo de Águas Pluviais Urbanas – 2018. Disponível em: [http://www.snis.gov.br/downloads/diagnosticos/ap/2018/Diagnostico_AP2018.pdf]. Acesso em: 19.08.2020.

Diagnóstico Anual do Manejo de Resíduos Sólidos – 2018. Disponível em: [http://www.snis.gov.br/diagnostico-anual-residuos-solidos/diagnostico-do-manejo-de-residuos-solidos-urbanos-2018]. Acesso em: 19.08.2020.

Diagnóstico Anual dos Serviços de Água e Esgoto – 2018. Disponível em: [http://www.snis.gov.br/diagnostico-anual-agua-e-esgotos/diagnostico-dos-servicos-de-agua-e-esgotos-2018]. Acesso em: 18.08.2020.

Panorama da Participação Privada no Saneamento 2020 – Associação Brasileira das Concessionárias Privadas de Serviços de Água e Esgoto. Disponível em: [https://www.abconsindcon.com.br/wp-content/uploads/2020/08/Panorama2020-baixa-FINAL.pdf]. Acesso em: 22.08.2020.

Panorama dos Resíduos Sólidos no Brasil 2018/2019 – Associação Brasileira de Empresas de Limpeza Pública e Resíduos Especiais (ABRELPE). Disponível em: [file:///C:/Users/VSR/Downloads/PanoramaAbrelpe_-2018_2019%20(1).pdf]. Acesso em: 18.08.2020.

PHILIPPI JR., Arlindo e GALVÃO JR., Alceu de Castro. *Gestão do Saneamento Básico*: Abastecimento de Água e Esgotamento Sanitário. Manole, 2011.

Ranking do Saneamento 2020. Disponível em: [http://tratabrasil.com.br/estudos/estudos-itb/itb/ranking-do-saneamento-2020]. Acesso em: 18.08.2020.

Capítulo IV
QUESTÕES DE FUNDO INTRODUZIDAS PELO MARCO REGULATÓRIO

1
A TITULARIDADE DOS SERVIÇOS DE SANEAMENTO BÁSICO NA LEI DE ATUALIZAÇÃO DO MARCO LEGAL DO SANEAMENTO BÁSICO

Raul Miguel Freitas de Oliveira

Professor Doutor na Universidade de São Paulo (USP), Faculdade de Direito de Ribeirão Preto (FDRP) e na Universidade de Ribeirão Preto (UNAERP), Programa de Mestrado e Doutorado em Tecnologia Ambiental.

Sumário: 1. Introdução. 2. Titularidade dos serviços públicos de saneamento básico pelo Município. 3. Conceito amplo de saneamento básico e atividades componentes da sua titularidade. 4. Atualizações da Lei 14.026/2020 sobre a titularidade dos serviços públicos de saneamento básico. 5. Conclusão. 6. Referências.

1. INTRODUÇÃO

Apesar da relativa clareza das normas de repartição de competência na Constituição Federal e da edição da Lei 11.445/2007 (Marco Legal do Saneamento Básico), a discussão sobre a titularidade dos serviços de saneamento básico gerou muito debate no passado, principalmente antes da definição dos posicionamentos do Supremo Tribunal Federal na ADI 1.842-5/RJ e ADI 2.077/BA.

No atual momento, com a edição da Lei 14.026/2020, que atualiza o Marco Legal do Saneamento Básico, é de grande utilidade a revisitação do tema, a fim de se verificar em que medida as novas disposições da mencionada lei repercutem ou não, assim como para se aferir eventual contribuição numa melhor definição normativa do exercício da titularidade do saneamento básico.

Numa primeira abordagem, verifica-se que alterações no artigo 2º (princípios dos serviços de saneamento básico), artigo 3º (conceitos) e, principalmente, no artigo 8º (titularidade do saneamento básico) e artigos 9º e 19 (planejamento do saneamento básico) são as que mais diretamente se relacionam com o tema, sendo o objetivo deste trabalho a análise preliminar dessas alterações, assim, sem a pretensão de esgotá-lo.

A principal conclusão da análise é que a lei atualizadora do Marco Legal do Saneamento Básico assimilou a posição do Supremo Tribunal Federal quanto ao exercício da titularidade dos serviços públicos de saneamento básico, reconhecendo a natureza de interesse local, quando se trata de Município isolado, como também de interesse comum, quando se trata de Municípios integrantes de regiões metropolitanas e demais arranjos cooperativos, partilhando-se a competência com o Estado.

Além disso, foram promovidas alterações significativas para a integração da política pública de saneamento básico com as demais de proteção ambiental.

2. TITULARIDADE DOS SERVIÇOS PÚBLICOS DE SANEAMENTO BÁSICO PELO MUNICÍPIO

Titularidade indica a qualidade de ser o dono, senhor, possuidor direto, responsável por algo e, em relação ao serviço público, é o artigo 175, da Constituição Federal, que dispõe: "incumbe ao poder público, na forma da lei, diretamente ou sob o regime de concessão ou permissão, sempre através de licitação, a prestação dos serviços públicos".

Esse dispositivo é a base constitucional do serviço público e atribui às pessoas políticas da Federação, na forma da lei, a competência (atribuição legal de poderes e tarefas) e a prestação (instituição, regulamentação, execução do serviço público). (ARAÚJO, 2005, p. 117)

As normas da Constituição Federal que repartem competências entre a União, Estados, Distrito Federal e Municípios (artigos 21 a 25 e 30) também definem, direta e indiretamente, serviços públicos para cada um dos entes federativos.

Nesse sentido, a titularidade se confunde com a competência definida pelas normas da Constituição Federal, como também de Constituições Estaduais e leis regulamentadoras de um serviço público, sempre respeitadas as balizas maiores das normas constitucionais federais.

O fato é que a Constituição Federal de 1988, conforme a evolução das constituições federais brasileiras, adotou o modelo de definição de competências administrativas e legislativas e de atribuição exclusiva, privativa, comum e concorrente entre os entes da Federação, ocasionando nessa última, como entendem alguns, a suplementar, também na seara do serviço público. (MEIRELLES, 1998, p. 292)

A competência exclusiva, por definição doutrinária, é aquela exercida somente por um ente da Federação, sem a possibilidade de ser repassada, delegada a outro ente.

Numa análise perfunctória, percebe-se que há competências exclusivas, tanto para administrar, quanto para legislar, à União, Estados e Municípios.

Por exemplo, é visível que a competência administrativa para "explorar serviços e instalações nucleares" (artigo 21, inciso XXIII, da Constituição Federal) é exclusiva da União, não sendo possível se vislumbrar qualquer tipo de delegação a Estados e Municípios nessa seara, como também é exclusiva do Estado a competência legislativa para "instituir regiões metropolitanas, aglomerações urbanas e microrregiões" (artigo 25, parágrafo 3º, da Constituição Federal) e ao Município de "criar, organizar e suprimir Distritos" (artigo 30, inciso IV, da Constituição Federal).

Essas competências são visualizadas claramente como sendo exclusivas, cabendo tão somente a cada um dos entes federativos citados realizá-las, sem a possibilidade de se repassar a outros tais responsabilidades, ou seja, trata-se de competências que se encontram numa zona de certeza.

Na competência legislativa privativa, há a possibilidade de se autorizar em lei complementar que outro ente federativo legisle sobre questões específicas, na forma do artigo 22, parágrafo único, da Constituição Federal, ou seja, existe a possibilidade de uma espécie de delegação de parcela da competência a outro ente federativo.

A competência comum é restrita às atividades administrativas e a competência concorrente à atividade legislativa, nos termos, respectivamente, do artigo 23 e 24, da Constituição Federal, havendo nesse último a expressa previsão de divisão somente entre a União, Estados e Distrito Federal.

Porém, como as normas constitucionais exigem a aplicação do método sistemático de interpretação, para que equívocos não sejam cometidos, os Municípios também participam da competência legislativa concorrente pela aplicação do artigo 30, inciso II, da Constituição Federal, o que não é necessário em relação àquelas competências administrativas comuns do artigo 23, uma vez que há menção expressa à participação dos Municípios nelas.

No âmbito da competência legislativa concorrente, surge a suplementar, em razão da aplicação do artigo 24, parágrafos 1º a 4º e 30, inciso II, todos da Constituição Federal.

Se no tema das competências constitucionais pode-se considerar que na competência exclusiva há certa zona de certeza, em relação à combinação das demais espécies de competência, principalmente a legislativa privativa, a material (ou administrativa) comum e a legislativa concorrente, ao contrário, há uma certa zona de incerteza, demandando maior esforço do intérprete.

No caso dos serviços públicos, pode-se afirmar que a Constituição Federal os distribui, <u>quanto à prestação</u>, predominantemente na competência administrativa (material), uma vez ser esta aquela relacionada ao fazer, prestar, realizar atividades, por cada um dos entes federativos, principalmente no artigo 21[1] (serviços públicos exclusivos da União Federal), artigo 25, parágrafo 2º[2] (serviço público exclusivo dos Estados), artigo 23[3] (serviços públicos comuns entre a União e Estados), artigo 30, inciso V (serviços públicos exclusivos do Município) e incisos VI[4] e VI[5] (serviços públicos comuns entre a União, Estados e Municípios).

Contudo, a previsão genérica de prestação de serviços públicos não é suficiente para dirimir eventuais dúvidas, uma vez que, a competência legislativa também compõe a titularidade do serviço público pelo ente federativo.

Na medida em que o próprio artigo 175, da Constituição Federal, retro citado, afirma ser a lei o instrumento para definir e regulamentar todos os aspectos do serviço público no ente federativo, conclui-se que a distribuição das competências legislativas,

---

1. Aqui é possível se vislumbrar diversos serviços públicos, tais como de defesa nacional, emissão de moeda, serviço postal e correio aéreo nacional, telecomunicações, radiodifusão sonora e de sons e imagens, energia elétrica, navegação aérea, aeroespacial e infraestrutura aeroportuária, transporte ferroviário e aquaviário, serviços judiciários federais e do Distrito Federal, segurança pública do Distrito Federal, serviços oficiais de estatística, geografia, geologia e cartografia de âmbito nacional, serviços nucleares.
2. Serviço público local de gás canalizado.
3. Na verdade, o texto constitucional não define serviços públicos explícitos, como ocorre nos outros dispositivos, mas define uma série de políticas públicas comuns que poderão demandar a criação de serviços públicos para a efetivação delas.
4. Serviços públicos de educação infantil e de ensino fundamental.
5. Serviços públicos de atendimento à saúde da população.

pelo texto constitucional, por óbvio reflete na definição da titularidade de um serviço público num ou noutro ente federativo.

Esse é um primeiro aspecto relevante, pois a definição da competência legislativa concorrente entre União, Estados e Distrito Federal, do artigo 24, da Constituição Federal, silenciou especificamente sobre os serviços públicos, ao menos de forma direta e, por outro lado, houve uma definição explícita de competência legislativa somente aos Municípios, no artigo 30, inciso V, de "organizar e prestar, diretamente ou sob o regime de concessão ou permissão, os serviços públicos de interesse local, incluindo o de transporte coletivo, que tem caráter essencial".

Nesse ponto é que começam os debates sobre a competência (e, portanto, titularidade) administrativa e legislativa dos Municípios especificamente nos serviços públicos de saneamento básico, no sentido de se poder (ou não) afirmar com certeza se tais serviços são "de interesse local", uma vez que, por outro lado, a previsão expressa do saneamento básico ocorreu apenas nas seguintes normas de definição de competência:

a) curiosamente, exclusiva e material da União para "instituir diretrizes para o desenvolvimento urbano, inclusive habitação, saneamento básico e transportes públicos" (artigo 21, inciso XX, da Constituição Federal);

b) comum e material da União, Estados, Distrito Federal de Municípios para "promover programas de construção de moradias e a melhoria das condições habitacionais e de saneamento básico" (artigo 23, inciso IX, da Constituição Federal);

c) do Sistema Único de Saúde (que também reúne todos os entes federativos) de "participar da formulação da política e da execução das ações de saneamento básico" (artigo 200, inciso IV, da Constituição Federal).

Se de um lado não houve no texto constitucional a explicitação do saneamento básico como espécie de serviço público de interesse local, por outro houve a evolução histórica da própria estruturação de tal espécie de serviço público no país, como também a evolução (ou construção) do próprio Município como ente da Federação, tudo isso contribuindo para se promover o debate até o momento da "pacificação" pelo Supremo Tribunal Federal nos julgamentos da ADI 1.842-5/RJ e ADI 2.077/BA.

Por mais que pareça óbvio que serviços de saneamento básico são aqueles que atendem as necessidades mais básicas da população dos Municípios e, por isso mesmo, pela própria natureza das coisas, devesse ser considerado de pronto um serviço de interesse local, a discussão sobre a competência ou titularidade municipal de tais serviços públicos ocorreu também em função de se entender que o artigo 25, parágrafo 3º, da Constituição Federal, ao dispor competir aos Estados "o planejamento e a execução de funções públicas de interesse comum" no âmbito das regiões metropolitanas, aglomerações urbanas e microrregiões, teria abarcado os serviços de saneamento básico, ou seja, seriam estes uma espécie de função pública de interesse comum dos Municípios em tais espécies de arranjos de regionalização e cooperação[6].

---

6. Somou-se também a isso o fato do artigo 241, da Constituição Federal, no ADCT, ter previsto a gestão associada de serviços públicos entre os entes da Federação, por meio de instrumentos de parceria como os consórcios públicos e convênios de cooperação.

Um outro ingrediente fomentou a discussão: a própria realidade histórica, a evolução da estruturação dos serviços públicos de saneamento básico, com evidente prevalência da União Federal e dos Estados-membros em muitos momentos, em detrimento dos Municípios, mais fragilizados economicamente.

Na retrospectiva histórica da estruturação do setor de saneamento básico brasileiro, é possível se definir pelo menos as seguintes fases:

a) até a década de 1960: prevalência da prestação direta pelos Municípios dos serviços públicos de abastecimento de água e de esgotamento sanitário, por órgãos na Administração Centralizada ou entidades na Administração Descentralizada (Departamentos de Água e Esgoto – DAEs ou Serviços de Água e Esgoto – SAEs);

b) durante a década de 1960: surgimento das primeiras entidades de caráter metropolitano ou regional, para prestação de serviços de água e esgotos de capitais e entornos, sendo dessa época a criação da COMASP (São Paulo), ESAG e CEDAG (Rio de Janeiro, então Guanabara) e CEMAG e COMAG (prestadora de serviços a vários Municípios mineiros, menos Belo Horizonte sob responsabilidade do DEMAE);

c) a partir do início da década de 1970: criação de empresas estaduais de saneamento em razão do Plano Nacional de Saneamento – PLANASA, muitas vezes derivadas das citadas entidades regionais. Nesse período os recursos do Banco Nacional da Habitação – BNH eram utilizados para as obras de saneamento básico, competindo aos Municípios a aprovação de leis municipais ou atos administrativos precários para a concessão dos serviços às empresas estaduais, tais como convênios;

d) a partir da década de 1990: atuação das concessionárias privadas de serviços públicos, principalmente no abastecimento de água e esgotamento sanitário. (PEREIRA JR., 2008, p. 5-6)

As limitações econômicas da maioria dos Municípios para a implantação de infraestrutura para abastecimento de água e esgotamento sanitário era, na maioria das vezes, contornada por ajustes com as empresas estaduais que possuíam "fôlego inicial trazido pelo PLANASA, no início da década de 70 do séc. XX e dos subsídios tarifários" (COSTA, PICININ, 2007, p. 3)

Nos Estados do Nordeste brasileiro, por exemplo, vários Municípios costumam ser atendidos por uma única adutora, não havendo tanto conflito em razão da própria fragilidade política e econômica dos mesmos (PEREIRA JR., 2008, p. 4)

Aliás, conforme bem apontado por Vinícius Marques de Carvalho, "o estado atual dos serviços de saneamento básico no Brasil, incluindo suas qualidades e deficiências, é em grande medida produto do modelo de gestão do setor implementado durante o regime militar", tendo sido o PLANASA o principal instrumento de uma política nacional autônoma do saneamento básico. (CARVALHO, 2010, p. 110-111)

Diante desse cenário, a maioria dos doutrinadores defenderam que a competência (e portanto, titularidade) dos serviços de saneamento básico era municipal, decorrendo implicitamente da norma do artigo 30, inciso V, da Constituição Federal, tais como Alice Gonzalez Borges, Adilson de Abreu Dallari, Floriano de Azevedo Marques Neto, Diogo de Figueiredo Moreira Neto entre outros. (DANTAS, in PICININ; FORTINI, p. 50)

Noutra banda, analisando a questão exatamente nos espaços de cooperação entre os Municípios, tais como as regiões metropolitanas, outros doutrinadores entendiam que a competência municipal inicial poderia ser afastada em benefício da prevalência de uma competência estadual, tais como Marçal Justen Filho, Alaôr Caffé Alves e Luís Roberto Barroso, com diferentes soluções. (op. cit. p. 51-57)

Luís Roberto Barroso, por exemplo, a partir da constatação da coexistência do interesse local com um interesse comum, defendeu que, neste último "a gestão pelo Estado é mais apta a obter a universalização do serviço, a qualidade e a modicidade de tarifas", competindo ao Município ter "melhores condições de realizar estes objetivos" quando o serviço for "eminentemente local", ou seja, o Município não estiver inserido numa região metropolitana, por exemplo. (BARROSO, p. 20-21)

Confirmando o até aqui relembrado, interessante a posição de Vinicius Marques de Carvalho, no sentido de que os serviços de saneamento básico, mesmo nas regiões metropolitanas, não são de titularidade estadual, mas de todos os Municípios conjuntamente que, na sua gestão, deverão se articular, cooperar com a contribuição do Estado, num federalismo cooperativo. (CARVALHO, p. 387-390), muito assemelhada à posição de Floriano de Azevedo Marques Neto. (DANTAS, in PICININ, FORTINI, 2009, p. 80)

No julgamento da ADI 1.842-5/RJ, em 06 de março de 2013, o Supremo Tribunal Federal acabou por pacificar a matéria com o reconhecimento de que, em resumo, nas regiões metropolitanas, aglomerações urbanas e microrregiões, aplica-se o art. 23, inciso IX e 25, parágrafo 3º, da Constituição Federal, com a combinação da competência comum aos entes federativos para a promoção da melhoria das condições do saneamento básico e dos Estados como condutores da política pública de forma regionalizada.

O STF, portanto, reconheceu a situação fática, apontando que o "adequado atendimento do interesse comum, a integração municipal do serviço de saneamento básico pode ocorrer tanto voluntariamente, por meio de gestão associada, empregando convênios de cooperação ou consórcios públicos, consoante o arts. 3º, II, e 24 da Lei Federal 11.445/2007 e o art. 241 da Constituição Federal, como compulsoriamente, nos termos em que prevista na lei complementar estadual que institui as aglomerações urbanas.".

Posteriormente, em 30 de agosto de 2019, o STF julgou a ADI 2.077/BA e confirmou a titularidade municipal dos serviços de saneamento básico, declarando inconstitucional norma da Constituição do Estado da Bahia que pretendia deslocar a competência/titularidade de tais serviços aos Estados, em prejuízo dos Municípios.

Feito esse breve relatório da discussão sobre a titularidade dos serviços públicos de saneamento básico, torna-se essencial a compreensão do conteúdo de tais serviços públicos e das atividades que compõem a titularidade, justamente para se aferir até que ponto a Lei 14.026/2020 reconfigurou tais temas.

3. CONCEITO AMPLO DE SANEAMENTO BÁSICO E ATIVIDADES COMPONENTES DA SUA TITULARIDADE

Conforme analisado no tópico inicial, o Marco Legal do Saneamento Básico não se propôs a resolver a questão da definição da titularidade dos serviços de saneamento básico, tendo isso se resolvido por obra doutrinária e jurisprudencial, até porque a lei federal não seria exatamente o instrumento adequado para tal fim. (ARAÚJO, 2008, p. 172)

A Lei 11.445/2007 segue o formato das leis definidoras de políticas públicas ambientais, em que se tem claramente delimitada uma primeira parte de declaração de princípios, objetivos a serem atingidos com a implementação de tal política pública, uma segunda parte composta por definições, até porque as leis ambientais normalmente exigem o esclarecimento de termos técnicos de outras ciências, uma terceira parte de apresentação dos instrumentos jurídicos que deverão ser utilizados para que aqueles princípios sejam atendidos e objetivos sejam alcançados e, finalmente, uma quarta parte em que cada um dos instrumentos jurídicos são, em maior ou menor medida, detalhados pela lei.

Ou seja, tais lei são em si mesmas uma espécie de plano, demonstrando que o Estado elege uma série de fins de interesse público que devem ser atendidos e cria, disciplina os instrumentos, ferramentas adequadas para que esses fins sejam concretizados no futuro.

Dentro da primeira parte de princípios, artigo 2º, do Marco Legal do Saneamento Básico, na sua redação original, se explicitou o seguinte:

a) a universalização de acesso, numa clara relação com a universalização da saúde, também prevista na Constituição Federal como princípio fundamental, numa ideia mesmo de extensão de tudo (elemento objetivo) a todos (elemento subjetivo);

b) integralidade, entendida como o atendimento integral, completo, sem deficiências, em todas as prestações que compõem os serviços públicos;

c) respeito ao meio ambiente, na prestação de todas as atividades componentes dos serviços públicos de saneamento básico;

d) a disponibilidade de serviços de drenagem e manejo de águas pluviais nas áreas urbanas;

e) adoção de métodos, técnicas e processos conforme peculiaridades locais;

f) eficiência e sustentabilidade econômica;

g) uso de tecnologias apropriadas e adoção de soluções graduas e progressivas (ideia de inovação tecnológica, portanto);

h) transparência, tanto na apresentação de informações, quanto na adoção de processos decisórios institucionalizados;

i) controle social;

j) segurança, qualidade e regularidade (continuidade);

k) integração das infraestruturas e serviços com eficiência na gestão de recursos hídricos.

Na segunda parte, artigo 3º, do Marco Legal do Saneamento Básico, a maior contribuição à época foi justamente a construção do conceito amplo de saneamento básico, uma vez que, até aquele momento histórico, a ideia geral era de que somente o fornecimento de água e o esgotamento sanitário seriam os serviços dele componentes.

O Marco Legal do Saneamento Básico, assim, contribuiu para agregar ao conceito de saneamento básico a limpeza urbana e manejo de resíduos sólidos, como também a drenagem e manejo de resíduos sólidos, em alguma medida reforçando a competência/titularidade municipal de tais serviços públicos.

Interessante notar que, apesar da legislação anterior não prever esse conceito amplo, em grande medida se tinha como pacífico o reconhecimento, inclusive para fins de titularidade municipal, dos serviços públicos de coleta e varrição de resíduos sólidos como tipicamente locais, deixando-se meio ao léu o "patinho feio do saneamento", o serviço de drenagem, "por gerar mais despesas que receitas". (ALOCHIO, 2011, p. 39)

No artigo 7º, do Marco Legal do Saneamento Básico, na sua redação original, houve relevante definição das atividades que compõem especificamente os serviço público de limpeza urbana e manejo de resíduos sólidos urbanos, descrevendo a coleta, transbordo e transporte dos resíduos, a triagem para fins de reuso ou reciclagem (resíduos sólidos inorgânicos), de tratamento por compostagem (resíduos sólidos orgânicos), de disposição final ambientalmente adequada (para os rejeitos, resíduos sólidos que não são suscetíveis a um aproveitamento econômico, quer seja pelo custo, quer seja pela tecnologia atual conhecida) e varrição, capina e poda de árvores em vias e logradouros públicos, além de outros serviços pertinentes à limpeza pública urbana.

Comparando-se ao momento anterior, é visível como o Marco Legal do Saneamento Básico contribui em 2007 para melhorar bastante a organização do saneamento básico no Brasil, se comparada à realidade anterior, sendo essa uma grande virtude da mencionada lei.

Delineada dessa maneira o conceito amplo de saneamento básico, com grande contribuição para que os Municípios pudessem melhor organizar os serviços públicos em seus territórios, no artigo 8º, do Marco Legal do Saneamento Básico, o legislador se preocupou em explicitamente dispor sobre o exercício da titularidade.

Curiosa, portanto, a técnica legislativa que explicitou os poderes, as atividades componentes da titularidade, sem ter antes definido quem a exerceria, num evidente respeito à situação fática do setor de saneamento básico naquela época.

E, assim sendo, se chega no ponto nevrálgico do artigo 8º e 9º, combinados com o artigo 19, todos da Lei 11.445/2007, que explicitam o conteúdo do exercício da titularidade dos serviços públicos de saneamento básico, as atividades componentes do conceito.

Da previsão genérica do "caput" do artigo 9º, no sentido de que o titular dos serviços públicos de saneamento básico deve ser o formulador da política pública, para a divisão de atividades, do aludido artigo 8º, citando organização, regulação, fiscalização, prestação de serviços públicos, até a inserção do planejamento (artigo 19) dentro da organização, se percebe que o legislador inovou formalmente desmembrando os serviços públicos nas suas atividades componentes.

Então, a luz da lei nacional estabelecedora de diretrizes gerais, o titular dos serviços de saneamento básico é aquele que deve formular a política pública, para isso organizando os serviços públicos com planejamento e definindo a sua forma de prestação, de regulação e fiscalização.

O que ocorre de fato é que o exercício da titularidade dos serviços de saneamento básico (como de qualquer outro serviço público), se expressa por um feixe de funções ou atividades que envolvem o exercício da competência legislativa para implementar a política pública, com definição das espécies de serviços públicos, forma de prestação (direta ou indireta) e forma de regulação[7] e o exercício da competência administrativa, expressa pela auto-organização dos serviços públicos.

---

7. Aqui definidas as formas de prestação e de regulação separadamente, exatamente da forma que o legislador desejou ao editar o Marco Legal do Saneamento Básico, inferindo a possibilidade de prestação e de regulação, ambas indiretas.

Quanto ao exercício da competência legislativa organizatória dos serviços públicos de saneamento básico, o STF, na ADI 2340-SC, reconheceu que compete aos Municípios a definição das normas específicas, como também, pela ADI 2095-RS, que a atividade de planejamento é indelegável, tratando-se, portanto, de competência genuinamente exclusiva dos Municípios.

Organizar pela lei com normas específicas, planejar de forma exclusiva e definir como deve ser a prestação e a regulação dos serviços públicos, se de forma direta ou indireta, são as atividades componentes do exercício da titularidade dos serviços públicos de saneamento básico.

O Marco Legal do Saneamento Básico, na sua redação original, permitiu a combinação da prestação direta com regulação direta; da prestação direta, com regulação indireta; da prestação indireta com regulação direta e da prestação indireta com regulação também indireta, com diversos mecanismos sintetizados no quadro abaixo: (MARRARA; OLIVEIRA, 2017, p. 467).

Prestação direta	Regulação direta
• órgão da Administração Direta (ex.: departamento ou serviço de água e esgoto) • entidade da Administração Indireta (ex.: autarquia ou consórcio público criado para tal fim)	• órgão da Administração Direta • entidade da Administração Indireta (ex.: autarquia "tradicional" ou consórcio público criado para tal fim, "autarquia de regime especial")
Prestação direta	**Regulação indireta**
Idêntico ao primeiro quadrante acima	• consórcio administrativo • consórcio público criado especificamente para regulação • consórcio público criado para gestão associada, do qual o titular não faça parte como consorciado, com consorciamento para o fim específico de regulação • convênio de cooperação com entidade da Administração Indireta de outro ente federativo, inclusive consórcio público • convênio de cooperação com consórcio administrativo
Prestação indireta	**Regulação direta**
• delegação por concessão ou permissão de serviço público à empresa • delegação por contrato de programa, autorizado por contrato de consórcio público • delegação por convênio de cooperação com outro ente federativo, de mesmo nível ou superior • delegação por convênio de cooperação com entidade da Administração Indireta de outro ente federativo, de mesmo nível ou superior • autorização a cooperativa ou associação de um condomínio; • autorização a cooperativa ou associação de usuários de uma localidade de pequeno porte[8] ocupada predominantemente por população de baixa renda	Idêntico ao primeiro quadrante acima
Prestação indireta	**Regulação indireta**
Idêntico ao terceiro quadrante acima	Idêntico ao segundo quadrante acima

---

8. A lei não define o que é o "pequeno porte", cabendo ao titular dos serviços de saneamento básico a definição conforme a sua realidade local ou definição em lei ou regulamento. Neste aspecto, há certa similitude com a Lei n. 9.433/1997, artigo 12, § 1°, incisos I a III, ao definir as hipóteses de dispensa de outorga de direitos de uso de recursos hídricos, para a satisfação das necessidades de pequenos núcleos populacionais, distribuídos no meio rural; derivações, captações, lançamentos, acumulações de volumes de água considerados insignificantes, tudo conforme regulamento do órgão ambiental federal ou estadual e definição pelo Comitê de Bacia Hidrográfica competente.

Finalmente, entre as atividades que compõem o exercício da titularidade, como decorrência do princípio geral de transparência e participação, inclui-se também a atividade de estruturação do controle social, também de caráter indelegável.

Desse modo, compreende-se que tanto a construção do conceito amplo de saneamento básico, quanto a evidenciação das atividades componentes da titularidade, com especial relevo ao planejamento, foram inovações da lei de 2007 que contribuíram para a melhor organização do setor de saneamento básico brasileiro, dada as dificuldades históricas vivenciadas até então.

Se o Marco Legal do Saneamento Básico, naquela época contribuiu para a evolução da matéria até então, em que medida a Lei 14.026/2020, que atualizou tal marco legal, contribui (ou não) para o aperfeiçoamento do até aqui construído? A resposta a esta questão é o que se pretende oferecer, de forma ainda preliminar, uma vez que a matéria poderá levar ainda tempo para se assentar, no próximo tópico.

4. ATUALIZAÇÕES DA LEI 14.026/2020 SOBRE A TITULARIDADE DOS SERVIÇOS PÚBLICOS DE SANEAMENTO BÁSICO

O primeiro dispositivo atualizado pela Lei 14.026/2020 que tem relação determinante com o exercício da titularidade, objeto de análise deste trabalho, é o artigo 2º, do Marco Legal do Saneamento Básico, justamente aquele que apresenta ao intérprete os princípios da política pública de saneamento básico. Nesse dispositivo, a nova lei alterou o seguinte:

a) no inciso I, inseriu a expressão "e efetiva prestação do serviço" ao lado do princípio da universalização, dessa forma parecendo querer deixar claro que o titular dos serviços de saneamento básico deverá envidar esforços para a sua efetivação, realização, afastando a norma de um caráter programático para um mais pragmático;

b) no inciso III, agregou "tratamento, limpeza e fiscalização preventiva das redes" ao lado dos serviços de drenagem e manejo de águas pluviais, com isso se detalhando mais as atividades desse serviço público, com o intuito de dar maior completude à norma e se evitar qualquer espécie de dúvida;

c) no inciso IV, a política "de recursos hídricos" foi alinhada ao lado das de desenvolvimento urbano e regional, habitação, combate à pobreza e sua erradicação, proteção ambiental, promoção da saúde e outras de interesse social relevante. Neste ponto, o legislador explicitou a relação entre os recursos hídricos e os serviços de saneamento básico, o que era desnecessário, pois a menção à proteção ambiental abarca, por óbvio, a proteção dos recursos hídricos;

d) no inciso VIII, houve uma ligeira alteração do texto para se ir além da utilização de tecnologias apropriadas, se prevendo o antes, ou seja, o estimulo à pesquisa e ao desenvolvimento de tais tecnologias. Portanto, o legislador aqui quis deixar claro que compete ao poder público também fomentar a pesquisa e desenvolvimento tecnológico, também nesse campo de atividade humana;

e) no inciso IX, ao lado do princípio da segurança e regularidade se incluiu a "continuidade", muito provavelmente para deixar claro que os serviços públicos devem ser ininterruptos no tempo (continuidade), como também sem oscilações de quantidade e qualidade (regularidade[9]);

f) no inciso XII, foi inserto ao lado de integração o termo "infraestruturas" na gestão dos serviços de saneamento básico com os recursos hídricos;

g) foram inseridos novos incisos XIII, XIV, XV e XVI, para realçar assuntos como controle de perdas de água (também na distribuição de água tratada), estímulo à racionalização de seu consumo pelos usuários, fomento à eficiência energética, ao reuso de efluentes sanitários e ao aproveitamento de águas de chuva, prestação regionalizada dos serviços para geração de ganhos em escala, seleção competitiva do prestador dos serviços e prestação concomitante dos serviços de abastecimento de água e de esgotamento sanitário.

Em relação especificamente aos últimos quatro incisos novos, é perceptível a resolução de alguns temas que antes eram objeto de dúvidas, como o reuso de efluentes sanitários que agora é expressamente previsto na lei como um mecanismo para racionalização do uso dos recursos hídricos, mas, por outro lado, algumas disposições são despiciendas como, por exemplo, a previsão de uma seleção competitiva de prestador dos serviços, uma vez que isso obviamente é princípio informador da própria licitação que antecede a delegação de prestação de serviço público por meio de concessão.

A previsão de que o titular dos serviços públicos de saneamento básico deve prestar concomitantemente os serviços de abastecimento de água e de esgotamento sanitário, também parece reduzir a discricionariedade dos Municípios que, a partir da aplicação dessa disposição, deve necessariamente envidar esforços para que os dois serviços públicos sejam conjuntamente prestados. Entretanto, por se tratar de norma principiológica, não se vislumbra, ao menos no presente momento, uma consequência caso não seja plenamente atendida.

Como se percebe, essas normas principiológicas irradiam seus efeitos sobre o exercício da titularidade dos serviços públicos de saneamento básico, ligando-se diretamente ao artigo 8°, 9° e 19, da Lei 11.445/2007, cerne do presente trabalho.

O artigo 8° foi atualizado pela Lei 14.026/2020 para definir que a titularidade dos serviços públicos de saneamento básico é exercida pelos *"Municípios e o Distrito Federal, no caso de interesse local"* (inciso I) e pelo *"Estado, em conjunto com os Municípios que compartilham efetivamente instalações operacionais* integrantes de regiões metropolitanas, aglomerações urbanas e microrregiões, instituídas por lei complementar estadual, *no caso de interesse comum"* (inciso II).

Agora a lei, diferentemente da redação original, explicita a titularidade/competência dos serviços públicos de saneamento básico exatamente na linha da posição sedimentada pelo STF, considerando nas situações regionalizadas, em que *efetivamente sejam as instalações operacionais compartilhadas*, seja o exercício de tal titularidade também compartilhado entre o Estado e os Municípios componentes desse arranjo regional.

---

9. O conceito de operação regular está no artigo 3°, inciso XIII como "aquela que observa integralmente as disposições constitucionais, legais e contratuais relativas ao exercício da titularidade e à contratação, prestação e regulação dos serviços".

A nova norma contribui para se proteger o interesse das empresas estaduais de saneamento básico, deixando ao órgão gestor da região metropolitana, aglomeração urbana ou microrregião a responsabilidade de conduzir a política pública de saneamento básico de forma concertada com os Municípios.

Interessante notar, contudo, que essa definição expressa da titularidade, em que pese estar dentro das balizas fixadas pelo STF e, portanto, ser de difícil contestação, precisa ser compreendida como uma mera explicitação das normas constitucionais, sob pena de se suscitar a invasão de competência da União que "não tem demonstrado pudor algum quando o tema é a observância dos ditames constitucionais relativos à distribuição de competências e à autonomia dos demais entes federativos". (VASQUES, 2010, p. 339)

Dessa maneira, se a própria gestão de tais arranjos regionais é disciplinada pelos instrumentos de governança interfederativa do Estatuto da Metrópole (Lei 13.089/2015), que também apresenta uma série de instrumentos de desenvolvimento urbano integrado, entre os quais planos, fundos públicos, operações urbanas consorciadas interfederativas, consórcios públicos, convênios de cooperação, contratos de gestão, parcerias público-privadas interfederativas, entre outros, resta bastante factível que a nova disciplina no Marco Legal do Saneamento Básico está mais em consonância também com tal diploma legal, do que aquele texto original de 2007.

O que se quer dizer é que, do ano de 2007 até o atual ano de 2020, muito se evoluiu na construção de instrumentos jurídicos de gestão regionalizada, amadurecendo-se os ajustes cooperativos, tais como os consórcios públicos na regulação do saneamento básico, cuja lei, como se sabe, é de 2005 (Lei 11.107/2005), demonstrando-se aos Municípios consorciados as inúmeras vantagens de tais formas associativas para resolução de inúmeras demandas, mesmo que mais particularizadas, com evidentes ganhos em escala, economia de recursos, melhor especialização e maior eficiência.

Da mesma forma, dentro do próprio microssistema jurídico do saneamento básico, o Marco Legal do Saneamento Básico, na redação original de 2007, estava dissonante, por exemplo, com a Lei da Política Nacional de Resíduos Sólidos (Lei 12.305/2010) que prevê o desenvolvimento de projetos de gestão dos resíduos sólidos de caráter intermunicipal, plano microrregional e até acordo setorial regional, tudo a demonstrar que a busca de soluções concertadas regionalmente.

Nessa esteira, foi também incluído o artigo 8º-A, no Marco Legal do Saneamento Básico, para autorizar a adesão facultativa dos titulares dos serviços públicos de saneamento de interesse local às estruturas das formas de prestação regionalizada, ou seja, abrindo-se a possibilidade de um novo desenho de parceria, evidenciando-se a liberdade ao Município, mesmo exercendo plenamente a titularidade local sobre os serviços públicos de saneamento básico, de se associar a uma estrutura de prestação regionalizada, disso se vislumbrando uma série de benefícios, como já referidos, de maior eficiência e economicidade.

No artigo 8º-B, a preocupação do legislador foi de deixar claro que as responsabilidades administrativa, civil e penal são exclusivamente aplicadas aos titulares dos serviços públicos de saneamento conforme a regra geral do artigo 8º, no caso de prestação regionalizada dos serviços de saneamento básico, o que leva à conclusão que tais âmbitos de responsabilidade também serão compartilhados, principalmente na segunda hipótese dos serviços públicos de saneamento básico de interesse comum das regiões metropolitanas, aglomerações urbanas e microrregiões.

O artigo 9º, por sua vez, é a norma descritiva das atividades que compõem o exercício da titularidade/competência dos serviços públicos de saneamento básico, sob a denominação de formulação da "respectiva política pública de saneamento básico".

Como primeira atividade (inciso I) a norma descreve o planejamento, tendo estendido a redação para prever também o estabelecimento de "metas e indicadores de desempenho e mecanismos de aferição de resultados, a serem obrigatoriamente observados na execução dos serviços prestados de forma direta ou por concessão".

Essa atividade de planejamento se liga diretamente ao artigo 19 que, por seu turno, descreve o conteúdo mínimo do plano de saneamento básico, contemplando mecanismos de aferição do cumprimento das metas e indicadores de desempenho citados. Portanto, essa regra do artigo 9º, inciso I, é genérica e encontra seu suporte de efetivação nos incisos I a V, do artigo 19.

A segunda atividade do exercício da titularidade é exatamente a prestação dos serviços públicos de saneamento básico, tanto na forma direta, quanto indireta, tendo o texto novo da lei inovado apenas para realçar a definição "em ambos os casos, a entidade responsável pela regulação e fiscalização da prestação dos serviços públicos de saneamento básico", retirando a parte relativa à previsão dos procedimentos de atuação do órgão regulador, presume-se, ficará a cargo do próprio órgão ou entidade reguladora definir.

Mas as modificações mais significativas são as feitas sobre o inciso VI, do artigo 9º, do Marco Legal do Saneamento Básico, justamente para deixar reforçar que o sistema de informações sobre os serviços públicos de saneamento básico deve ser articulado com o Sistema Nacional de Informações em Saneamento Básico (Sinisa), o Sistema Nacional de Informações sobre a Gestão dos Resíduos Sólidos (Sinir) e o Sistema Nacional de Gerenciamento de Recursos Hídricos (Singreh), observadas a metodologia e a periodicidade estabelecidas pelo Ministério do Desenvolvimento Regional.

O que se denota dessa nova regra é que a intenção do legislador é de integrar os sistemas de informações ambientais, nesse ponto também podendo se declinar elogio ao novo regramento, pois a referida articulação desses sistemas certamente beneficiará o setor tanto na execução de ações, quanto na contribuição a produção de mais informações ambientais, com maior qualidade, resvalando na consolidação de canais propícios à transparência, participação da sociedade civil e colaboração entre os entes federativos.

Inovando ainda mais, no mesmo artigo 9º o legislador criou o parágrafo único, justamente para permitir ao titular dos serviços públicos de saneamento básico que receba cooperação técnica do respectivo Estado, como também se baseie em estudos fornecidos pelos prestadores dos serviços, nessa segunda hipótese, supõe-se, quando se tratar de prestação indireta por meio de concessionária.

Nesse ponto a lei apenas explicitou aquilo que, normalmente, costuma ser previsto nos instrumentos contratuais de concessão, como obrigação contratual da concessionária, de fornecer ao poder concedente todas as informações e estudos, como também repetiu aquilo que já era previsto no parágrafo 1º, do artigo 19.

No artigo 19, parágrafo 3º, foi estendida a obrigação de se manter o plano de saneamento básico compatível não somente com os planos das bacias hidrográficas, como também com o plano diretor ou plano de desenvolvimento urbano integrado das unidades regionais por eles abrangidas, justamente na linha daquilo que já foi aqui comentado, quanto à preocupação de se atualizar a lei para uniformizar o instrumento do planejamento do saneamento básico com as outras espécies de planejamento urbano, local ou regional.

Nesse sentido, é também interessante anotar que, apesar do legislador federal não ter previsto no texto legal, é salutar que os Municípios, por lei municipal, também aprovem suas políticas públicas locais de meio ambiente, especialmente na restauração de áreas de preservação permanente e áreas verdes, tanto no interior do perímetro urbano, quanto fora dele, na zona rural, uma vez que tais instrumentos jurídicos de tutela da flora são comprovadamente auxiliares da melhoria da qualidade dos recursos hídricos, resultando também em maior economia no tratamento de água para abastecimento público e esgotamento sanitário.

Finalmente, a nova lei também inovou ao estender o prazo de revisão dos planos de saneamento básico de 4 (quatro), não coincidente com o plano plurianual, para 10 (dez) anos (parágrafo 4º, do artigo 19) e ao possibilitar que Municípios com menos de 20.000 (vinte mil) habitantes adotem plano simplificado de saneamento básico (parágrafo 9º, do artigo 19).

A extensão do prazo de revisão para 10 (dez) anos encontra similitude com a regra do artigo 40, parágrafo 3º, do Estatuto da Cidade (Lei 10.257/2001), que prevê esse prazo para a revisão do plano diretor e a previsão de plano simplificado de saneamento básico também se coaduna com a o artigo 41, da mesma lei máxima urbanística, que dispensa os Municípios com população menor do que 20.000 (vinte mil) habitantes de possuir um plano diretor.

5. CONCLUSÃO

De tudo o que se analisou, conclui-se que a lei que atualizou o Marco Legal do Saneamento Básico abraçou o delineamento do STF sobre o exercício da titularidade dos serviços públicos de saneamento básico.

Assim, definiu expressa titularidade municipal ou distrital, no caso de interesse local, ou seja, quando o Município não integrar uma região metropolitana, uma aglomeração urbana e uma microrregião, hipótese em que o interesse é comum e a titularidade deve ser compartilhada com o Estado, na forma da lei complementar estadual que disciplina tais arranjos coletivos.

Essa explicitação da titularidade, até então inexistente, encontra respaldo não só na posição da Corte Suprema, como também na própria evolução normativa da matéria, uma vez que, de 2007 em diante houve uma série de novos diplomas normativos que melhor organizaram a atividade colaborativa entre os entes federativos, resultando num amadurecimento também de seus instrumentos, como as estruturas de governança interfederativas e a adoção de soluções associativas para a resolução de demandas comuns dos Municípios.

No cenário de criação de regiões metropolitanas para o fortalecimento regional, adoção de consórcios públicos para a prestação e regulação dos serviços públicos de saneamento básico, com geração de maior economia em escala, adensamento populacional de qualidade nas áreas urbanas, visando a melhor gestão das infraestruturas de serviços públicos, é natural que a nova lei se preocupe com a integração de instrumentos e das políticas públicas de saneamento básico, proteção ambiental, urbanismo e saúde.

6. REFERÊNCIAS

ALOCHIO, Luiz Henrique Antunes. *Direito do Saneamento*, Campinas: Millenium Editora, 2011.

ARAUJO, Edmir Netto de. *Curso de Direito Administrativo*, São Paulo: Editora Saraiva, 2005.

ARAÚJO, Marcos Paulo Marques. *Serviço de limpeza urbana à luz da Lei de Saneamento Básico, regulação jurídica e concessão da disposição final de lixo*, Belo Horizonte: Editora Fórum, 2008.

BARROSO, Luís Roberto. Saneamento básico: competências constitucionais da União, Estados e Municípios. *Revista Eletrônica de Direito Administrativo Econômico (REDAE)*, Salvador, Instituto Brasileiro de Direito Público, n. 11, agosto/setembro/outubro 2007. Disponível em: [http://www.direitodoestado.com.br/redae.asp]. Acesso em: 03.08.2020.

CARVALHO, Vinícius Marques de. *O direito do saneamento* básico, São Paulo: Editora Quartier Latin, 2010.

COSTA, Camila Maia Pyramo. PICININ, Juliana de Almeida. A gestão associada de serviços públicos de saneamento básico à luz do art. 241 da Constituição Federal e Leis Federais n. 11.107/05 e 11.445/07. *Fórum de Contratação e Gestão Pública – FCGP*, Belo Horizonte, ano 6, n. 72, dez. 2007, p. 01-24.

DANTAS, Camila Pezzino Balaniuc. A questão da competência para a prestação do serviço público de saneamento básico no Brasil. In: PICININ, Juliana. FORTINI, Cristiana. (Org.) *Saneamento Básico*: estudos e pareceres à luz da Lei n. 11.445/2007, Belo Horizonte: Editora Fórum, 2009.

MARRARA, Thiago. OLIVEIRA, Raul Miguel Freitas de. Consórcios para prestação ou regulação de serviços de saneamento básico, *Boletim de Direito Municipal*, São Paulo: NDJ, ano 33, n. 7, p. 457-474, jul. 2017.

MEIRELLES, Hely Lopes. *Direito Administrativo Brasileiro*, São Paulo: Malheiros, 1998.

PEREIRA JR., José de Sena. *Aplicabilidade da Lei n. 11.445/2007 – Diretrizes Nacionais para o Saneamento Básico*, Brasília: Câmara dos Deputados, Estudo julho/2008, p. 01-29.

VASQUES, Denise. A titularidade dos serviços de saneamento básico em debate no Supremo Tribunal Federal. In: MOTA, Carolina (Coord.). *Saneamento básico no Brasil, aspectos jurídicos da Lei Federal 11.445/07*, São Paulo: Quartier Latin, 2010.

2
A REFORMA DO MARCO LEGAL DO SANEAMENTO BÁSICO E O INCENTIVO À PRESTAÇÃO REGIONALIZADA DOS SERVIÇOS

Patrícia Regina Pinheiro Sampaio

Doutora e mestre pela Faculdade de Direito da Universidade de São Paulo (USP). Professora da Escola de Direito da Fundação Getulio Vargas no Rio de Janeiro (FGV Direito Rio).

Sumário: 1. Introdução. 2. O saneamento entre o regionalismo e o municipalismo. 3. A situação atual dos serviços de abastecimento de água e esgotamento sanitário. 4. Breves considerações econômicas acerca dos serviços de abastecimento de água e esgotamento sanitário. 5. A prestação regionalizada na reforma de 2020. 6. Conclusão. 7. Referências.

1. INTRODUÇÃO

A Lei 14.026/2020, que instituiu o novo Marco Legal do Saneamento Básico, traz dentre suas principais inovações o incentivo à prestação regionalizada. Trata-se de solução que contrabalança a tendência municipalista que se firmara especialmente após a decisão da Ação Direta de Inconstitucionalidade (ADI) 1842[1], em 2013, na qual o Supremo Tribunal Federal (STF) firmou o entendimento de ser o saneamento, em regra, um serviço de interesse local, sendo compartilhada a titularidade entre municípios e Estados nas regiões metropolitanas.

O presente artigo apresenta as principais alterações trazidas pela referida lei e discute os benefícios da prestação regionalizada, a partir da constatação de que o fornecimento de água potável e de esgotamento sanitário são indústrias que operam em rede, têm características de monopólio natural e, portanto, podem se beneficiar de economias de escala.[2]

Para o fim aqui proposto o artigo se encontra dividido da seguinte forma. Inicia-se (Seção 1) com um breve panorama histórico da disputa entre Estados e municípios pela titularidade dos serviços de saneamento básico. Na sequência (Seção 2), traça-se um panorama do atual déficit de saneamento observado no país. Na Seção 3 são comentadas

---

1. As Ações Diretas de Inconstitucionalidade (ADIs) 1826, 1843 e 1906 também foram analisadas em conjunto com a ADI 1842 na mesma sessão, tendo em vista a conexão entre os temas tratados. Disponível em: [http://www.stf.jus.br/portal/cms/verNoticiaDetalhe.asp?idConteudo=232209]. Acesso em: 05.09.2020.
2. No presente texto, referências a "serviços de saneamento" devem ser compreendidas como tendo por foco apenas os serviços de fornecimento de água e esgotamento sanitário, fazendo-se necessário esse esclarecimento uma vez que, nos termos da Lei 11.445/2007, a definição de saneamento inclui também os serviços de limpeza urbana e manejo de resíduos sólidos, assim como os de drenagem e manejo de águas pluviais.

brevemente as falhas de mercado encontradas no setor, trazendo-se dados que suportam a opção por soluções regionais. Na Seção 4, apresentam-se as principais normas da reforma do Marco Legal do Saneamento Básico que trataram da prestação regionalizada do serviço. Ao final, são apresentadas as conclusões.

2. O SANEAMENTO ENTRE O REGIONALISMO E O MUNICIPALISMO

A organização institucional da prestação regionalizada do serviço de saneamento tem origem histórica nos anos 1970, quando ocorreu a criação do Plano Nacional de Saneamento (Planasa). O Planasa incentivou a criação das Companhias Estaduais de Saneamento (Cesbs) e que essas fossem paulatinamente congregando a maior parte da provisão do serviço.

Tratava-se, assim, de modelo centralizador, que confiava na articulação entre a União e os Estados para a prestação do serviço.[3] Ao lado do financiamento público centralizado, a espinha dorsal deste plano nacional baseava-se "na concessão, por parte dos municípios, dos direitos de exploração dos serviços às Companhias Estaduais de Saneamento Básico (CESBs) de seus respectivos estados, responsáveis pela execução de obras e pela operação dos sistemas" (Saiani e Toneto Junior, 2010).

Com a autonomia conferida aos municípios pela Constituição Federal de 1988, seguiu-se uma fase de discussão acerca da competência federativa quanto à titularidade do saneamento. De um lado, arguia-se tratar-se de serviço de interesse local; portanto, de atribuição municipal. De outro, havia os que advogavam pela competência estadual especialmente nas regiões metropolitanas, com base no art. 25, §3º, da Constituição Federal, devendo ainda ser considerado que o art. 23, IX, da CF/88 estabelece ser competência comum aos três níveis federativos promover "a melhoria das condições habitacionais e de saneamento básico" (Seroa da Motta e Moreira, 2006).

O tema foi objeto de ações judiciais no Supremo Tribunal Federal. Merece destaque a Ação Direta de Inconstitucionalidade (ADI) 1842[4], na qual foram impugnados

---

3. "Até o final dos anos 1980, o setor era referenciado pelo Plano Nacional de Saneamento (Planasa), que tinha no Banco Nacional de Habitação (BNH) o órgão institucional de coordenação central do sistema de saneamento. Apesar de seu perfil político-institucional centralizador, o Planasa dispunha de mecanismos institucionais de coordenação, princípios claros de regulação tarifária e fluxos estáveis de recursos, oriundos principalmente do Fundo de Garantia do Tempo de Serviço (FGTS), destinados prioritariamente à expansão das redes de abastecimento de água. A gestão do setor se baseava na centralização decisória no âmbito federal, em investimentos concentrados nas regiões e serviços mais rentáveis e na indução de concessões municipais dos serviços às Companhias Estaduais de Saneamento Básico (Cesbs), processo este em que os municípios, na prática, renunciavam às prerrogativas de titular dos serviços. (...). Em que pese o caráter politicamente coercitivo e socialmente seletivo do Planasa, havia uma instância nacional de coordenação e a existência de regras e papéis que orientavam as relações entre os agentes do setor. Após a extinção do BNH em 1986 e o fim do Planasa em 1990, o modelo institucional de coordenação da política entrou em processo de desagregação, caracterizado pela inexistência de uma instância decisória que unificasse as ações da política no âmbito do governo federal; pela desarticulação e fragmentação dos seus agentes; pela ausência de um efetivo marco jurídico-político que servisse de referência para a atuação dos diversos níveis de governo; e, principalmente, pela erosão da capacidade de planejamento da política, derivada tanto da ausência de um marco regulatório nacional quanto da imprevisibilidade do processo de alocação de recursos." (Ferreira de Araújo Filho, 2008).
4. ADI 1842, Relator(a): Min. Luiz Fux, Relator(a) p/ Acórdão: Min. Gilmar Mendes, Tribunal Pleno, julgado em 06.03.2013, DJe-181 Divulg 13-09-2013 Public 16-09-2013.

dispositivos da lei complementar estadual que havia instituído a região metropolitana do Estado do Rio de Janeiro e da lei estadual que estatuíra a Microrregião dos Lagos, sob a alegação de transferência indevida da titularidade do serviço aos estados. Ao julgar o caso, o STF decidiu pela

> "inconstitucionalidade da transferência ao estado-membro do poder concedente de funções e serviços públicos de interesse comum. O estabelecimento de região metropolitana não significa simples transferência de competências para o estado. O interesse comum é muito mais que a soma de cada interesse local envolvido, pois a má condução da função de saneamento básico por apenas um município pode colocar em risco todo o esforço do conjunto, além das consequências para a saúde pública de toda a região".

O acórdão afirmou ainda que

> "O parâmetro para aferição da constitucionalidade reside no respeito à divisão de responsabilidades entre municípios e estado. É necessário evitar que o poder decisório e o poder concedente se concentrem nas mãos de um único ente para preservação do autogoverno e da autoadministração dos municípios. Reconhecimento do poder concedente e da titularidade do serviço ao colegiado formado pelos municípios e pelo estado federado. A participação dos entes nesse colegiado não necessita de ser paritária, desde que apta a prevenir a concentração do poder decisório no âmbito de um único ente. A participação de cada Município e do Estado deve ser estipulada em cada região metropolitana de acordo com suas particularidades, sem que se permita que um ente tenha predomínio absoluto."

Em que pese a orientação trazida pela decisão do Supremo Tribunal Federal, na prática encontram-se dificuldades para se traçar uma linha divisória das competências de cada ente federativo nas grandes aglomerações urbanas. O município de Guarulhos (SP), por exemplo, viu a criação da sua agência reguladora municipal de saneamento ser declarada inconstitucional pelo Tribunal de Justiça do Estado de São Paulo, sob o argumento de que, se nas regiões metropolitanas a titularidade do serviço é partilhada entre Estado e municípios (que devem organizar-se em colegiado), então não poderia o município pretender exercer competência plena em matéria de regulação de saneamento.[5]

De outro lado, ao julgar o mérito da ADI 2340 na mesma data em que foi decidida a ADI 1842, o STF julgou inconstitucional lei do Estado de Santa Catarina que obrigava concessionária de serviço público de distribuição de água potável a fornecê-la por meio de caminhão-pipa, sob o argumento de invasão da esfera de competência legislativa do poder público local.[6]

---

5. Ação direta de inconstitucionalidade. Leis municipais ns. 7095, 7096 e 7102, todas de 20 de dezembro de 2012, instituindo a Política Municipal dos Serviços Públicos de Abastecimento de Água e do Esgotamento Sanitário no Município de Guarulhos, a contratação de Parceria Público-Privada, precedida de concorrência pública, pelo Serviço Autônomo de Água e Esgoto de Guarulhos SAEE; e a Agência Reguladora dos Serviços Públicos de Saneamento Básico daquele município. Inconstitucionalidade. Município de Guarulhos que integra a região metropolitana de São Paulo. Não se trata de interesse exclusivamente local. Imprescindível a participação do Estado para disciplinar matéria sobre o serviço de saneamento básico em regiões metropolitanas. Afronta aos arts. 152, incisos III, IV e parágrafo único; 153, caput e parágrafo 1º; 154, *caput* e 205, caput e inciso V, todos da Constituição Estadual. Procedente a ação (TJSP. ADI 2071833-93.2013.8.26.0000, Relator: Des. Evaristo dos Santos, Data de Julgamento: 08.04.2015, Órgão Especial, Data de Publicação: 06.05.2015).
6. Ação direta de inconstitucionalidade. Estado de Santa Catarina. Distribuição de água potável. Lei estadual que obriga o seu fornecimento por meio de caminhões-pipa, por empresa concessionária da qual o estado detém o controle acionário. Diploma legal que também estabelece isenção tarifária em favor do usuário dos serviços. Inadmissibilidade. Invasão da esfera de competência dos municípios, pelo estado-membro. Interferência nas relações

Verifica-se, portanto, que a atual situação de reconhecimento da titularidade municipal do serviço atrelada ao compartilhamento dessa competência entre Estados e municípios nas regiões metropolitanas e de aglomeração urbana têm trazido questões de elevada complexidade jurídica ao setor (Sampaio e Sampaio, 2020). Dessa forma, mostra-se oportuna a busca legislativa de organizar a interação entre distintos entes federativos para o necessário avanço do setor.

Adicionalmente, ao se tratar do tema da prestação regionalizada dos serviços de abastecimento de água e de saneamento básico, não se pode perder de vista que existe certo descasamento entre a disciplina jurídica desse serviço público – que, como visto, privilegia a titularidade local – e a legislação que rege os corpos hídricos a partir dos quais esses serviços são prestados.

Nos termos da Constituição Federal, corpos hídricos são de titularidade federal ou estadual, conforme banhem ou não mais de um estado ou estejam em regiões de fronteira[7] (arts. 20 e 26 da CF/88). Além disso, a Política Nacional de Recursos Hídricos adota o conceito de bacias hidrográficas para a gestão das águas. Nos termos do art. 1º da Lei 9.433/1997, "a bacia hidrográfica é a unidade territorial para implementação da Política Nacional de Recursos Hídricos e atuação do Sistema Nacional de Gerenciamento de Recursos Hídricos", sendo certo que a definição de uma bacia hidrográfica não se restringe à circunscrição territorial de um município.

Assim, a prestação regionalizada do serviço poderá ser um instrumento de maior coordenação entre diferentes municípios que se sirvam de uma mesma bacia hidrográfica, evitando-se que municipalidades que invistam e prestem um bom serviço à população sofram externalidades negativas (como poluição e consequente proliferação de vetores de doenças) decorrentes daqueles que, por razões diversas, não realizem uma provisão adequada. Nesse contexto, a regionalização pode ser compreendida, inclusive, como instrumento mitigador das falhas de mercado relacionadas aos bens comuns, associadas à sobre-exploração e ao subinvestimento nos bens comuns,[8] categoria na qual os recursos hídricos se enquadram.[9]

O STF reconheceu essa realidade ao explicitar, no julgamento da ADI 1842, que "a função pública do saneamento básico frequentemente extrapola o interesse local e

---

    entre o poder concedente e a empresa concessionária. Inviabilidade da alteração, por lei estadual, das condições previstas no contrato de concessão de serviço público local. ação julgada procedente (STF. ADI 2340. Relator: Min. Ricardo Lewandowski, Data de Julgamento: 06.03.2013, Tribunal Pleno, Data de Publicação: DJe-087 DIVULG 09-05-2013 PUBLIC 10.05.2013).

7. Art. 20. São bens da União: (...) III – os lagos, rios e quaisquer correntes de água em terrenos de seu domínio, ou que banhem mais de um Estado, sirvam de limites com outros países, ou se estendam a território estrangeiro ou dele provenham, bem como os terrenos marginais e as praias fluviais. (...) Art. 26. Incluem-se entre os bens dos Estados: I – as águas superficiais ou subterrâneas, fluentes, emergentes e em depósito, ressalvadas, neste caso, na forma da lei, as decorrentes de obras da União; (...).

8. "Os recursos comuns, assim como os bens públicos, não são excluíveis: eles estão gratuitamente à disposição de todos os que queiram utilizá-los. No entanto os recursos comuns são rivais: a utilização de um recurso comum por uma pessoa diminui o benefício de outra. (...) A Tragédia dos Comuns é uma história com uma lição geral: quando uma pessoa usa um recurso comum, diminui o benefício que outra pessoa tem do mesmo. Devido a esta externalidade negativa, existe a tendência para o uso excessivo dos recursos comuns" (MANKIW, 2001, p. 235).

9. "Ar e água puros são recursos comuns como as pastagens abertas, e a poluição excessiva é como o excesso de pastagem" (MANKIW, 2001, p. 236).

passa a ter natureza de interesse comum no caso de instituição de regiões metropolitanas, aglomerações urbanas e microrregiões, nos termos do art. 25, § 3º, da Constituição Federal. Para o adequado atendimento do interesse comum, a integração municipal do serviço de saneamento básico pode ocorrer tanto voluntariamente, por meio de gestão associada, (...) como compulsoriamente, nos termos em que prevista na lei complementar estadual que institui as aglomerações urbanas". Para além de tratar da prestação do serviço nos casos mencionados no art. 25, § 3º, da Constituição Federal, o novo Marco Legal do Saneamento Básico inova ao disciplinar os institutos da "unidade regional" e do "bloco de referência", os quais serão adiante abordados.

3. A SITUAÇÃO ATUAL DOS SERVIÇOS DE ABASTECIMENTO DE ÁGUA E ESGOTAMENTO SANITÁRIO

A questão da regionalização na prestação do serviço necessita ser analisada à luz da situação atual de sua disponibilidade à população.

Dados do IBGE relativos ao ano de 2017 informam que o serviço de esgotamento sanitário estava ausente em 39,7% dos municípios brasileiros. No período de quase três décadas, a cobertura do serviço passou de 47,3% dos municípios para 60,3%, evidenciando lento avanço (IBGE, 2020).

Informações disponíveis no Sistema Nacional de Informações de Saneamento (Snis), por sua vez, informam que, em 2018, somente 53,2% da população eram atendidos por rede de esgotamento sanitário, representando um acréscimo percentual de apenas 7% de população atendida por rede em oito anos (em 2010, o percentual era de 46,2%). De todo o esgoto gerado em 2018, apenas 46,3% foram tratados.

No caso de acesso à água potável, 83,6% da população têm acesso a esse serviço, montante apenas 2,5% superior àquele que era observado em 2010. O desperdício, correspondente à diferença entre o volume de água captado e o faturado, encontra-se na ordem de 38,5% (Snis, 2018).

Levantamento realizado pelo IBGE (2020) permite constatar que, quanto menor a população de um município, menor a probabilidade de que ela disponha de serviço de esgotamento sanitário. Dentre os municípios com até 5000 habitantes, menos da metade (44%) tinha rede coletora de esgoto em 2017; naqueles com população entre 5001 e 10.000 habitantes, esse percentual era pouco superior à metade (51,9%). Já nas cidades entre 100.001 e 500.000 habitantes, chegava a 94,4%, atingindo 97,6% dos municípios com mais de 500.000 habitantes. Verifica-se, assim, a dificuldade de se ofertar esse serviço a localidades pouco populosas.

Acerca do esgotamento sanitário, nota-se que a maior parte dos municípios é provida pelas próprias prefeituras ou pelas Cesbs; até o momento, a participação da iniciativa privada nesse serviço tem sido residual, limitada a cerca de 3% (IBGE, 2020). Este dado sugere que o marco regulatório anterior à reforma promovida pela Lei 14.026/2020 não logrou êxito em atrair investimentos privados em larga escala, sendo a fragmentação de titularidade e regulatória uma hipótese plausível de explicação de parcela relevante desta situação.

Em suma, passados 13 anos da edição da Lei 11.445/2007 – que instituiu as diretrizes nacionais para o saneamento básico e para a política federal de saneamento básico – pouco se avançou em matéria de saneamento. Apesar de, ao menos desde 2013, a disputa em torno da titularidade estar juridicamente equacionada pelo STF, e da aprovação do Plano Nacional do Saneamento Básico (Plansab) nesse mesmo ano (Ministério das Cidades, 2013), o desenvolvimento do setor seguiu a passos lentos.

Assim, a descentralização do tema ao âmbito dos municípios não teve o condão de trazer o desenvolvimento pretendido, tornando legítima a expectativa de que novos modelos de organização intermunicipal possam catalisar esforços e ser capazes de atrair investimentos privados. A possibilidade de se capturar as economias de escala decorrentes da prestação regionalizada do serviço pode ser um atrativo ao investidor (vide Seção 3 adiante).

De outro lado, parece ser pouco crível contar com os municípios para, na qualidade de titulares, serem os principais investidores no setor. A situação fiscal da maioria dos municípios brasileiros sugere que não haverá recursos públicos disponíveis para o tamanho do desafio de atingir a universalização dos serviços de abastecimento de água potável e de esgotamento sanitário. Nesse sentido, estudo da Federação das Indústrias do Estado do Rio de Janeiro (Firjan, 2019) apontou que, em 2019 (portanto, anteriormente à pandemia causada pelo novo coronavírus – Covid 19), 74% dos municípios brasileiros apresentavam situação fiscal crítica ou difícil, sendo baixa a capacidade de investimento.[10]

4. BREVES CONSIDERAÇÕES ECONÔMICAS ACERCA DOS SERVIÇOS DE ABASTECIMENTO DE ÁGUA E ESGOTAMENTO SANITÁRIO

A reforma promovida pela Lei 14.026/2020 em favor de uma prestação regionalizada reconhece que os serviços de abastecimento de água e esgotamento sanitário apresentam características típicas de monopólio natural. Trata-se de indústria para cuja provisão dos serviços são necessários elevados investimentos iniciais irrecuperáveis (construção de tubulações, estações de tratamento etc.) e que apresenta externalidades positivas típicas das operações em rede: cada pessoa que se conecta ao sistema melhora a vida de todos; no caso, em termos de saúde e preservação do meio ambiente (Sampaio, 2013).

Monopólios naturais surgem quando "os custos fixos são muito elevados relativamente à demanda", de forma que, "se puderem ser diluídos por toda a produção do mercado, uma única firma fornecendo aquele produto pode ter um custo médio de produção menor do que duas firmas igualmente eficientes, cada uma das quais tendo de

---

10. Conforme esclarece a Firjan (2019), "são 3.944 cidades nessa situação e a análise dos fatores que explicam esse quadro evidencia a profundidade da crise fiscal brasileira: quase dois mil municípios não são capazes de gerar localmente recursos suficientes para arcar com as despesas da estrutura administrativa; 50% das prefeituras gastam mais da metade do orçamento com pessoal; mais da metade apresenta dificuldade para pagar fornecedores; quase metade do país tem nível crítico de investimento, destinando apenas 3% das receitas a essas despesas. O IFGF mostra que a crise fiscal municipal é estrutural: baixa capacidade de gerar receitas para financiar a estrutura administrativa da prefeitura e alta rigidez do orçamento, o que dificulta um planejamento eficiente e penaliza investimentos. É fundamental discutir soluções para cada um desses fatores, caso contrário, o mapa mostrará um Brasil cada vez mais crítico".

incorrer nos mesmos custos fixos, mas tendo de diluí-los por apenas metade da produção total" (Posner, 1988). Dadas essas circunstâncias, a concorrência no mercado não se mostra economicamente adequada, pois exigiria, ausente regulação, a duplicação da infraestrutura. Observa-se, desse modo, a presença de economias de escala.

Análises realizadas por Seroa da Motta e Moreira (2006), ao compararem prestadoras locais e regionais de saneamento, observaram que as últimas "realmente se beneficiam de economias escalas", embora estejam concentradas no mais baixo nível de produtividade.

Ferro et al (2014), no mesmo sentido, confirmam que "a estrutura de custos de firmas regionais e microrregionais é 10 por cento inferior do que a das firmas municipais". Os autores informam que essa diferença parece se originar mais da diferença na escala de operação do que de questões relacionadas a níveis de eficiência, e concluem que os dados por eles obtidos sustentam uma orientação a favor da regionalização: "ao se regionalizar firmas municipais ou microrregionais, economias de custo emergiriam".

Da perspectiva portuguesa, Marques e De Witte (2010) realizaram pesquisa visando mensurar a presença de economias de escala e escopo na provisão de serviços de saneamento, tendo analisado 66 prestadoras de serviços. O estudo concluiu em favor da presença de economias de escala na indústria saneamento, sugerindo que a fornecedora ótima de água atenderia entre 160.000 e 180.000 habitantes. A partir dessa constatação, os autores sustentaram que a quantidade de provedores do serviço em Portugal deveria ser reduzida, dos cerca dos 300 que existiam quando o estudo foi realizado, para algo em torno de 60.

Em que pesem as diferenças entre as realidades brasileira e portuguesa, seja em termos de dimensões geográfica, seja em níveis de universalização do serviço ou condições socioeconômicas da população para arcar com as tarifas devidas em contraprestação do serviço, o estudo português é relevante por indicar que existe um ponto ótimo para se capturar as economias de escala nos serviços de saneamento.

Essa constatação aponta que, em geral, não seriam soluções ótimas aquelas de provisão exclusiva a localidades com poucos habitantes, como é a realidade da maioria dos municípios brasileiros. Dados do IBGE (2019) informam que, dos 5570 municípios existentes, 68,2% (3.670) têm até 20 mil habitantes, sendo que neles residem apenas 15,2% da população, que correspondem a cerca de 32 milhões de pessoas.[11] De outro lado, existem apenas 17 municípios com mais de 1 milhão de habitantes, nos quais se concentram 21,9% da população; já 31,7% da população residem nos 48 municípios com mais de 500 mil habitantes.

Esses dados apontam a existência de duas realidades bastante díspares no país, pois há uma concentração populacional relevante em uma quantidade reduzida de municípios, enquanto a maioria das localidades possuem reduzida quantidade de habitantes e, portanto, poucos potenciais usuários do serviço de saneamento para custearem os custos fixos de construção e operação da instalações de saneamento. Essa constatação

---

11. Informação disponível em: [https://agenciadenoticias.ibge.gov.br/agencia-sala-de-imprensa/2013-agencia-de-noticias/releases/25278-ibge-divulga-as-estimativas-da-populacao-dos-municipios-para-2019]. Acesso em: 21.08.2020.

aliada aos resultados das pesquisas acima mencionadas sustentam uma orientação em favor da prestação regionalizada do serviço, tema que mereceu destaque na recente reforma setorial, conforme mencionado no parecer do Senador Tasso Jereissati durante a tramitação do projeto de lei[12].

5. A PRESTAÇÃO REGIONALIZADA NA REFORMA DE 2020

A partir do diagnóstico acima, uma das propostas trazidas para se buscar superar a situação de inequívoco atraso na implementação do serviço de saneamento básico no país consistiu na superação das limitações dos municípios (financeiras, de capacidade organizacional e de escala, dentre outras), por meio da comunhão de esforços, ou seja, pelo incentivo à regionalização. A prestação regionalizada constitui indubitavelmente uma orientação do novo marco regulatório, estando presente em vários dispositivos legais introduzidos ou modificados pela Lei 14.026/2020.

Em primeiro lugar, pode-se citar a alteração da Lei 9.984/2000 para incluir, dentre as diretrizes a guiarem a Agência Nacional de Águas (ANA) na elaboração das normas de referência do saneamento básico, " incentivar a regionalização da prestação dos serviços, de modo a contribuir para a viabilidade técnica e econômico-financeira, a criação de ganhos de escala e de eficiência e a universalização dos serviços". Redação semelhante foi também inserida na Política Nacional de Saneamento Básico.[13]

De acordo com a reforma legislativa de 2020, a prestação regionalizada – entendida como aquela em que uma ou mais componentes do serviço é prestada em território que abranja mais de um município – é dividida em três possibilidades, quais sejam:

região metropolitana, aglomeração urbana ou microrregião: unidade instituída pelos Estados mediante lei complementar, de acordo com o § 3º do art. 25 da Constituição Federal, composta de agrupamento de Municípios limítrofes e instituída nos termos da Lei 13.089, de 12 de janeiro de 2015 (Estatuto da Metrópole);

unidade regional de saneamento básico: unidade instituída pelos Estados mediante lei ordinária, constituída pelo agrupamento de municípios não necessariamente limítrofes, para atender adequadamente às exigências de higiene e saúde pública, ou para dar viabilidade econômica e técnica aos Municípios menos favorecidos;

---

12. Nos termos do Parecer apresentado pelo Senador, "o objetivo da regionalização é obter ganhos de escala e garantir viabilidade econômico-financeira dos serviços, com vistas à universalização dos serviços. A prestação regionalizada, por incluir municípios mais e menos atraentes e não necessariamente contíguos em um mesmo território de prestação, afasta o risco de que qualquer deles, por mais pobre e pequeno que seja, fique fora do processo de universalização. Não há obrigação de que o município participe de estruturas de prestação regionalizadas. Isso é facultativo. Municípios não participantes de regiões metropolitanas, unidades regionais ou blocos retêm sua titularidade, mas não terão prioridade no recebimento de investimento da União" (Parecer 71/2020 – Plenário).
13. Art. 2º, XIV, da Lei 11.445/2007, inserido pela Lei 14.026/2020: Art. 2º Os serviços públicos de saneamento básico serão prestados com base nos seguintes princípios fundamentais: (...) XIV – prestação regionalizada dos serviços, com vistas à geração de ganhos de escala e à garantia da universalização e da viabilidade técnica e econômico-financeira dos serviços".

bloco de referência: agrupamento de municípios não necessariamente limítrofes, estabelecido pela União nos termos do § 3º do art. 52 da Lei[14] e formalmente criado por meio de gestão associada voluntária dos titulares.

Em primeiro lugar, é preciso observar que os institutos "unidade regional" e "bloco de referência" não encontram fundamento de validade no § 3º do art. 25 da Constituição Federal, que somente confere poder aos Estados para, mediante lei complementar, instituir regiões metropolitanas, aglomerações urbanas e microrregiões, constituídas por "agrupamentos de municípios limítrofes". No caso das unidades regionais e dos blocos de referência, não há exigência de lei complementar nem de que os municípios sejam limítrofes, sendo seu fundamento de validade a própria lei que institui novo o Marco Legal do Saneamento Básico.

No que tange aos blocos de referência, a lei aludiu expressamente à sua criação por meio de "gestão associada voluntária", situação que já encontrava guarida no direito por meio dos convênios de cooperação e dos consórcios públicos a que alude o art. 241 da Constituição Federal.[15] A disciplina dos consórcios públicos é encontrada especialmente na Lei 11.107/2005, segundo a qual, para o exercício da titularidade conjunta do serviço público de saneamento básico podem ser constituídas, por exemplo, autarquias interfederativas, designadas pela norma federal como "associações públicas".[16] Veja-se que, nos termos do art. 2º, § 3º da referida lei, "os consórcios públicos poderão outorgar concessão, permissão ou autorização de obras ou serviços públicos mediante autorização prevista no contrato de consórcio público, que deverá indicar de forma específica o objeto da concessão, permissão ou autorização e as condições a que deverá atender, observada a legislação de normas gerais em vigor".[17]

Alguma controvérsia tem surgido em torno da figura da "unidade regional", pelo fato de que essas serão criadas por lei ordinária estadual, o que poderia vir a ser considerado violador da autonomia municipal assegurada pelo art. 18 da Constituição Federal[18] (e, ainda, porque a adesão dos municípios a essas unidades está prevista como condição para acesso a recursos federais). Nessa perspectiva, lei ordinária estadual não poderia criar unidades regionais, à revelia da vontade municipal, com o intuito de viabilizar a prestação associada desses serviços.

---

14. Lei 11.445/2007 (redação dada pela Lei 14.026/2020). Art. 52. (...) § 3º A União estabelecerá, de forma subsidiária aos Estados, blocos de referência para a prestação regionalizada dos serviços públicos de saneamento básico.
15. Constituição Federal. Art. 241. A União, os Estados, o Distrito Federal e os Municípios disciplinarão por meio de lei os consórcios públicos e os convênios de cooperação entre os entes federados, autorizando a gestão associada de serviços públicos, bem como a transferência total ou parcial de encargos, serviços, pessoal e bens essenciais à continuidade dos serviços transferidos"
16. Nos termos da Lei 11.107/2005, Art. 6º. O consórcio público adquirirá personalidade jurídica: I – de direito público, no caso de constituir associação pública, mediante a vigência das leis de ratificação do protocolo de intenções; II – de direito privado, mediante o atendimento dos requisitos da legislação civil.
17. É relevante mencionar que a Lei 14.026/2020 incluiu o art. 13, § 8º da Lei 11.107/2005, para vedar a celebração de contratos de programa para a gestão associada dos serviços públicos de saneamento básico. Art. 13 (...) § 8º Os contratos de prestação de serviços públicos de saneamento básico deverão observar o art. 175 da Constituição Federal, vedada a formalização de novos contratos de programa para esse fim.
18. Constituição Federal. Art. 18. A organização político-administrativa da República Federativa do Brasil compreende a União, os Estados, o Distrito Federal e os Municípios, todos autônomos, nos termos desta Constituição.

Há, inclusive, ação direta de inconstitucionalidade (ADI 6492), ajuizada pelo Partido Democrático Trabalhista (PDT) em face da lei 14.026/2020,[19] que questiona este ponto da mudança do marco regulatória. Da petição inicial extrai-se a seguinte passagem:

> A Lei 14.026/2020 ainda condiciona o apoio da União aos municípios a subserviência destes aos seus dispositivos, dentre eles, ao agrupamento obrigatório de Municípios, mesmo que não haja finalidade pública em tal disposição. Além das regiões metropolitanas, a Lei 14.026/2020 inaugura outras duas formas de prestação regionalizada, quais sejam, a unidade regional de saneamento básico (Instituída pelos estados, via Lei Ordinária, podendo ser constituída por municípios não limítrofes); e bloco de referência (criado pela união, quando da omissão dos estados, podendo também ser composta por municípios não limítrofes e formalmente constituída a partir de gestão associada dos titulares (consórcio público ou convênio de cooperação).
>
> Por todo o exposto, é evidente a violação à autonomia federativa por meio da elaboração de norma exauriente pela União, sem deferir qualquer margem para que os entes federativos se adéquem às peculiaridades regionais, ainda mais quando se trata de assunto afeto ao município, uma vez que, por sua própria natureza, é inerentemente atrelado ao interesse local.

O pedido de liminar foi indeferido por decisão da lavra do Ministro Luiz Fux, na qual se encontra a seguinte passagem acerca da regionalização do serviço:

> Em que pese o saneamento seja tradicionalmente reconhecido como serviço público de interesse local, o que confere titularidade aos municípios (art. 30, V, da CRFB), por vezes o interesse comum determina a formação de microrregiões e regiões metropolitanas para a transferência de competências para Estados (art. 25, §3º, CRFB) ou o estabelecimento pela União de critérios técnicos de cooperação – mormente quando os Municípios, isoladamente, não detêm condições de prestar o serviço em todas as suas fases de forma eficiente e com a melhor relação qualidade e custo para o consumidor.

Além disso, não se vislumbra ofensa à Constituição Federal porque a lei não parece obrigar os municípios a integrarem unidades regionais ou blocos de referência. De fato, a mudança legislativa de 2020 submete o acesso a recursos federais para financiamento do setor a que municípios adiram à diretriz de "estruturação de prestação regionalizada".[20] Nesse sentido, a lei estabelece uma condição a que municipalidades se beneficiem de recursos federais.

Não há, todavia, imposição da regionalização, pois a lei alude à "adesão pelos titulares dos serviços", de modo que é possível cogitar-se de que essa não aconteça. Desde que o município possa buscar fontes alternativas para custear a prestação do serviço em seu território, prescindindo de recursos públicos federais, e que não integre região metropolitana, aglomeração urbana ou microrregião nos moldes do art. 25, § 3º, da CF/88, estará livre para fazê-lo. O financiamento pela iniciativa privada emerge como uma hipótese a esse respeito, mas depende, logicamente, de ser o projeto economicamente viável.

---

19. Posteriormente, foi ajuizada a ADI 6536 igualmente questionando a constitucionalidade de dispositivos da Lei 14.026/2020, tendo sido determinada a sua tramitação em apenso à ADI 6492.
20. Art. 50, VII, introduzido pela Lei 14.026/2020 à Lei 11.445/2007. O inciso VIII, por sua vez, estatui que "a alocação de recursos públicos federais e os financiamentos com recursos da União ou com recursos geridos ou operados por órgãos ou entidades da União serão (...) condicionados: (...) à adesão pelos titulares dos serviços públicos de saneamento básico à estrutura de governança correspondente em até 180 (cento e oitenta) dias contados de sua instituição, nos casos de unidade regional de saneamento básico, blocos de referência e gestão associada".

Além disso, o desenho das unidades regionais pelos estados e dos blocos de referência pela União, de forma subsidiária (art. 52, § 3º, Lei 11.445/207, com a redação dada pela Lei 14.026/2020), pode vir a se mostrar uma forma adequada de alinhamento de interesses e superação de um problema que adviria caso se deixasse que os municípios isoladamente escolhessem a quem se associar ou não.

Veja-se que outro ponto relevante da regionalização consiste na possibilidade de realização de subsídio cruzado entre titulares (tarifários ou fiscais) para usuários de baixa renda.[21] A finalidade da lei é meritória, no sentido de que, quanto maior a base de clientes a custear um programa de universalização para baixa renda, em tese menor o peso individual dessa medida.

Todavia, em regra, seria difícil ao município mais bem estruturado, ou cuja população tenha maiores condições econômicas de custear o serviço por meio de tarifas, sustentar politicamente que ele integrará um conjunto associativo/regionalizado com outro município em situação de maior carência. A opção de aceitar práticas de subsídio cruzado entre populações residentes em diferentes municípios tenderia a não ser bem aceita por aquela que seria a ofertante do subsídio (mais abastada), e não a subsidiada. A mudança de marco regulatório, assim, caminha no limite em que incentivos são claramente postos à regionalização e ao agrupamento de municipalidades, mas não se impõe que os municípios integrem unidades regionais ou blocos de referência.

Reforçando o compromisso da reforma do marco regulatório com a autonomia e o consentimento municipal para as opções de gestão regionalizada, veja-se que, no caso das Regiões Integradas de Desenvolvimento (Ride), a prestação regionalizada do serviço de saneamento básico está condicionada à anuência dos municípios que a integram. As Rides são criadas pela União, por meio de lei complementar, abrangendo municípios limítrofes integrantes de diferentes estados da federação.[22]

Em suma, a nova lei não obriga os municípios à adesão ao regime de prestação regionalizada, por meio de unidades regionais ou blocos de referência. Mantém-se a responsabilidade de cada ente municipal pela adesão ou não a uma proposta de regionalização e, por conseguinte, a fazer jus aos respectivos benefícios, especialmente em termos de

---

21. Nos termos da nova redação do art. 31 da Lei 11.445/2007 trazida pela Lei 14.026/2020: Art. 31. Os subsídios destinados ao atendimento de usuários determinados de baixa renda serão, dependendo da origem dos recursos: I – (revogado); II – tarifários, quando integrarem a estrutura tarifária, ou fiscais, quando decorrerem da alocação de recursos orçamentários, inclusive por meio de subvenções; e III – internos a cada titular ou entre titulares, nas hipóteses de prestação regionalizada.
22. Constituição Federal. Art. 21. Compete privativamente à União (...) IX – elaborar e executar planos nacionais e regionais de ordenação do território e de desenvolvimento econômico e social. Art. 43. Para efeitos administrativos, a União poderá articular sua ação em um mesmo complexo geoeconômico e social, visando a seu desenvolvimento e à redução das desigualdades regionais.§ 1º Lei complementar disporá sobre: I – as condições para integração de regiões em desenvolvimento; II – a composição dos organismos regionais que executarão, na forma da lei, os planos regionais, integrantes dos planos nacionais de desenvolvimento econômico e social, aprovados juntamente com estes. (...). Art. 48. Cabe ao Congresso Nacional, com a sanção do Presidente da República, não exigida esta para o especificado nos arts. 49, 51 e 52, dispor sobre todas as matérias de competência da União, especialmente sobre: (...) IV – planos e programas nacionais, regionais e setoriais de desenvolvimento. Exemplo de Ride é a Região Administrativa Integrada de Desenvolvimento do Polo Petrolina e Juazeiro, instituída pela Lei Complementar 113/2001, congregando municípios dos Estados da Bahia e Pernambuco.

financiamento público federal, decorrentes dessa adesão.[23] Assim, a lei busca conciliar o incentivo à regionalização com a manutenção da autonomia federativa dos municípios, constitucionalmente consagrada e aplicável ao setor de saneamento, conforme definido pelo Supremo Tribunal Federal no julgamento da ADI 1842.

Uma vez que um conjunto de municípios tenha aderido a um modelo regionalizado, é importante observar que as metas se tornam igualmente regionalizadas. A nova redação trazida pela Lei 14.026/2020 ao art. 17 da Lei 11.445/2007 estabelece que, nesses casos, o planejamento passa a ser igualmente regionalizado, dispensando-se a elaboração de planos municipais individuais. Trata-se de solução meritória, na medida em que, uma vez realizada a opção pela regionalização, não há razão para se exigir planejamento independente por cada um dos municípios incluídos em um projeto de regionalização.

De outro lado, como visto, a solução traz complexidade do ponto de vista político ao gestor público municipal com população com maior renda *per capita* ou menor desigualdade, pois pode ser difícil a ele justificar o ingresso em uma prestação regionalizada quando seus munícipes arcarão com parte da conta decorrente da situação adversa de outros municípios parceiros. Em que pese a Constituição Federal aludir ao federalismo cooperativo na busca da redução das desigualdades regionais, aplicar essas transferências implícitas entre municípios poderá ser difícil de implementar na prática. É neste momento que a busca de financiamento pela União Federal pode ser um argumento robusto a proteger o gestor que adira à proposta de regionalização.

6. CONCLUSÃO

O presente artigo analisou o incentivo à regionalização da prestação dos serviços de abastecimento de água potável e de esgotamento sanitário trazida pela reforma do marco regulatório do saneamento instrumentalizado na Lei 14.026/2020.

Verificou-se que há no país grave déficit na provisão desses serviços, o que torna premente a atração de investimentos ao setor. Em seguida, mostrou-se que a orientação em favor da descentralização da provisão aos municípios, reforçada com a decisão do STF na ADI 1842 em 2013, não foi capaz de promover a universalização do serviço.

Da perspectiva econômica, apresentaram-se estudos que sustentam ser esta uma indústria que se beneficia de economias de escala, enquanto, de outro lado, a realidade da maioria dos municípios brasileiros é de poucos habitantes.

O artigo apresentou as alterações promovidas pela Lei 14.026/2020, trazendo argumentos em favor da sua constitucionalidade, em especial, denotando que a lei não obriga os municípios a integrarem unidades regionais ou blocos de referência, mas fomenta a sua adesão, condicionando-a à obtenção de fundos públicos federais para o setor. De forma semelhante, restou esclarecido pela Lei 14.026/2020 que municípios integrantes de Rides tampouco estão obrigados a aderirem a soluções regionalizadas,

---

23. Lei 11.445/2020 (redação dada pela Lei 14.026/2020): Art. 8º-A. É facultativa a adesão dos titulares dos serviços públicos de saneamento de interesse local às estruturas das formas de prestação regionalizada. Art. 8º-B. No caso de prestação regionalizada dos serviços de saneamento, as responsabilidades administrativa, civil e penal são exclusivamente aplicadas aos titulares dos serviços públicos de saneamento, nos termos do art. 8º desta Lei.

o que deverá ser objeto de aquiescência. Com relação às regiões metropolitanas, segue sendo aplicável o entendimento trazido pelo STF na ADI 1842, segundo o qual o fato de um município integrar uma região metropolitana não desloca a titularidade do serviço para o Estado da federação.

A aprovação da Lei 14.026/2020 renova a esperança de avanço do país no tema do saneamento básico, o que se mostra fundamental para a melhoria da saúde pública, do meio ambiente e da educação, uma vez que há estudos que correlacionam doenças decorrentes da ausência de saneamento básica à perda de dias de escolaridade pelos alunos.[24] É certo, porém, que a lei sozinha não será capaz de reformar a realidade: a priorização dessa política nas três esferas de governo assim como a redução da insegurança jurídica mostram-se absolutamente necessárias à atração de investimentos para o setor.

7. REFERÊNCIAS

V. FILHO, Ferreira de Araújo. O quadro institucional do setor de saneamento básico e a estratégia operacional do PAC: possíveis impactos sobre o perfil dos investimentos e a redução do déficit. *Boletim Regional e Urbano*, Brasília, Ipea, n. 1, dez.2008.

FERRO, G., LENTINI, E.J., MERCADIER, A.C.; Romero, C.A., 2014. Efficiency in Brazil's water and sanitation sector and its relationship with regional provision, property and the independence of operators. *Utilities Policy*. 28, 42-51.

FIRJAN. Índice Firjan de Gestão Fiscal 2019. Rio de Janeiro: Firjan, out.2019.

INSTITUTO Brasileiro de Geografia e Estatística (IBGE). *Perfil dos municípios brasileiros*: gestão do saneamento básico: abastecimento de água e esgotamento sanitário: 2017. Rio de Janeiro: IBGE, 2020.

INSTITUTO Brasileiro de Geografia e Estatística (IBGE). *IBGE divulga as estimativas da população dos municípios para 2019*. Disponível em: [https://agenciadenoticias.ibge.gov.br/agencia-sala-de-imprensa/2013-agencia-de-noticias/releases/25278-ibge-divulga-as-estimativas-da-populacao-dos-municipios-para-2019]. Acesso em: 10.11.2019.

MANKIW, N. G. *Introdução à economia* – princípios de micro e macroeconomia. Trad. 2. ed. americana. Rio de Janeiro: Elsevier, 2001.

MARQUES, R. C, De Witte, K., 2011. Is big better? On scale and scope economies in the Portuguese water sector. *Economic Modelling*. 28, 1009-1016.

POSNER, Richard. *Economic Analysis of Law*. Boston: Little, Brown and Company, 1988.

SAIANI, C. C. S. e TONETO JÚNIOR, R. Evolução do acesso a serviços de saneamento básico no Brasil (1970 a 2004). *Economia e Sociedade*, Campinas, v. 19, n. 1 (38), p. 79-106, abr. 2010. Disponível em: [http://www.scielo.br/pdf/ecos/v19n1/a04v19n1.pdf. Acesso em 05.09.2020]. Acesso em: 05.09.2020).

SAMPAIO, P.R.P. *Regulação e concorrência*: a atuação do CADE em setores de infraestrutura. São Paulo: Saraiva, 2013.

SAMPAIO, P.R.P.; Sampaio, R.S.R., 2020. The challenges of regulating water and sanitation tariffs under a three-level shared-authority federalism model: The case of Brazil. *Utilities Policy* 64.

---

24. Disponível em: [http://www.tratabrasil.org.br/blog/2008/09/01/saneamento-basico-e-educacao/]. Acesso em: 25.08.2020.

SEROA da Motta, R.; Moreira, A., 2006. Efficiency and regulation in the sanitation sector in Brazil. *Utilities Policy*, 14,185-195.

SISTEMA Nacional de Informações sobre Saneamento (SNIS). Disponível em: [http://www.snis.gov.br/downloads/diagnosticos/ae/2018/Diagnostico_AE2018.pdf]. Acesso em: 23.07.2020.

3
CONTROLE SOCIAL NAS NORMAS DE REFERÊNCIA DA ANA

Mariana Campos de Souza

é graduada em Direito pela Pontifícia Universidade Católica. Mestre em Direito dos Negócios pela Fundação Getúlio Vargas-FGV. Atua há mais de 20 anos na área de infraestrutura, sendo que no setor de saneamento, tem atuado nos mais relevantes projetos do Brasil, assessorando municípios, entes públicos, associações, financiadores e empresas privadas.

Sumário: 1. Introdução. 2. Instrumentos e mecanismos de controle social dos serviços públicos de saneamento básico. 3. Limites do controle social. 4. Exemplos de mecanismos de controle social adotados por entidades reguladoras. 5. O controle social das normas de referência da ANA. 6. Conclusão. 7. Referências.

1. INTRODUÇÃO

Muito embora já haja sinalização do controle social em meio ambiente no art. 225, "caput", da Constituição Federal[1], esse tema especificamente no setor de saneamento básico foi preconizado, em nível nacional, na Lei 11.445, de 2007, sendo considerado um dos princípios fundamentais a serem observados na prestação dos serviços públicos de saneamento básico.

A introdução do termo "controle social" expressamente na legislação denota a relevância dada a alguns dos principais atores envolvidos na prestação de serviços públicos de saneamento básico: os seus usuários, diretamente afetados, na medida que usufruem dos serviços, e o restante da comunidade, que sofre os efeitos diretos e indiretos da sua prestação[2].

A respeito desses efeitos, os serviços de saneamento básico estão intrinsecamente atrelados a interesses difusos, uma vez que são ferramenta essencial para a manutenção do meio ambiente equilibrado, para a garantia de saúde pública da população, para a adequada ocupação e uso do solo urbano e para o bem-estar das pessoas.

O interesse do controle social é igualmente dos prestadores dos serviços, que, por um lado, podem participar da formação das políticas de saneamento básico e, por outro lado, têm as ações e medidas por eles implementadas devidamente legitimadas pela sociedade.

---

1. Art. 225. Todos têm direito ao meio ambiente ecologicamente equilibrado, bem de uso comum do povo e essencial à sadia qualidade de vida, impondo-se ao Poder Público e à coletividade o dever de defendê-lo e preservá-lo para as presentes e futuras gerações.
2. Essa preocupação não é recente no contexto empresarial. Pelo menos desde a década de 1970, discute-se a responsabilidade social das empresas. Atualmente, o "controle social" pode ser identificado entre o que se conhece como atributos ESG: *environmental, social and governance*.

Por tudo isso justifica-se o acesso à sociedade como um todo dos processos de formulação das políticas públicas e do planejamento dos serviços de saneamento básico, bem como nas informações necessárias ao acompanhamento e avaliação da efetiva implantação de tais políticas pelo poder público e pelos demais agentes.

Nessa linha, a Lei 11.445, de 2007, define controle social como sendo o "conjunto de mecanismos e procedimentos que garantem à sociedade informações, representações técnicas e participações nos processos de formulação de políticas, de planejamento e de avaliação relacionados aos serviços públicos de saneamento básico".

O controle social teve a sua definição mantida pela recente Lei 14.026, de 2020 (novo marco regulatório do saneamento), assim como permaneceu como um dos princípios fundamentais a serem observados na prestação dos serviços públicos.

Dando concretude ao princípio do controle social, o art. 9º, inciso V, da Lei 11.445, de 2007, estabelece que cabe aos titulares estabelecer os mecanismos e os procedimentos de controle social na formulação de suas políticas públicas.

Paralelamente, nos casos de serviços prestados mediante contratos de concessão ou de programa, as normas de regulação que preveem meios para o cumprimento das diretrizes da Lei 11.445, de 2007, devem conter mecanismos de controle social nas atividades de planejamento, regulação e fiscalização dos serviços públicos de saneamento básico (art. 11, § 2º, inciso V).

Nesse contexto, a Lei 14.026, de 2020, atribuiu à Agência Nacional de Águas e Saneamento Básico (ANA) a competência de editar normas de referência para a regulação dos serviços públicos de saneamento básico que nortearão a elaboração das normas de regulação a serem editadas pelas demais entidades reguladoras – estaduais, regionais e municipais – que exercem a regulação e fiscalização diretas dos serviços públicos de saneamento básico.

Desse modo, o presente artigo visa apresentar os mecanismos e instrumentos de controle social dos serviços públicos de saneamento básico previstos na Lei 11.445, de 2007, que permanecem sob a égide do novo marco regulatório (Lei 14.026, de 2020), e no seu regulamento – Decreto 7.217, de 2010, além da Lei 12.305, de 2010, a serem adotados pelo Poder Público e pelas entidades reguladoras e fiscalizadoras de modo geral, os limites do controle social sobre esses serviços, bem como analisar em que medida esses mecanismos e instrumentos deverão ser empregados pela ANA na elaboração das suas normas de referência e se a ANA poderá contribuir com as demais entidades na concepção e implementação de medidas de controle.

2. INSTRUMENTOS E MECANISMOS DE CONTROLE SOCIAL DOS SERVIÇOS PÚBLICOS DE SANEAMENTO BÁSICO

A Lei 11.445, de 2007, apresenta, ao longo do seu texto, mecanismos de controle social dos serviços de saneamento básico, merecendo destaque a participação de órgãos colegiados, audiência e consulta públicas das propostas e estudos dos planos de saneamento e das minutas de edital e de contratos de prestação dos serviços públicos de saneamento básico.

Quanto aos órgãos colegiados, essa mesma Lei define que eles terão caráter consultivo e devem ter assegurada a representatividade dos titulares dos serviços, de órgãos governamentais que tenham relação com o setor de saneamento básico, dos prestadores dos serviços públicos de saneamento básico, dos usuários desses serviços e das entidades técnicas, organizações da sociedade civil e de defesa do consumidor relacionados ao setor (art. 47).

A Lei 11.445, de 2007, admite que órgãos colegiados de caráter consultivo já existentes possam ser adaptados para exercerem o controle social dos serviços públicos de saneamento básico nos moldes referidos no art. 47.

Como citado anteriormente, audiências e consultas públicas são destacadas pela referida Lei como formas de participação da sociedade no planejamento e no acompanhamento dos serviços. Nesse contexto é que o art. 11 prevê como condição de validade de contratos de prestação dos serviços de saneamento básico a realização prévia de audiência e de consulta públicas sobre o edital e a minuta do contrato (esta última, no caso de contrato de concessão).

Essa Lei também busca assegurar a divulgação das propostas dos planos de saneamento básico e dos estudos que as fundamentam, prevendo a realização de audiências ou consultas públicas. Quanto à necessidade de divulgação de documentos relativos aos planos de saneamento básico por audiência e consulta públicas, dado o que o dispõe o art. 19, § 5º, da Lei 11.445, de 2007 (que utiliza a conjunção "ou"), o Decreto 7.217, de 2010, que regulamenta a Lei, determina que tal divulgação se efetive "por meio da disponibilização integral de seu teor a todos os interessados, inclusive por meio da rede mundial de computadores – internet e por audiência pública", o que evidencia a importância de que sejam realizadas tanto a consulta quanto a audiência públicas.

O controle social ainda deve ser exercido quanto à regulação e à fiscalização dos serviços públicos de saneamento básico, por força do art. 26 da Lei 11.445, de 2007, que determina que seja assegurada a publicidade dos relatórios, estudos, decisões e instrumentos equivalentes que se refiram a regulação e fiscalização, bem como dos direitos e deveres dos usuários e prestadores.

Interessante notar que, no referido art. 26, a Lei mencionada prevê que deve ser dado acesso das informações a "qualquer do povo, independentemente da existência de interesse direto". Essa determinação expressa o interesse difuso em torno dos serviços públicos de saneamento básico, diante dos efeitos por eles gerados a toda a coletividade.

No que diz respeito ao controle social pelos usuários, a par dos mecanismos supramencionados, a eles são legalmente assegurados o acesso a informações sobre os serviços prestados, o prévio conhecimento dos seus direitos, deveres e penalidades a que estão sujeitos, o acesso a manual de prestação dos serviços e de atendimento ao usuário e o acesso a relatório periódico sobre a qualidade da prestação dos serviços (art. 27 da Lei 11.445, de 2007).

Outro importante mecanismo de controle social introduzido pela Lei 11.445, de 2007, é o Sistema Nacional de Informações em Saneamento Básico-SINISA, o qual reúne dados e informações a respeito das condições de prestação dos serviços públicos de saneamento básico em todo o país.

O Decreto 7.217, de 2010, dedica um capítulo ao tema de controle social, sustentando-o nos seguintes pilares: debates e audiências públicas, consultas públicas, conferências das cidades e participação de órgãos colegiados de caráter consultivo na formulação, planejamento e avaliação da política de saneamento básico (art. 34)

A instituição da participação de órgãos colegiados de caráter consultivo é, inclusive, condição para acesso, pelos titulares dos serviços públicos de saneamento básico, aos recursos federais ou aos geridos ou administrados por órgão ou entidade da União, quando tais recursos forem destinados a serviços de saneamento básico (§ 6º do art. 34).

Ainda, o Decreto 7.217, de 2010, impõe que os usuários finais recebam informações nos documentos de cobrança a respeito dos custos dos serviços, bem como sobre a qualidade da água entregue aos consumidores finais.

Em nível nacional, por meio do Decreto 5.031, de 2004 (posteriormente revogado pelo Decreto 5.790 de 2006), foram editadas as regras de funcionamento do Conselho das Cidades, órgão colegiado de caráter deliberativo e consultivo, que tinha por "finalidade estudar e propor as diretrizes para a formulação e implementação da Política Nacional de Desenvolvimento Urbano, bem como acompanhar e avaliar a sua execução" e que contava com a representação de entidades da sociedade civil para discutir, dentre outras, questões atinentes ao saneamento ambiental. Esse conselho foi extinto recentemente, por meio do Decreto 9.759, de 2019.

Especificamente no que se refere aos serviços de limpeza urbana e manejo de resíduos sólidos, a Lei 12.305, de 2010, reforça o direito da sociedade à informação e ao controle social como um dos princípios da Política Nacional de Resíduos Sólidos (art. 6º, inciso X). Em seu art. 14, parágrafo único, esta última Lei assegura o controle social na formulação, implementação e operacionalização dos planos nacional, estaduais, microrregionais, intermunicipais, municipais de gestão integrada e planos de gerenciamento de resíduos sólidos.

3. LIMITES DO CONTROLE SOCIAL

A partir da leitura do texto da Lei 11.445, de 2007, do Decreto 7.217, de 2010, e da Lei 12.305, de 2010, infere-se que o controle social é necessariamente, por força de comando normativo, um dos componentes do planejamento, da execução dos serviços públicos de saneamento básico e da regulação e fiscalização desses serviços.

Todavia, esse controle social deve se submeter a determinados limites, sob o risco de serem desvirtuados seus objetivos e a efetividade dos seus resultados concretos em prol de todos os agentes envolvidos: poder público, usuários, prestadores, entidades reguladoras e fiscalizadoras e a sociedade como um todo.

Em primeiro lugar, o controle social encontra limites na natureza sigilosa de informações acerca dos serviços públicos de saneamento básico. Esse limite está expresso no § 1º do art. 26 da Lei 11.445, de 2007, que excetua a publicidade de relatórios, estudos, decisões e instrumentos equivalentes referentes à regulação e à fiscalização na situação em que há documentos sigilosos em função de interesse público relevante.

Ademais, como exposto acima, a participação da sociedade na formulação de políticas públicas e no planejamento de ações de curto, médio e longo prazo no setor de saneamento básico é salutar, uma vez que é a sociedade quem sofre os efeitos diretos e indiretos da implantação da política e planejamento.

Não obstante isso, tendo sido formulada a política pública e concebido o planejamento dos serviços públicos de saneamento básico, as ações para a sua implementação e alcance das metas definidas caberão ao Poder Público, diante da sua competência constitucional prevista, principalmente, nos arts. 25, § 3º[3], 30, inciso V[4], e 200, inciso IV[5], da Constituição Federal.

Isso não quer dizer que os mecanismos e instrumentos de controle social não devam ser empregados para acompanhamento das ações praticadas pelo Poder Público e pelos prestadores dos serviços públicos, mas apenas não devem ter o condão de alterar constantemente essas ações, a fim de se garantir previsibilidade quanto ao planejamento e evitar insegurança jurídica.

O controle social também encontra limite na competência das entidades reguladoras de edição e aplicação de normas de regulação e fiscalização dos serviços públicos de saneamento básico. Tal como referido anteriormente, à sociedade é garantida a participação na elaboração das normas de regulação e fiscalização dos serviços. Tendo sido editadas as normas, elas serão cumpridas pelas entidades de regulação, pelos usuários e pelos prestadores dos serviços.

Outro limite do controle social são as próprias regras dos contratos de prestação de serviços públicos de saneamento básico. Nesse sentido, os mecanismos e instrumentos de controle social quanto à qualidade e à eficiência dos serviços, bem como quanto às revisões ordinárias e extraordinárias e aos reajustes de tarifas e demais contraprestações devem ser utilizados em observância ao disposto nos respectivos contratos, atos jurídicos perfeitos que garantem a estabilidade das relações jurídicas e a consequente atração de prestadores, que serão os responsáveis pela universalização dos serviços e atendimento dos níveis exigidos de qualidade.

4. EXEMPLOS DE MECANISMOS DE CONTROLE SOCIAL ADOTADOS POR ENTIDADES REGULADORAS

Desde a edição da Lei 11.445, de 2007, mecanismos e instrumentos têm se desenvolvido no âmbito dos titulares dos serviços e das entidades reguladoras com vistas a

---

3. Art. 25. (...)

    (...)

    § 3º Os Estados poderão, mediante lei complementar, instituir regiões metropolitanas, aglomerações urbanas e microrregiões, constituídas por agrupamentos de municípios limítrofes, para integrar a organização, o planejamento e a execução de funções públicas de interesse comum.
4. Art. 30. Compete aos Municípios:

    (...)

    V – organizar e prestar, diretamente ou sob regime de concessão ou permissão, os serviços públicos de interesse local, incluído o de transporte coletivo, que tem caráter essencial;
5. Art. 200. Ao sistema único de saúde compete, além de outras atribuições, nos termos da lei:

    (...)

    IV – participar da formulação da política e da execução das ações de saneamento básico.

garantir a participação da sociedade na formulação de políticas e das normas de regulação de saneamento básico e no acompanhamento da implantação dessas políticas e normas, bem como nos processos de tomada de decisão.

A despeito da existência de órgãos colegiados e de outros mecanismos de controle implantados pelo Poder Público, tais como os Conselhos Municipais que se dedicam ao controle social dos serviços de saneamento básico, como demonstra estudo de Elenis Maria Bazácas Corrêa[6], optou-se, neste artigo, pela realização de um corte metodológico, por meio da apresentação de exemplos de controle social adotados em processos de formulação de normas de regulação e de revisão e reajuste das tarifas e demais formas de remuneração dos prestadores. Esses exemplos poderão ser analisados, com os seus prós e contras, e adaptados pela Agência Nacional de Águas e Saneamento Básico (ANA) no seu processo de elaboração de normas de referência.

A partir disso, como primeiro exemplo a ser destacado, a Agência Reguladora dos Serviços de Saneamento das Bacias dos Rios Piracicaba, Capivari e Jundiaí-ARES-PCJ, entidade reguladora e fiscalizadora regional, já no ano da sua fundação, em 2011, editou a Resolução ARES-PCJ 01, de 2011, norma que dispõe sobre a instalação e funcionamento dos Conselhos de Regulação e Controle Social, no âmbito dos municípios por ela regulados, conselhos de caráter consultivo que participação do processo decisório da agência.

O modelo concebido no contexto da ARES-PCJ é o do controle social descentralizado, por meio da existência de Conselhos de Regulação e Controle Social em cada um dos municípios regulados pela agência. Esses conselhos são criados por legislação municipal e devem ter como membros representantes de diversos segmentos da sociedade, como disposto no art. 47 da Lei 11.445, de 2007. O art. 3º da Resolução ARES-PCJ 01, de 2011, indica como deve se dar a composição dos Conselhos de Regulação e Controle Social.

Cabe a cada um dos Conselhos de Regulação e Controle Social avaliar as propostas de fixação, revisão e reajuste tarifário dos serviços, encaminhar reclamações e denunciar irregularidades na prestação dos serviços de saneamento básico e elaborar, deliberar e aprovar o seu Regimento Interno (art. 2º da Resolução ARES-PCJ 001, de 2011).

Adicionalmente à atuação dos Conselhos de Regulação e Controle Social, a ARES--PCJ adota como outros mecanismos de controle social as audiências e consultas públicas, como regulado na Resolução ARES-PCJ 161, de 2016, que dispõe sobre formas e mecanismos de Controle Social a serem adotados pela Agência Reguladora dos Serviços de Saneamento das Bacias dos Rios Piracicaba, Capivari e Jundiaí (ARES-PCJ).

Segundo a referida Resolução ARES-PCJ 161, de 2016, a consulta pública consiste no mecanismo de apoio à ARES-PCJ no seu processo decisório, possibilitando a participação e contribuição da sociedade em assuntos específicos. Cabe à Diretoria Executiva da ARES-PCJ definir sobre a necessidade de realização de consulta pública para a expedição de resoluções, atos, normas ou decisões da entidade reguladora.

Outro mecanismo de controle social utilizado pela ARES-PCJ é a audiência pública, também prevista na Resolução ARES-PCJ 161, de 2016, como acima referido. Nos

---

6. Conjuntura dos conselhos municipais de saneamento do estado do Rio Grande do Sul sob a perspectiva da governança pública, Revista Controle, Fortaleza, v. 18, n.1, p. 218-250, jan./jun. 2020.

termos do art. 9º da mencionada Resolução, a audiência pública tem como objetivos, sucintamente, dar transparência e legitimidade às atividades desenvolvidas, permitir o amplo acesso da sociedade a todos os aspectos relevantes à matéria objeto da audiência e receber opiniões e sugestões a respeito da matéria exposta.

As audiências públicas podem ser realizadas presencialmente ou de forma virtual, por meio de ferramentas tecnológicas que garantam a transmissão de som e imagem em tempo real[7,] devendo a ARES-PCJ expedir o Edital de Comunicação da Audiência Pública, que deverá conter o regulamento específico da audiência.

Assim como quanto às consultas públicas, a Diretoria Executiva da ARES-PCJ é quem define a necessidade de realização de audiências públicas nos processos de elaboração de normas, documentos e de tomada de decisões.

Tanto a atuação dos Conselhos de Regulação e Controle Social, quanto a realização de audiência e consulta públicas estão expressamente previstos na Resolução ARES-PCJ 303, de 2019, que estabelece condições gerais e procedimentos a serem observados pelas entidades públicas ou privadas e parceiras-privadas de serviços públicos de saneamento básico nos municípios vinculados à regulação e fiscalização da ARES-PCJ.

Na prática, tem-se observado que a ARES-PCJ, desde a sua constituição, vem regularmente empregando os mecanismos de audiência e consulta pública nos processos de elaboração de suas normas e nas suas tomadas de decisões sobre revisão e reajuste de tarifas e de demais contraprestações dos prestadores dos serviços públicos de saneamento básico.

A Agência Reguladora de Saneamento e Energia do Estado de São Paulo-ARSESP, entidade reguladora e fiscalizadora que predominantemente regula e fiscaliza os serviços públicos de saneamento básico prestados pela Companhia de Saneamento Básico do Estado de São Paulo-SABESP, utiliza a audiência e consultas públicas como importantes instrumentos de controle social da elaboração das suas normas e da adoção de suas decisões atinentes ao setor de saneamento básico.

Como consta na página oficial da ARSESP, as audiências e consultas públicas "são ferramentas promotoras de transparência e ajudam a Arsesp a divulgar amplamente suas decisões", sendo que "a cada regulamento publicado são realizadas consultas públicas e, conforme o impacto da disciplina, audiências públicas"[8].

Para cada audiência (que também tem ocorrido de forma virtual) e consulta pública, a ARSESP usualmente publica em sua página oficial regulamento próprio específico, que estabelece as regras para a participação da sociedade em cada um dos procedimentos. Especificamente quanto à audiência pública, o material que será apresentado pela agência reguladora é disponibilizado com antecedência ao público em geral.

As metodologias de revisão tarifária, bem como os próprios processos de revisão ordinária e extraordinária das tarifas e reajuste tarifário têm sido submetidos a consulta e/ou audiência pública pela ARSESP.

---

7. A possibilidade de realização de audiências públicas virtuais foi recentemente introduzida pela Resolução ARES--PCJ 350, de 30/06/2020.
8. Disponível em: [http://www.arsesp.sp.gov.br/SitePages/audiencias-publicas.aspx].

Outro exemplo de entidade reguladora que emprega mecanismos de controle social é a Agência Reguladora de Serviços Públicos Delegados do Estado do Ceará – ARCE, entidade que regula e fiscaliza serviços públicos delegados, incluindo os serviços de saneamento básico.

A ARCE tem em sua estrutura o Conselho Consultivo, órgão superior de representação e participação da sociedade na agência, criado pela Lei estadual 12.786, de 1997. As atribuições do Conselho Consultivo estão relacionadas no art. 25 da referida Lei[9], valendo destacar: "opinar quanto aos critérios para fixação e à revisão, ajuste e homologação de tarifas", "examinar críticas, denúncias e sugestões feitas pelos usuários e com base nestas informações fazer proposições ao Conselho Diretor" e "tornar acessível ao público em geral os atos normativos e as decisões do Conselho."

O Conselho Consultivo é integrado por membros vinculados à Assembleia Legislativa, Promotoria de Defesa do Consumidor, Ouvidoria Geral do Estado, Poder Executivo, concessionária ou permissionária de serviço público delegado e entidade representativa dos usuários.

Ainda como mecanismo de controle social, a ARCE promove audiências públicas, as quais, segundo a própria agência, "são instrumentos essenciais de participação, controle social e legitimação das decisões regulatórias da Agência" e "ocorrem previamente à aprovação de resoluções e de outros atos de caráter normativo que afetem interesses das entidades reguladas e dos consumidores e usuários dos serviços públicos".

As audiências públicas são realizadas pela ARCE "sempre mediante intercâmbio documental" (arts. 4º e 9º da Resolução 151, de 2011), ou seja, mediante a disponibilização de documentos ao público em geral, admitindo-se, ainda, a adoção da forma presencial, com vistas à tomada de decisão sobre matéria considerada relevante pelo Conselho Diretor da agência.

5. O CONTROLE SOCIAL DAS NORMAS DE REFERÊNCIA DA ANA

O controle social no contexto das normas de referência da ANA merece ser analisado sob dois enfoques: o primeiro refere-se à submissão das normas de referência da

---

9. Art. 25. Cabe ao Conselho Consultivo:

    I – opinar sobre o plano geral de metas para universalização dos serviços prestados pelas entidades reguladas, antes do seu encaminhamento ao Governador do Estado, e sobre as políticas setoriais, inerentes aos serviços regulados pela ARCE, definidos pelo Governo Estadual;

    II – aconselhar quanto às atividades de regulação desenvolvidas pela ARCE;

    III – apreciar os relatórios anuais do Conselho Diretor;

    IV – opinar quanto aos critérios para fixação e à revisão, ajuste e homologação de tarifas;

    V – examinar críticas, denúncias e sugestões feitas pelos usuários e com base nestas informações fazer proposições ao Conselho Diretor;

    VI – requerer informações relativas às decisões do Conselho Diretor;

    VII – analisar a declaração de bens dos membros do Conselho Diretor;

    VIII – produzir, semestralmente ou quando oportuno, apreciações críticas sobre a atuação da ARCE, encaminhando-as ao Conselho Diretor, à Assembleia Legislativa e ao Governador do Estado;

    IX – tornar acessível ao público em geral os atos normativos e as decisões do Conselho Diretor.

    Parágrafo Único. O Conselho Consultivo terá acesso a todos os assuntos e contará com o apoio administrativo de que necessitar.

ANA ao controle social e o segundo diz respeito às contribuições da ANA na instituição de mecanismos e instrumentos de controle social pelas demais entidades reguladoras.

Quanto ao primeiro enfoque, por um lado, como referido acima, o controle social é um dos princípios previstos na Lei 11.445, de 2020, a serem adotados no planejamento dos serviços de saneamento de saneamento, assim como na regulação e fiscalização desses serviços. Então, se a ANA passará, por força do disposto na Lei 14.026, de 2020, a editar normas de referência para regulação e fiscalização dos serviços, é razoável concluir que essas normas estariam igualmente sujeitas ao controle social.

Por outro lado, a ANA se submete à Lei 13.848, de 2019, que dispõe sobre a gestão, organização, processo decisório e controle social das agências reguladoras.

Em que pese a referida Lei 13.848, de 2019, não discriminar quais são os mecanismos e instrumentos para a realização do controle social pelas agências reguladoras, fazendo menção apenas a planos a serem elaborados por essas entidades, o seu art. 6º determina que "a adoção e as propostas de alteração de atos normativos de interesse geral dos agentes econômicos, consumidores ou usuários dos serviços prestados serão, nos termos de regulamento, precedidas da realização de Análise de Impacto Regulatório (AIR)".

Ainda, o art. 9º desta última lei determina que sejam objeto de consulta pública, com duração mínima de 45 (quarenta e cinco) dias, ressalvado caso excepcional de urgência e relevância, as minutas e as propostas de alteração de atos normativos que sejam de interesse geral dos agentes econômicos, consumidores ou usuários dos serviços prestados.

Como corolário disso, a Lei 9.984, de 2000, com redação dada pela Lei 14.026, de 2020, prevê, em seu art. 4º-A, § 4º, inciso III, que a ANA deverá, no processo de instituição de suas normas de referência, realizar audiências e consultas públicas para garantir a transparência e a publicidade dos atos e possibilitar a análise de impacto regulatório das normas propostas.

Acerca das consultas públicas a serem realizadas no âmbito da análise do impacto regulatório das normas propostas, em 30 de junho de 2020, foi editado o Decreto 10.411, de 2020, que regulamenta o art. 6º da já mencionada Lei 13.848, de 2019[10].

De acordo com esse Decreto, o texto preliminar da proposta de ato normativo poderá ser objeto de consulta pública caso a entidade reguladora, após a conclusão da análise de impacto regulatório, optar pela edição, alteração ou revogação de ato normativo. A consulta pública das minutas e propostas é obrigatória no caso de edição, alteração ou revogação de ato normativo de interesse geral dos agentes econômicos, consumidores ou usuários dos serviços prestados (conforme o referido art. 9º da Lei 13.848, de 2019).

Acerca das consultas públicas a serem promovidas pelas agências reguladoras, o art. 11 do Decreto 10.411, de 2020, ressalva que a disponibilização do texto preliminar da proposta de ato normativo não obriga o órgão ou entidade adotar os posicionamentos predominantes expostos em sede de consulta pública.

---

10. O Decreto 10.411, de 2020, entrará em Tornar vigor em 15 de abril de 2021 para as agências reguladoras de que trata a Lei 13.848, de 2019, de acordo com o art. 24, inciso I, alínea "b" do Decreto.

O segundo enfoque tem relação com a atuação da ANA, como entidade responsável pela edição das normas de referência de regulação e fiscalização dos serviços públicos de saneamento básico, na instituição de mecanismos e instrumentos de controle social pelas demais entidades reguladoras do país.

O art. 4º-A da Lei 9.984, de 2000, não elenca o tema sobre mecanismos de controle social dentre aqueles que deverão ser objeto das normas de referência a serem editadas pela ANA, ou seja, em princípio, as normas de regulação não poderiam estabelecer regras sobre controle social dos serviços públicos de saneamento básico.

Esse alerta é relevante porque, apesar de as normas de referência da ANA serem de adoção facultativa pelas entidades reguladoras e fiscalizadoras do país, a Lei 14.026, de 2020, introduziu mecanismos indutores para tal adoção, notadamente, alocação de recursos públicos federais e os financiamentos com recursos da União ou com recursos geridos ou operados por órgãos ou entidades da União condicionada à "observância das normas de referência para a regulação da prestação dos serviços públicos de saneamento básico expedidas pela ANA" (art. 50, inciso III).

Não obstante isso, a ANA poderá exercer o papel de orientadora e norteadora às demais entidades reguladoras a respeito de quais mecanismos e instrumentos podem ser empregados e como podem ser empregados com vistas a garantir o cumprimento de um dos princípios a serem atendidos no setor de saneamento básico, que é o controle social.

6. CONCLUSÃO

O controle social especificamente dos serviços públicos de saneamento básico foi normatizado em esfera nacional pela Lei 11.445, de 2007, como um dos princípios fundamentais a serem atendidos, tendo sido mantido no novo marco regulatório do saneamento (Lei 14.026, de 2020). O seu emprego garante a participação da sociedade na formulação e no acompanhamento da política pública de saneamento básico, no planejamento das ações desse setor e na regulação e fiscalização dos serviços públicos.

Os principais mecanismos e instrumentos de controle social previstos, em parte ou em totalidade, na Lei 11.445, de 2007, no Decreto 7.217, de 2010, e na Lei 12.305, de 2010, são audiência pública, consulta pública, órgãos colegiados e conferências das cidades.

A despeito da relevância do controle social, deve-se ter em conta que ele encontra limite, principalmente, na restrição de acesso a informações consideradas sigilosas por motivo de interesse público, nas competências de formulação e implantação das políticas públicas pelo Poder Público e na elaboração e aplicação das normas de regulação e fiscalização, assim como nas regras já constantes dos contratos de prestação de serviços públicos de saneamento básico.

Especialmente no universo da regulação e fiscalização dos serviços, tem-se observado que entidades reguladoras e fiscalizadoras vêm desenvolvendo formas de participação da sociedade, seja no processo de elaboração das normas de regulação e fiscalização, seja nos processos de tomada de decisões, incluindo aquelas relativas à revisão e ao reajuste tarifário e demais contraprestações auferidas pelos prestadores.

Quanto à submissão do processo de elaboração das normas de referência da ANA ao controle social, a Lei 14.026, de 2020, determinou expressamente que tal processo deve contar com audiência e consulta públicas, inclusive, para fins de análise do impacto regulatório. Essa determinação se justifica por terem as normas de referência relação com a regulação e fiscalização dos serviços públicos de saneamento básico, que são submetidas ao controle social e, também, porque a Lei 13.848, de 2019, introduz a obrigação de análise de impacto regulatório e de consulta pública no caso de edição, alteração ou revogação de ato normativo de interesse geral dos agentes econômicos, consumidores ou usuários dos serviços prestados.

Finalmente, sob outro enfoque, apesar de o art. 4º-A não relacionar o controle social como tema que deverá ser objeto das normas de referência, a ANA poderá apoiar as demais entidades de regulação e fiscalização, principalmente, a partir dos modelos já empregados por entidades no país, na implantação de instrumentos e mecanismos do controle social, indicado expressamente na Lei 11.445, de 2007, reitere-se, como um dos princípios fundamentais que devem basear a prestação dos serviços públicos de saneamento básico.

7. REFERÊNCIAS

ANDRADE, Érico; MAGALHÃES, Gustavo. Regulação e controle dos serviços públicos de saneamento básico: agências reguladoras e controle social à luz da Lei 11.445/2007, R. *TCEMG Belo Horizonte*, v. 34, n. 1, p. 84-102. jan./mar. 2016.

CORRÊA, Elenis Maria Bazácas. Conjuntura dos conselhos municipais de saneamento do Estado do Rio Grande do Sul sob a perspectiva da governança pública, *Revista Controle*, Fortaleza, v. 18, n.1, p. 218-250, jan./jun. 2020.

DIAS, Daniella Maria Dos Santos; RAIOL, Raimundo Wilson Gama; NONATO, Domingos do Nascimento. Saneamento e Direito à Cidade: Ponderações sobre abastecimento de água e esgotamento sanitário na Cidade de Belém/PA. *Revista de Direito da Cidade*, v. 9, n. 4, ISSN 2317-7721 p. 1784-1814. Disponível em: [https://www.e-publicacoes.uerj.br/index.php/rdc/article/download/28918/21977].

EUGÊNIO, Dieri do Socorro da Silva. *Políticas Públicas de Saneamento Básico*: um estudo de caso no município de Ananindeua, Estado do Pará, a partir da Lei 11.445/07, dissertação apresentada ao Programa de Pós-Graduação em Gestão Pública do Núcleo de Altos Estudos Amazônicos da Universidade Federal do Pará, para obtenção do título de Mestre em Gestão Pública, Belém, 2018.

OLIVEIRA, José Carlos de; Ravagnani, Christopher Abreu. A democracia participativa nos serviços públicos de saneamento básico: estudo de caso das audiências públicas da ARSESP, *Revista Faculdade Direito UFMG*, Belo Horizonte, n. 69, p. 221-238, jul./dez. 2016.

SIRAQUE, Vanderlei. O controle social da função administrativa do Estado: possibilidades e limites na Constituição de 1988, dissertação apresentada em mestrado em Direito. Pontifícia Universidade Católica de São Paulo, 2004. Disponível em: [http://www.siraque.com.br/monografia2004.pdf]. Acesso em: 05.09.2020.

VALENTE, Sergio Ruy David Polimeno. Do baixo controle social em políticas públicas de saneamento básico: uma hipótese jurídico-institucional, *Cadernos Jurídicos*, São Paulo, ano 20, n. 51, p. 49-67, Setembro-Outubro/2019.

4
A INTEGRAÇÃO DO PLANEJAMENTO NAS POLÍTICAS DE SANEAMENTO E DE RECURSOS HÍDRICOS

Maria Luiza Machado Granziera

Mestre em Direito Internacional (1988) e Doutora em Direito (2000) pela Universidade de São Paulo; Professora Associada ao Programa de Pós-Graduação Stricto Sensu – Mestrado e Doutorado em Direito Ambiental Internacional e professora da Graduação (Direito Ambiental) da Universidade Católica de Santos. Advogada.

Daniela Malheiros Jerez

Graduanda em Ciências Biológicas, ambas pela Universidade de São Paulo (USP). Consultora em Direito Ambiental na M. Granziera Consultoria Ltda. e pesquisadora do Centro de Direitos Humanos e Empresas da Fundação Getúlio Vargas (FGV-CeDHE). Advogada.

Sumário: 1. Introdução. 2. A interdependência entre saneamento básico e recursos hídricos. 3. O Marco Legal do Saneamento Básico e o planejamento setorial. 3.1. Integração das bases de dados de saneamento básico e recursos hídricos. 4. Os espaços de governança nos setores de saneamento básico e recursos hídricos. 5. Conclusão. 6. Referências.

1. INTRODUÇÃO

A integração entre políticas públicas é um elemento fundamental para que se cumpra o princípio da eficiência, do qual está obrigada toda a administração pública, nos termos do art. 37 da Constituição Federal de 1988. Quando se trata de políticas públicas diretamente relacionadas, como é o caso do saneamento básico e dos recursos hídricos, essa integração, desde as etapas de planejamento, irá contribuir para a alocação de recursos adequados e capital humano necessário, de modo a atuar com eficácia, eficiência, efetividade e economicidade em benefício da sociedade (TCU, 2014, p. 68).

Por se tratar de políticas públicas que estão diretamente relacionadas à garantia de um direito humano, como é o caso do acesso a água potável segura e ao esgotamento sanitário (ONU, 2010), entende-se que o poder público não deve poupar esforços para que esse direito seja alcançado de forma universal e efetiva (art. 2º, I, Lei 11.445/2007, redação dada pela Lei 14.026/2020), o que só é possível com a disponibilidade de água em quantidade e qualidade adequada para a prestação desses serviços públicos.

A promulgação da Lei 14.026/2020, instituindo o Marco Legal do Saneamento Básico e ampliando as atribuições da agora denominada Agência Nacional de Águas e Saneamento

Básico (ANA), é uma oportunidade para que haja desde a esfera federal até a local maior integração entre as políticas públicas de saneamento básico e recursos hídricos, criando um modelo de governança que promova a eficiência e eficácia desses dois setores.

Diante disso, o presente artigo tem como objetivos discutir: 1. a interdependência entre saneamento básico e recursos hídricos; 2. o planejamento setorial no âmbito das novas diretrizes do Marco Legal do Saneamento Básico, tendo em vista, inclusive a integração bases de dados de saneamento básico e recursos hídricos; 3. A existência de espaços de governança nos setores de saneamento básico e recursos hídricos, que podem ser utilizados para fins de integração de planejamento.

2. A INTERDEPENDÊNCIA ENTRE SANEAMENTO BÁSICO E RECURSOS HÍDRICOS

O ordenamento jurídico brasileiro optou por tratar de saneamento básico e recursos hídricos em diplomas normativos diferentes. A Lei 9.433/1997 instituiu a Política Nacional de Recursos Hídricos, que define a água como um bem de domínio público de titularidade da União e dos Estados, sendo um recurso natural limitado, dotado de valor econômico (art. 1º, I e II).

A Lei 11.445/2007, alterada pela Lei 14.026/2020, constitui o Marco Legal do Saneamento Básico que, embora estabeleça que os recursos hídricos não compõem os serviços de saneamento básico (art. 4º), reforça que esse setor é um usuário direto dos recursos hídricos na prestação de dois dos seus serviços: abastecimento de água potável e esgotamento sanitário.

Assim, ainda que haja normas próprias para cada uma dessas políticas públicas, esses assuntos se interconectam de forma lógica, em que a qualidade da água é fator preponderante (GRANZIERA; JEREZ, 2019, p. 233). Isso porque, para garantir a segurança hídrica, é necessário que haja água em quantidade e qualidade adequadas nos corpos d´água tutelados pela gestão de recursos hídricos, para que esta seja, então, captada, tratada e distribuída aos usuários finais pelo setor de saneamento básico. Ainda, a disposição final dos esgotos sanitários ocorre em corpos d'água, de modo que a eficiência da prestação de serviços de tratamento e lançamento de forma adequada no meio ambiente impactam diretamente a qualidade ambiental dos recursos hídricos.

Dessa forma, pode-se dizer que as interfaces entre saneamento e recursos hídricos se colocam na dualidade do saneamento como usuário de água, que a necessita em boa quantidade e qualidade, e o saneamento como instrumento de controle de poluição por meio da prestação do esgotamento sanitário adequado que tem, como consequência, a preservação dos recursos hídricos (NASCIMENTO; HELLER, 2005, p. 36).

Pelos motivos acima expostos, o Marco Legal do Saneamento Básico trouxe como princípio fundamental que os serviços de saneamento básico devem ser prestados de forma adequada à conservação dos recursos naturais e à proteção do meio ambiente (art. 2º, III, Lei 11.445/2007, redação dada pela Lei 14.026/2020). Para isso, é preciso ter como horizonte a universalização do acesso e a efetiva prestação de todos os quatro serviços de saneamento (art. 2º, I).

Dessa forma, o cumprimento dos objetivos de médio e longo prazo do setor de saneamento básico necessita de articulação com outras políticas que são fundamentais para maximizar tais resultados, como a de recursos hídricos, de meio ambiente, de habitação, de saúde, entre outras (art. 2º, VI).

3. O MARCO LEGAL DO SANEAMENTO BÁSICO E O PLANEJAMENTO SETORIAL

O Marco Legal do Saneamento Básico prevê, assim como ocorre na maioria das políticas públicas, instrumentos de gestão que consistem nos planos de saneamento básico, com a finalidade de se diagnosticar o cenário atual, definir objetivos e metas e garantir que se atinjam os objetivos por meio de programas, projetos e ações necessárias (art. 19, I, II e III, Lei 11.445/2007).

O planejamento do setor, porém, não se encerra na definição de planos que tratem exclusivamente da prestação dos serviços de abastecimento de água potável, esgotamento sanitário, limpeza urbana e manejo de resíduos sólidos e drenagem e manejo das águas pluviais urbanas. É princípio fundamental da política de saneamento básico a sua articulação com as políticas de desenvolvimento urbano e regional, de habitação, de combate à pobreza e de sua erradicação, de proteção ambiental, de promoção da saúde, de recursos hídricos e outras de interesse social relevante, destinadas à melhoria da qualidade de vida, para as quais o saneamento básico seja fator determinante (art. 2º, VI).

Especialmente no que diz respeito aos recursos hídricos, apesar de já ser uma diretriz implícita antes da promulgação da Lei 14.026/2020, foi esta que trouxe expressamente a necessidade de articulação entre a política de águas e de saneamento básico. A Lei 11.445/2007 já previa que os planos de saneamento básico deveriam ser compatíveis com os planos das bacias hidrográficas (art. 19, § 3º) e que a política de saneamento básico federal deveria adotar a bacia hidrográfica como unidade de referência para o planejamento de suas ações (art. 48, X).

A bacia hidrográfica, portanto, representa não apenas uma porção geográfica do espaço, mas o objeto de uma série de normas ambientais, de proteção e gestão, a serem compreendidas e aplicadas de modo integrado (GRANZIERA; JEREZ, 2019, p. 233). A adoção da bacia hidrográfica como unidade de planejamento do saneamento básico, assim como dos recursos hídricos conforme já definido na Política Nacional de Recursos Hídricos (art.1º, V, Lei 9.433/2007), permite a integração das questões ambientais e antrópicas em um recorte territorial adequado, contribuindo para superação da visão setorializada, ainda persistente em outras áreas da gestão pública (SCHUSSEL; NASCIMENTO NETO, 2015, p. 140).

Todavia, o desafio que sempre existiu e que deve ser enfrentado com o Marco Legal do Saneamento Básico consiste no fato de que, para um efetivo planejamento e implementação integrados dessas políticas tendo a bacia hidrográfica como unidade territorial, passa-se pela necessidade de investimentos vultosos e, além disso, de um firme processo de governança, na medida em que envolvem, necessariamente, ações da União, dos Estados, do Distrito Federal e dos Municípios, no âmbito da dominialidade da água e da titularidade dos serviços públicos de saneamento básico (GRANZIERA; JEREZ, 2019, p. 232).

Do ponto de vista das obrigações da União no planejamento do saneamento básico, a Lei 14.026/2020 alterou o parágrafo único do art. 48 da Lei 11.445/2007 trazendo na nova redação que as políticas e ações da União de recursos hídricos devem considerar a necessária articulação, inclusive no que se refere ao financiamento e à governança, com o saneamento básico.

No âmbito local, a Política Nacional de Recursos Hídricos, Lei 9.433/1997, já previa que os Poderes Executivos do Distrito Federal e dos municípios deveriam promover, na sua implementação, a integração das políticas locais de saneamento básico, de uso, ocupação e conservação do solo e de meio ambiente com as políticas federal e estaduais de recursos hídricos (art. 31).

Nesse sentido, essa governança deve começar desde o planejamento no âmbito da União – nas políticas federal de recursos hídricos e saneamento básico – servindo de referência para a esfera local, na qual os Comitês de Bacia Hidrográfica irão aprovar e acompanhar a execução dos planos de bacia hidrográfica (art. 37, III e IV, Lei 9433/1997) e os municípios ou estados em conjunto com os municípios irão elaborar e implementar os planos municipais ou regionais de saneamento básico (art. 9º, I, Lei 11.445/2007, com redação dada pela Lei 14.026/2020).

Percebe-se, nesse cenário, que o planejamento não pode ser compartimentado, seguindo apenas o manual de competências e atribuições de cada ente federativo. É preciso ir além, e considerar a necessidade de governança – articulação prévia, sistemática e organizada periódica não apenas política, mas também e principalmente de cunho técnico entre os atores incumbidos da elaboração dos diversos planos relacionados com a água (GRANZIERA; JEREZ, 2019, p. 243).

Entende-se, dessa forma, que apenas um processo contínuo, integrado e informado de planejamento permitirá compatibilizar a proteção do meio ambiente – no caso, dos recursos hídricos – com o desenvolvimento, com acesso universal ao saneamento, atendendo-se adequadamente às exigências de ambos e observando as suas inter-relações particulares a cada contexto sociocultural, político, econômico e ecológico (MILARÉ, 2018, p. 68).

3.1 Integração das bases de dados de saneamento básico e recursos hídricos

Conforme estabeleceu o TCU no Acórdão n. 2.587/2018, com base no princípio constitucional da eficiência, o poder público deve promover a avaliação integrada da gestão e das políticas públicas por meio de amplo, intensivo e compartilhado uso das bases de dados governamentais, buscando superar os atuais limites decorrentes de visões setoriais e segmentadas do uso das informações do Estado.

Nesse sentido, apenas analisando os dados produzidos na esfera das políticas de saneamento básico e de recursos hídricos de forma integrada, os gestores públicos envolvidos poderão tomar decisões mais informadas e eficientes, sem que percam o seu poder discricionário (MEDAUAR, 2018, p. 107), e que também permitam o controle social informado e participativo nos termos do art. 3º, IV do Marco Legal do Saneamento Básico.

A Política Nacional de Recursos Hídricos determinou a criação do Sistema Nacional de Informações sobre Recursos Hídricos, instrumento para coleta, tratamento, armazenamento e recuperação de informações sobre recursos hídricos e fatores intervenientes em sua gestão (art. 25, Lei 9.433/1997). Esse sistema tem como objetivos: 1. reunir, dar consistência e divulgar os dados e informações sobre a situação qualitativa e quantitativa dos recursos hídricos no Brasil; 2. atualizar permanentemente as informações sobre disponibilidade e demanda de recursos hídricos em todo o território nacional; 3. fornecer subsídios para a elaboração dos Planos de Recursos Hídricos (art. 27, Lei 9.433/1997).

O Marco Legal do Saneamento Básico também possui o seu sistema de informações, que consiste no Sistema Nacional de Informações em Saneamento Básico (SINISA), tendo como objetivos: 1. coletar e sistematizar dados relativos às condições da prestação dos serviços públicos de saneamento básico; 2. disponibilizar estatísticas, indicadores e outras informações relevantes para a caracterização da demanda e da oferta de serviços públicos de saneamento básico; 3. permitir e facilitar o monitoramento e avaliação da eficiência e da eficácia da prestação dos serviços de saneamento básico (art. 53, I, II, e III, Lei 11.445/2007).

Antes mesmo das alterações promovidas pela Lei 14.026/2020, já era prevista na Lei 11.445/2007 a articulação, pelo titular dos serviços de saneamento básico, entre o SINISA e o Sistema Nacional de Gerenciamento de Recursos Hídricos (art. 9º, VI), que abastece o Sistema Nacional de Informações sobre Recursos Hídricos. Isto é, a avaliação integrada por meio do compartilhamento das bases de dados das políticas públicas de recursos hídricos e saneamento já era uma diretriz e poderia ser um indicador de eficiência.

Agora, no entanto, o Marco Legal do Saneamento Básico prevê que a ANA e o Ministério do Desenvolvimento Regional, que atualmente acumulam a dupla função de gestão das políticas públicas federais de recursos hídricos e de saneamento básico, estão incumbidos da função de promover a interoperabilidade do Sistema Nacional de Informações sobre Recursos Hídricos com o Sistema Nacional de Informações em Saneamento Básico (art. 53, § 4º, Lei 11.445/2007, incluído pela Lei 14.026/2020).

Dessa forma, a Agência Nacional de Águas e Saneamento Básico exerce a função de implementação da PNRH e também é responsável pela instituição de normas de referência para a regulação dos serviços públicos de saneamento básico. Ficou, dessa forma, responsável por promover a interoperabilidade entre os dois sistemas de informação, o que aponta para melhores perspectivas para que essa articulação de dados ocorra.

A integração entre os sistemas de informações constitui ferramenta essencial para o planejamento de ambas as políticas públicas. A tomada de decisão mais informada sobre alocação de recursos e capital humano, seja ela federal, estadual, municipal ou, ainda, na unidade territorial da bacia hidrográfica, poderá trazer resultados mais eficientes para a quantidade e qualidade das águas, fundamentais para a gestão dos recursos hídricos e prestação dos serviços de saneamento básico.

4. OS ESPAÇOS DE GOVERNANÇA NOS SETORES DE SANEAMENTO BÁSICO E RECURSOS HÍDRICOS

Além de informações consolidadas, o planejamento integrado entre os setores de saneamento básico e recursos hídricos depende de um sólido sistema de governança entre diversos atores. Conforme definiu o Tribunal de Contas da União (2014, p. 42), a governança no setor público consiste nos "mecanismos de liderança, estratégia e controle postos em prática para avaliar, direcionar e monitorar a atuação da gestão, com vistas à condução de políticas públicas e à prestação de serviços de interesse da sociedade".

As funções básicas da governança são: 1. avaliar o ambiente, os cenários, o desempenho e os resultados atuais e futuros; 2. direcionar e orientar a preparação, a articulação e a coordenação de políticas e planos, alinhando as funções organizacionais às necessidades das partes interessadas (usuários dos serviços, cidadãos e sociedade em geral) e assegurando o alcance dos objetivos estabelecidos; e 3. monitorar os resultados, o desempenho e o cumprimento de políticas e planos, confrontando-os com as metas estabelecidas e as expectativas das partes interessadas (TCU, 2014, p. 46).

Essa governança, conforme descrita pelo TCU, deve ser o objetivo a ser alcançado pelos setores de saneamento básico e recursos hídricos com o fim de otimizar a alocação de recursos e capital humano, além de promover a qualidade e quantidade de água e a universalização dos serviços de saneamento básico para a sociedade.

Atualmente, os Comitês de Bacia Hidrográfica, criados no âmbito da Lei 9.433/1997, com o intuito de promover a necessária gestão descentralizada entre órgãos e entidades atuantes na política do uso de recursos hídricos, constituem um espaço de governança em que participam atores responsáveis pelo saneamento básico na tomada de decisões sobre recursos hídricos.

Os Comitês são a instância mais importante de participação e integração do planejamento e das ações na área dos recursos hídricos, uma vez que se trata do fórum de decisão sobre a utilização da água no âmbito das bacias hidrográficas (GRANZIERA, 2014, p. 161-162). Municípios e estados, titulares dos serviços de saneamento básico, cujos territórios se situem, ainda que parcialmente, na bacia hidrográfica, podem compor o Comitê, além de outros usuários e da sociedade civil (art. 39, II e II, Lei 9.422/1997).

Contudo, conforme analisou Grangeiro et al. (2020, p. 426-427), ainda que os municípios participem dos Comitês de Bacia Hidrográfica, eles não têm um papel de protagonismo nesses espaços. Esse fato pode ser um fator limitante para uma gestão integrada, uma vez que se enfrenta dificuldade de avançar na agenda da gestão de recursos hídricos sem que ocorram avanços no saneamento.

No mesmo sentido, segundo Estela Maria Neves (2012. p. 137), "[...] não são necessárias análises mais aprofundadas para identificar a importância [...] dos governos locais na gestão de recursos hídricos [...], pois o município é o único ente governamental capaz de integrar as políticas de gestão de recursos hídricos, saneamento e uso do solo para fins de proteção das águas [...]".

Do ponto de vista da governança estabelecida no âmbito do Marco Legal do Saneamento Básico, o setor não possui instâncias semelhantes aos Comitês de Bacia Hidrográfica. Todavia, nos termos da redação dada pela Lei. 14.026/2020, o controle social dos serviços públicos de saneamento básico pode incluir a participação de órgãos colegiados de caráter consultivo, nacional, estaduais, distrital e municipais, em especial o Conselho Nacional de Recursos Hídricos (art. 47).

Além disso, a norma promulgada em 2020 também atribuiu à Agência Nacional de Águas e Saneamento Básico a instituição de normas de referência para a regulação dos serviços públicos de saneamento básico, além das atribuições já exercidas na esfera dos recursos hídricos (art. 4º-A, Lei 9.984/2000, incluído pela Lei 14.026/2020).

No processo de instituição dessas normas de referência, a ANA, que já atua há 20 anos no setor de recursos hídricos: 1. avaliará as melhores práticas regulatórias do setor de saneamento, ouvidas as entidades encarregadas da regulação e da fiscalização e as entidades representativas dos Municípios; 2. realizará consultas e audiências públicas, de forma a garantir a transparência e a publicidade dos atos, bem como a possibilitar a análise de impacto regulatório das normas propostas; 3. poderá constituir grupos ou comissões de trabalho com a participação das entidades reguladoras e fiscalizadoras e das entidades representativas dos Municípios para auxiliar na elaboração das referidas normas. (art. 4º-A, § 4º, da Lei 9.984/2000, incluído pela Lei 14.026/2020).

Nesse processo de governança e elaboração das normas de referência para o setor de saneamento básico, verifica-se a oportunidade de a ANA consultar, integrar e construir uma governança que inclua representantes da gestão de recursos hídricos. Mais além, tem-se a possibilidade de se estabelecer normas de referência para o setor de saneamento que incorporem a proteção dos recursos hídricos como indicador de efetividade dos serviços, considerando que a reservação de água bruta inclui oficialmente os serviços de saneamento básico (art. 3º-A, I, Lei 11.445/2007, incluído pela Lei 14.026/2020).

Essas medidas de fortalecimento da governança, portanto, seja nos espaços definidos na política de saneamento básico, seja na de recursos hídricos, ou, ainda, em espaços criados para o fim de integração, tendo em vista as inovações nessa direção introduzidas no Marco Legal do Saneamento Básico, são o ponto fundamental da efetividade dessas políticas públicas.

Apenas com a cooperação técnica e política dos gestores de recursos hídricos e saneamento, federais, estaduais e municipais, será possível integrar sistemas de informações, elaborar seus instrumentos de gestão, desenhar programas e ações e, por fim, avaliar o cumprimento da meta de garantia da quantidade e qualidade da água no curto, médio e longo prazos.

5. CONCLUSÃO

As políticas públicas, ainda que compartimentalizadas do ponto de vista normativo, são interdependentes sob o aspecto da efetividade. Por exemplo, o saneamento básico é um usuário dos recursos hídricos, necessitando captar água em quantidade e qualidade adequadas, da mesma forma que é também determinante para a contaminação dos corpos d'água caso não seja prestado de forma adequada.

O Marco Legal do Saneamento Básico, com a promulgação da Lei 14.026/2020, introduziu alterações que apontam para essa necessidade de maior integração do setor de saneamento com a gestão de recursos hídricos, tais como a articulação dos planos de recursos hídricos e de meio ambiente no planejamento e implementação dos planos de saneamento básico.

Para que essa integração se torne eficiente, nos termos do princípio constitucional, é necessário que se constitua uma base comum de informações dos dois setores – Sistema Nacional de Informações sobre Recursos Hídricos e Sistema Nacional de Informações em Saneamento Básico – que subsidie a tomada de decisão mais informada e holística pelos gestores públicos responsáveis.

Partindo de uma visão ampla e integrada da situação dos recursos hídricos e do saneamento, é possível elaborar planos de gestão das duas políticas que dialoguem e aloquem esforços e recursos de forma mais eficiente para garantir água em quantidade e qualidade adequada e a ampliação do atendimento dos serviços de saneamento básico.

A governança necessária para que tais diretrizes tornem-se práticas tem como ponto de partida a centralização na mesma agência das funções de implementação da Política Nacional de Recursos Hídricos e de responsável pela instituição de normas de referência para a regulação dos serviços públicos de saneamento básico. A ANA, portanto, mostra-se um ator central dessa nova governança a ser estabelecida entre os dois setores.

Isso não exclui, no entanto, a importância de uma governança que se articule e que tenha braços nas esferas estaduais e municipais, nas quais efetivamente se exerce a titularidade dos serviços de saneamento básico. Também deve-se valer dos espaços de governança já instituídos e consolidados, tais como os Comitês de Bacia Hidrográfica, dando-se a devida importância para os representantes do saneamento básico que os compõem.

Por fim, é fundamental que se tenha como norte, para além da eficiência das políticas do ponto de vista da alocação de recursos adequados e capital humano necessário, que a água potável e o saneamento básico são direitos humanos, que devem ser garantidos a todos. Diante disso, no objetivo final dessa integração e governança entre recursos hídricos e saneamento básico, está a garantia de água em quantidade e qualidade suficientes – segurança hídrica – para o bem estar das presentes e futuras gerações.

6. REFERÊNCIAS

GRANGEIRO, Ester Luiz de Araújo; PINHEIRO, Márcia Maria Rios; MIRANDA, Lívia Izabel Bezerra de. Integração de políticas públicas no Brasil: o caso dos setores de recursos hídricos, urbano e saneamento. *Cad. Metrop.* [online]. 2020, v.22, n.48, pp.417-434. Epub Apr 17, 2020. ISSN 2236-9996. https://doi.org/10.1590/2236-9996.2020-4804.

GRANZIERA, Maria Luiza Machado. *Direito de águas*: disciplina jurídica das águas doces. 4. ed. São Paulo: Atlas, 2014.

GRANZIERA, Maria Luiza Machado; JEREZ, Daniela Malheiros. Implementação de Políticas Públicas: desafios para integração dos planos diretores, de saneamento básico e de bacia hidrográfica. *Revista Brasileira de Políticas Públicas*, Brasília, v. 9, n. 3 p. 230-248, 2019.

MEDAUAR, Odete. *Direito Administrativo moderno*. 21. ed. Belo Horizonte: Fórum, 2018.

NASCIMENTO, Nilo de Oliveira; HELLER, Léo. Ciência, tecnologia e inovação na interface entre as áreas de recursos hídricos e saneamento. *Eng. Sanit. Ambient*. Rio de Janeiro, v. 10, n. 1, p. 36-48, Mar. 2005. Disponível em: [http://www.scielo.br/scielo.php?script=sci_arttext&pid=S1413-41522005000100005&lng=en&nrm=isso]. Acesso em: 16.09.2020.

NEVES, Estela Maria Souza Costa. Environmental policy, municipalities and intergovernmental cooperation in Brazil. *Estudos Avançados*, v. 26, n. 74, p. 137-150, 2012.

ORGANIZAÇÃO DAS NAÇÕES UNIDAS (ONU). *Resolução A/RES/64/292*, 3 de agosto de 2010. Disponível em: [https://undocs.org/A/RES/64/292]. Acesso em: 10.09.2020.

SCHUSSEL, Zulma; NASCIMENTO NETO, Paulo. Gestão por bacias hidrográficas: do debate teórico à gestão municipal. *Ambient. Soc.*, v. 18, n. 3, p. 137-152, 2015. Disponível em: [http://dx.doi.org/10.1590/1809-4422ASOC838V1832015]. Acesso em: 20.09l2020.

TRIBUNAL DE CONTAS DA UNIÃO (TCU). *Governança pública*: referencial básico de governança aplicável a órgãos e entidades da administração pública e ações indutoras de melhoria. Brasília: TCU, Secretaria de Planejamento, Governança e Gestão, 2014.

TRIBUNAL DE CONTAS DA UNIÃO (TCU). *Acórdão 2.587/2018* – Plenário. Processo 012.797/2018-9. Relator Vital do Rêgo. Data da sessão: 07.11.2018.

ANOTAÇÕES